現代ドイツの住宅政策

都市再生戦略と公的介入の再編

Deutsche Wohnungspolitik nach der Wende

大場茂明

明石書店

本書は「一般財団法人住総研」の 2018 年度出版助成を得て
出版されたものである

本書を理解するためのキーワード　8

序　章　本書のねらい ……………………………………………………………… 11
　　1. 都市居住と住宅政策　11
　　2. ドイツ住宅政策の軌跡　17
　　3. 本書の構成と分析視角　30

第Ⅰ部　デュアリスト・モデルへの再編
（1990年代〜2000年代）

第1章　住宅政策の残余化と効率化——市場の変化と施策の再編 ……… 36
　　1. はじめに　36
　　2. 住宅市場の構造変化　37
　　3. 住宅政策の残余化と効率化　41
　　4. 選択的助成へのシフト　45

第2章　旧東ドイツ地域の住宅政策 ………………………………………… 51
　　1. はじめに　51
　　2. DDR時代の住宅政策　52
　　3. 旧東ドイツ地域の住宅政策　63
　　4. 1990年代前半における住宅需給の動向　70
　　5. 1990年代後半における住宅需給の動向　75
　　6. 住宅市場の動向と政策の成果——チューリンゲン州を事例として　83
　　7. おわりに——残された課題　86

第3章　社会住宅制度の再編 ………………………………………………… 93
　　1. はじめに　93
　　2. 社会住宅制度の成立　94
　　3. 社会住宅制度の変容　95
　　4. 社会的居住空間助成法制定と社会住宅制度の再編　98
　　5. ノルトライン＝ヴェストファーレン州における公的助成　103

  6. おわりに　105

第4章　都市縮退と市街地更新事業 ································· 107
  1. はじめに　107
  2. 東の縮退、西の縮退　108
  3. 新たな都市開発プログラム　111
  4. "Stadtumbau Ost" プログラムの展開　114
  5. "Stadtumbau West" プログラムの展開　123
  6. 今後の展望　129

第5章　統合近隣地区開発の支援 ··································· 133
  1. はじめに　133
  2. ヨーロッパにおけるインナーシティ施策の動向　134
  3. ドイツにおける統合近隣地区開発支援プログラム　139
  4. マルクスローにおける統合近隣地区開発の展開　143
  5. おわりに──今後の展望　154

第6章　環境共生型都市居住の推進 ································· 159
  1. はじめに　159
  2. ルール地域の工業化と衰退　161
  3. IBA エムシャーパークの概要　164
  4. 都市居住プログラムの展開　169
  5. おわりに　182

第Ⅱ部　公的介入の新たな挑戦
（2010年代）

第7章　再都市化時代におけるドイツ住宅政策の可能性 ············· 188
  1. はじめに　188
  2. 住宅政策の分権化と地域差の拡大　189

3. 施策重点の個別化と多様化　192

第8章　都市再生の新たな試み
　　──衰退地区からトレンディ・エリアへ 197
　　1. はじめに　197
　　2. ハンブルクにおける都市更新事業の特徴　199
　　3. ザンクト・パウリの市区再生　201
　　4. おわりに──都市再生事業の評価と今後の課題　210

第9章　グローカル時代における成長都市圏の地区更新 213
　　1. はじめに　213
　　2. 成長都市とジェントリフィケーション　214
　　3. 都市再生戦略の動向　219
　　4. ザンクト・パウリにおけるRISEプログラムの展開　225
　　5. おわりに　228

第10章　再都市化の進行にともなう地区居住施策 233
　　1. はじめに　233
　　2. 人口増加と住宅市場の推移　235
　　3. ハンブルクにおける住宅政策の動向　239
　　4. 地区居住施策の展開　244
　　5. おわりに　249

おわりに──今後の展望 254

　参考文献　258
　あとがき──ハンザからルール、そして再びハンザへ　273
　索引　277

ドイツ連邦共和国の諸州と州都

凡例

1. 旧ドイツマルク（DM）の為替レート（対日本円）について

　主要通貨の対日本円為替レートの時系列変化を確認可能な総務省統計局サイト（https://www.stat.go.jp/data/chouki/zuhyou/18-08.xls）等によれば、1DM あたりの概数値で、90 円（1990 年）→ 70 円（1995 年）→ 60 円（2001 年）と変動している（いずれも 12 月末日の値）。なお、2002 年 1 月 1 日よりユーロ貨幣の市中流通が開始された。

2. ハンブルクの表記について

　一都市でありながら州と同格の地位（都市州 Stadtstaat）を有しているハンブルクの表記については、参事会（Senat）など行政組織を指す場合は「州（政府）」、市内・市中心部などエリアを指す場合は「市」を使用することとした。ただし、首長の呼称については、その原語表記（Erster Bürgermeister）にもとづき「州首相」ではなく、「市長」とした。

本書を理解するためのキーワード

アルトバウ (Altbau)
1949年以前に建設された建造物。老朽化しているものの、天井が高いために気積が大きく様々な用途に活用できる。その立地さえ恵まれていれば、近年非常に人気がある建造物でもある。

公益住宅企業 (gemeinnützige Wohnungsbaugesellschaft)
第三者の出資に依拠した、一般の住宅需要者を対象とする非営利会社もしくは社団法人。コスト家賃原則が採用され、その利潤は配当制限（通常5％まで）により、住宅建設への再投資に向けられた。戦間期から1960年代にかけて住宅供給の中心的な役割を担ったが、同企業に対する税制優遇措置は1990年に廃止された。

再都市化 (Reurbanisation)
知識経済への移行、民間世帯の消費選好の変化などによってもたらされた居住の場としての都市地域、あるいはその中心部の魅力の再評価にともなって生じた都市部への人口回帰現象を指す概念。学生・新規就業者や高所得世帯による選択的な人口流入によって特徴づけられる。

社会維持条例 (soziale Erhaltungsverordnung)
地域の構造と住民の構成を保全するために、2010年にハンブルク州で制定された地区計画法上の手段。指定されたエリア内で、持家の新規建設や住宅の事業用スペースへのコンヴァージョンなどの特定の行為を審査し、規制する施策。

社会住宅 (soziale Wohnungen)
低利の公的資金の投入による住宅建設促進制度のことであり、建設主体や所有関係を問わず、こうした低利資金が未返済状態にある住宅を指す。1950年の「第一次住宅建設法」によって立法化された。

社会的居住空間助成法 (soziale Wohnraumförderungsgesetz)
2002年1月に「第二次住宅建設法」（1956年制定）に代わって施行された住宅政策に関する基本法。その目的である「居住の社会的保護」を保障するために、助成対象をはじめとする政策の理念を定めている。

社会都市 (soziale Stadt)
都心周辺部の衰退地区や縁辺部の大規模集合住宅団地などを対象として、住民の生活環境の持続的改善を目指す統合近隣

地区開発支援プログラム。ノルトライン＝ヴェストファーレン州による「特に更新の必要性を有する市区」支援プログラム（1993年～）を起源とし、1999年に連邦・州共同イニシアティヴとして全国に拡大された。

住居費 (Unterkunftskosten)
既存の社会保障制度を統合するハルツⅣ法改革（2005年）により、求職者基礎保障給付に含まれる家賃補助として新たに導入された対人直接助成で、自治体が負担する。受給有資格者は、この住居費と住宅手当のいずれか、有利な方を選択することが可能である。

住宅手当 (Wohngeld)
家賃上昇の影響を最も被りやすい低所得者層の住宅支出の負担を軽減するために1965年に導入された対人直接助成。手当額は、家族構成・世帯収入・家賃額（持家の場合は負債額）の三つの指標をもとに算定され、それを連邦・州が半額ずつ負担する。

人民所有住宅 (volkseigene Wohnungen)
旧東ドイツにおいて、自治体住宅行政（KWV）、人民所有企業（VEB）により建設された住宅。土地取得・住宅建設コストに対して、政府からクレジットが供与された。ドイツ統一条約の規定によって、その多く（約270万戸）が負債とともに自治体に移管された。

設備近代化 (Modernisierung)
防寒・遮音のための二重窓、セントラルヒーティング、インターホン、エレベーターの設置など、住宅設備の改善を指す用語。1976年以降は対物助成の対象となり、補助金が支出されるようになった。

トレンディ・エリア (trendy area)
アルトバウが集積するかつてのインナーシティの衰退地区のうち、クリエイティヴで所得の安定した若者や学生層により「再発見」されたトレンディで「クール」なエリア。ドイツでは "Szenenviertel" と称する。

比較家賃制度 (Vergleichsmiete)
住宅の建築年・規模・設備水準・立地条件を加味して作成された家賃の比較対照表（標準家賃表 Mietspiegel）にもとづき、家賃改定に際して地元通常家賃（ortsübliche Miete）を上回らないよう値上げ幅を制限する制度。1971年の「借家人保護法」によって導入された。

不適正入居 (Fehlbelegung)
社会賃貸住宅入居に際しての所得上限を20％以上上回る世帯が、引き続き当該住宅に留まること。現行制度では、所得額の審査が入居時にしか実施されないため、こうした事態が起こりうる。彼らに対し

て家賃の割増し負担金を課す制度が、いくつかの州で1980年代に導入された。

プラッテンバウ (Plattenbau)
パネル工法によるプレハブ方式で建てられた集合住宅。伝統的な工法と比べて低コストかつ短期間で建設可能であるため、旧東ドイツでは1970年代の大量供給期に主要都市の縁辺部や生産施設の周辺での高層集合住宅団地の建設で採用された。

家賃ブレーキ制度 (Mietpreisbremse)
5年間にわたって、賃貸契約（新規・更新）時の家賃額を地元標準家賃の10%増しまでに制限する借家人保護施策。2015年7月に連邦政府により制定されたが、その適用と地域の選定は州の判断に委ねられる。

IBA (Internationale Bauausstellung)
国際建設博覧会。社会改革理念を同時代の建築で提示するという理念にもとづき、国際コンペで募集した建築物を従来の町並みに組み込み、都市のストックにしようとする取り組み。1901年にダルムシュタット(Darmstadt)市で第1回が開催されて以降、ドイツ各地で開催されている。

Stadtumbau（都市改造）
東部では2001年、西部では2002年に「活力ある都市と魅力的居住のための連邦プログラム」としてスタートした、空家の増大や地区の衰退など、都市縮退現象に対する取組みを直接の目的とするドイツ初のプログラム。2016年に両者は統合された。

steg (Stadterneuerungs- und Stadtentwicklungsgesellschaft Hamburg mbH；ハンブルク都市更新・都市開発会社)
1990年にハンブルク州の100%出資による公企業として設立された市内の住宅・事業所（信託財産）の管理を行う企業体。2003年に民営化された後も、地区再開発、個別建造物の改修のほか、コミュニティのネットワーク作りなどのソフトな事業にも積極的に関わっている。

URBAN
EU構造基金（共同体主導枠）の支援を受け、1994年に新設された公募型の統合近隣地区開発プログラム。第Ⅰ期（1994〜99年）には総額9億€が投資され、118地区（ドイツ10地区）、320万人を対象とする事業が実施された。

序　章

本書のねらい

1. 都市居住と住宅政策

　都市居住のベースとなる住宅は、土地を媒介に形成された特殊な財である。それゆえ、その市場圏は小規模でローカルなサブマーケット（部分市場）を構成しており、ある地域で需要が急増しても、供給はすぐには追いつけないなど、需給の不均衡に陥りやすい。また、財としての価格が高いことから、多様な選択肢を利用できる高所得層が居住状態を改善しやすいのに対して、低所得層、ひとり親世帯、エスニック・マイノリティなど、社会的に排除された人々に住宅問題がしわ寄せされる傾向にある。ハウジングとは「住宅を社会的に供給・管理していくシステム」を指すが、民間市場においては採算性が優先されるため、その供給システムが効率的に機能しているからといって、全ての社会階層の人々にアフォーダブル住宅（適切な負担で居住可能な良質の住宅）が保証されるとは限らない。したがって、同一地域内においても需給バランスの異なる複数の階層的なサブマーケットが併存していることは明らかである。

　住宅問題は、こうしたサブマーケットにおける、①住宅の絶対的不足（量的住宅難）、②水準以下住宅の存在（質的住宅難）、③居住者の支払い能力と適正水準コストとの乖離によって生じるが、これらの克服が個人の努力（自助）の限界を超えており、アフォーダブル住宅へのアクセスが困難とみなされたときに、民間市場への公的介入（住宅政策）が実施されることとなる。

　住宅政策は、良好な社会資本形成を目的とする対物助成と、居住権の保障に関わる対人助成に大別される。対物助成は、直接介入（公共賃貸住宅の供給）及び間接介入（長期低利資金の融資）からなるフロー対策、再開発・修繕・管

理による住宅や住環境の回復・向上を行うストック対策とで構成される。他方、対人助成には社会住宅への優先入居、家賃補助など低所得層向けの対策に加えて、中・高所得層に対する住情報の提供などのサービスが含まれる。

　本書で扱うテーマは、かつて地理学者 Bourne（1981）があげたハウジング研究における6つの主要テーマに則せば、①住宅を公共・民間両セクターが世帯に割当てるプロセス、②その配置にもとづく社会的・空間的結果、③こうした結果が引き起こす諸問題と政策的対応、ならびに④住宅政策と都市構造や公共政策との関係に関わる研究領域に相当する。

　従来の地理学においては、サブマーケット毎の研究事例は数多いものの、住宅市場の構造や、その背後にある様々な主体（アクター）間の関係など、ハウジングの制度的側面に対する関心は、関連分野と比較すれば概して低かったといえる。しかしながら、制度の空間形成に及ぼすインパクトは、地理学はもとより住宅政策研究全般における重要な研究テーマである。住宅を特定の人々、特定の場所に配分する住宅割当てプロセスが、市場においていかに作用しているのかを分析することも、その一例である。更には、民間市場における住宅割当てメカニズム（地域において、住宅を社会集団間もしくは世帯間でいかに分配するかを決定するメカニズム）を補完するオールタナティヴとして住宅政策をとらえ、それを評価するにあたっては、主たるターゲット（誰のための施策か）のみならず、実際に供給された住宅の立地も含めて検討する必要がある。都市の変容を市街地の形成過程や社会空間のセグリゲーション（segregation）という文脈の中でとらえる地理学の問題意識は、この点において独自の貢献をなすことが期待できよう。

　ハウジングの制度的側面に焦点をあてた研究を行うにあたっては、まず住宅政策自体の枠組みやその背景を把握することが前提となる。近年では市場の特徴や政策の意義についての国際比較研究が進んでおり、様々な施策の社会経済的背景を理解する上で有用である。たとえば、英米独仏四ヶ国における過去100年余りにわたる住宅政策の発展過程を概説した小玉徹ほか（1999）によれば、いずれの国においても、①住宅問題が認識され、様々な住宅改良運動が展

開された前史、②政策のフレームワークが形成され、民間市場への介入が本格化した生成期、③制度化されたフレームワークのもとで大量の住宅建設がなされた展開期を経て今日に至っている。この発展プロセスにおいて、大量直接供給など、政策立案者の意図と一般市民のニーズとが合致し、それが政策目標にストレートに反映されやすいのは住宅窮乏期である。

そこに共通してみられる「戸数主義」と「持家主義」を基調とする住宅政策は、大都市圏への人口集中にともなう大量の住宅需要の受け皿として機能するとともに、ハウジング・チェーン（住み替え連鎖）によるフィルタリング・ダウン（第1章注9参照）を通じて、収益性の乏しさゆえに民間市場に委ねられない低所得層に対する一定のアフォーダブル住宅の確保をもたらした点で、決して過小評価されるべきものではない。

また、公的住宅の供給、新市街地における住宅地の開発についても、ターゲットの特定、創出すべき住宅地像など、事業主体の意図をくみ取りやすいことから、国内外の事例を問わず研究が進んでいる。なかでも所得審査によって居住有資格者が限定される公営住宅については、ノックス／ピンチ（2005）も言及しているように、政策ターゲットが自ずと明らかなため、その配分政策がもたらす社会空間のセグリゲーションは、制度が空間に及ぼす典型例の一つといえる。

更に、政府と市場との狭間に位置する非営利の住宅供給組織（サードアーム）の活動が活発な欧米諸国については、堀田（2005）によるイギリスのハウジング・アソシエーション、大場（2003）のドイツにおける公益企業・協同組合による住宅供給、アメリカのインナーシティにおける住宅困窮者向けの協同組合運動を扱った平山（1993）による詳細な研究がある。

以上のように、都市居住と住宅政策との関連を追求する制度的研究は、政策ターゲットが自ずと明らかな公営住宅や窮乏期の歴史的研究を除けば、アプローチが難しいテーマとなっていることは否めない。その要因には、住宅統計調査が利用しにくいなど、資料上の制約もさることながら、今日では政策そのものが再編を迫られていることもあげられよう。なぜならば、住宅ストック総

数が世帯数を大きく上回る市場緩和期においては、政策介入は限定的なものとならざるを得ず、そうした施策には窮乏期のような劇的な居住改善効果が期待できないため、経済成長が減速し、政府の財政事情が悪化している状況下では合意が形成されにくいからである。

かつてKemeny（1995）は、先進工業国の住宅市場をサードアームが供給する社会住宅と民間賃貸とが併存・競合可能な市場メカニズムを有する「ユニタリー・モデル」（独仏、北欧など大陸ヨーロッパ諸国）と、利潤目的の借家市場に依拠しながら、結果的には住宅テニュア（所有関係）を持家とマージナルな公営賃貸の二極に分化させてしまう「デュアリスト・モデル」（英米ほかアングロサクソン圏諸国）に大別した。しかしながら、政策の重点が量的充足から質的向上へ、すなわち大量直接供給から対人助成（住宅手当、家賃補助）やストック・マネージメントへとシフトしていくのは各国共通の傾向である。特に、それまで「広範な国民層」を対象とした社会住宅の供給に支えられてきた独仏においても、当時は施策が残余化、福祉政策化していった状況に鑑みれば、市場重視の中で政策再編のトレンドは「デュアリスト・モデル」に収束していくかのように思われた（Malpass, 1999）。

こうした再編期を迎えた住宅政策に対して地理学ならびに関連諸科学が独自の貢献をなすためには、サブマーケット毎のストック分布を分析するという地道ではあるが不可欠な作業に加えて、今後のアプローチを以下の３点に集約していくべきであろう。

まず、ハウジング・チェーンとその背後にあるサブマーケット相互の関係に関する研究があげられる。日本のように持家・借家格差の大きい国々では、賃貸住宅から「前期持家」（借家以上の水準をひとまず確保できる持家）を経て「後期持家」（更に高い水準の持家）に移行するハウジング・チェーンの作用により、これまでは民間市場でもフィルタリング・ダウンを通じてストックの有効活用が進められてきた側面があった。たとえば、近年の日本における旺盛な民間投資に支えられたファミリー層向け分譲マンション建設は、都心ならびに都心周辺部での住宅供給において、従来のリンケージ（住宅付置義務）制度、市街地

整備事業といった公的な施策よりはるかにインパクトが大きいものとなっている。この現象は、土地問題に翻弄された戦後日本の住宅政策の特徴を端的に示すものといえるが、地理学においてもこうした都市内部居住に対する研究関心が高まりをみせている。たとえば、由井、香川、富田らをはじめとする一連の既成市街地内における高層住宅の「居住者特性」研究は、市場の需給バランスの一断面を摘出し、ハウジング・チェーンにおいて民間市場が果たす役割を間接的に評価できるという点でも意義がみとめられる。今後、中間所得層以上の都心居住傾向が定着し、郊外での戸建て持家志向が沈静化した場合、各サブマーケットは地域内で従来にも増して競合する事態が予測される。また、終身雇用や年功序列型賃金制度の改編にともなって「前期持家」から「後期持家」層への円滑な移行が不確実になりつつある一方で、社会の分極化が進み、特定階層を市場から分断するハウジング・トラップ現象が各所でむしろ深刻化している現在、この連鎖にかつてほどの効果が求められないことは明らかである[3]。

第二に、大都市縁辺部の高層集合住宅団地（high-rise）、インナーシティの密集市街地におけるストックの更新と活用に関する研究の蓄積が求められる。こうした地域ではフィルタリング・ダウン効果が十分に機能しないため、前述のハウジング・トラップ現象が進行し、様々な社会問題が集積しているのが現状である。空家率の高さや「問題世帯」の集中など、高層集合住宅団地の荒廃が深刻な欧米諸国では、1950～60年代に建設され団地の改善に既に着手している（松村，2001）。改善に際しては、たとえばドイツにみられるような「減築」（住棟の部分的除却など）による「安全な撤退」策や、入居時点の上限を上回る所得を持つ世帯に対しても退去や家賃の超過負担を求めることなく、社会住宅団地のソーシャル・ミックス（social mix）を維持する施策も、住宅経営の保証や住環境の改善にとって新たな選択肢の一つとなっている（大場，2004a：同 2005，大村・有田，2005）[4]。

一方、インナーシティの密集市街地の更新については、伊藤（2003）、Ito（2004, 2005）が、ニュルンベルク（Nürnberg）市内の複数地区を対象として、都市更新事業にともなう住宅地域の変容を建造物の形態的・機能的変化と住民

層の社会的変化から比較分析を行っている。そこでは、住宅の改築・改修による居住水準の改善度が地区の住民構成にも影響を及ぼすことが指摘され、ストック改善とコミュニテイの維持に重点を置いたいわゆる「穏やかな都市更新」の問題点が明らかとなった[5]。

　もっとも、既成市街地内の部分住宅市場はセグメント化しているため、更新事業はストックの質や立地条件、住環境といった増価のポテンシャルに応じて、選択的に実施される必要があろう。改修事業により明らかに増価が期待できる地区には民間資金も投入されやすいが、高齢の持家所有者、零細家主など、所有者にその余力がない場合は、公共主導の事業が求められることとなる。

　第三に、超高齢化社会の出現、世帯類型の変化や女性就業率の上昇などにともなって多様化しつつある需要サイドの分析があげられる。もはや、夫婦と子供からなる「標準世帯」を前提とした全国一律の政策メニューでは、近年の住宅需要に応えられないことは明らかである。たとえば、2020年頃には全世帯の三分の一を超えると予測されている日本の高齢者世帯（世帯主の年齢が65歳以上の世帯）は、老朽化した密集市街地に滞留する場合も多いが、他方で自力では維持・管理が困難な大規模住宅に居住し、転居を希望しながら、しかるべき移転先が見いだせないようなケースも存在する。彼らは生活パターンを大幅に変更するような移動を一般に好まないだけに、こうした世帯は今後いっそう増大していくことと考えられる。また、若林芳樹ほか（2002）も指摘しているように、専門職に従事するシングル女性の住宅取得は明らかに民間市場に委ねられるべきものであろうが、母親のみのひとり親世帯の場合は、同様に利便性の高い既成市街地内での居住を志向するとはいえ、希望する住宅が取得できない状況にある。こうした居住限定層に対しては、既に一部の自治体において高齢者世帯向けに実施されているように、世帯規模、家族構成、立地などニーズに見合った住宅が適正に配分されるシステム、すなわち民間ストックの活用と家賃補助などの対人助成とを組合わせた支援策が不可欠である。そこでは、公的な機関を通じた適切な住宅仲介（マッチング）情報の提供や住み替え支援策等、自治体による積極的関与が求められている。

以上のような研究を通じて、民間と公共との新たな役割分担のあり方や、自治体毎に住宅政策全体のあり方を包括的に立案する「住宅マスタープラン」の策定や独自の家賃補助制度の導入などを通じて、ローカルなサブマーケットの実態に応じた施策を追求しはじめた自治体が将来取り組むべき課題についても、提言が可能になるものと思われる。その際には、既に第二次大戦直後より州政府が一貫して政策の実施主体であったドイツにおいて行われているような、地域の実情を反映したきめ細かな施策が参考となろう。この点に、本書で現代ドイツにおける住宅政策パラダイムの転換と、その空間的あらわれを分析する意義がある。

2. ドイツ住宅政策の軌跡

　Bプラン（Bebauungsplan）と呼ばれる詳細地区計画によって土地利用・建築規制が行われたドイツの整然とした市街地と、そこに広がる豊かな住宅の光景は、日頃雑然かつ無秩序な日本の都市景観を見慣れた者に、きわめて新鮮な驚きを与える。しかしながら、ドイツも、19世紀後半において急速な工業化にともなう人口の都市流入と想像を絶する土地投機による住宅難を経験した。更に、20世紀における二度の敗戦時には、自国領土の喪失を主たる要因とする引揚げ者や難民の流入による住宅窮乏の時代があったのである。それでは、こうしたドイツの住宅の豊かさは、何に由来するのであろうか？
　本節では、第二次大戦後を中心に現代に至るまでのドイツの住宅政策の流れを概観することを通じて、上記の問いを考えるにあたっての素材を提示することを目的とする。

(1) ドイツ住宅政策の制度化

　表序-1にみられるように、近代以降の都市居住においては、広範な国民層を巻き込んだ住宅窮乏期と市場の緩和期とが交互に現われる傾向にある。一般に、緩和期における公的介入は限定的・残余的となるが、工業化や大戦後の領

表序-1　ドイツにおける住宅問題の推移

時　期	主要な住宅問題	矛盾・問題の解決形態、対策
～19世紀前半	工業化の端緒 （都市形成）	
19世紀後半～ 20世紀初頭	公衆衛生問題の発生・発見 「賃貸兵舎」	家父長的福利厚生（社宅） 公益組織の萌芽
戦間期	**住宅窮乏 [mass]**	家賃統制・借家人保護 国家の直接介入 公益組織の発展とその弊害
第二次大戦後	**住宅窮乏 [mass]**	家賃統制・借家人保護 社会住宅制度 多様な公的助成
1960～80年代	[残余化] インナーシティ問題 縁辺部の high-rise 社会住宅への不適正入居	民間資金への依存 持家助成＋住宅手当 土地・建物市場経済への復帰
1980年代末～ 90年代	（住宅窮乏）[mass]	公益住宅セクターの解体 公的支援の復活 民間投資の刺激
1990年代末～ 2008年	[残余化] 住宅市場の分極化 建設業界の不況 財政難	**公的助成の後退** 「社会的居住空間助成法」 社会住宅入居基準の引き上げ 優遇措置による民間投資刺激策
2008年～	都市成長 ジェントリフィケーション 大都市圏の住宅難	**公的介入の復活** 社会住宅助成 社会維持条例 家賃ブレーキ制度

出典：大場（1999）p.150を加筆・修正

土縮小にともなう大量の人口流入等により需給バランスが失われた際には、積極的な公的介入（住宅政策）が実施されることとなる。

　住宅政策を大別するならば、それは「対物助成」と「対人助成」ということになる。ドイツの場合、前者が住宅協同組合や公益住宅企業に対する公的資金援助にはじまり、第二次大戦後の「社会住宅」制度に至る流れであるとすれば、後者に属するのが戦間期の家賃統制をはじめとする借家人保護政策や今日の住宅手当の支給、持家建設貯蓄奨励制度ということができよう（図序-1参照）。

図序-1　ドイツにおける戦後の住宅政策の枠組み（概念図）

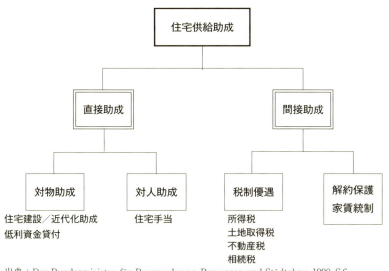

出典：Der Bundesminister für Raumordnung, Bauwesen und Städtebau, 1990, S.6.

以下では、こうした諸施策が時代を追ってどのように整備されてきたのか、大場（1999）にもとづいて簡単に振り返ることとする。

　ドイツにおける住宅政策の端緒は、帝政期であった19世紀後半にまでさかのぼることができる。既にこの時期において、都市に住む中間層や労働者階層向けに住宅を供給することを目的とした協同組合や公益住宅企業の出現がみられた。世紀転換期以降、これらの組織は、自治体や公共保険機関等から低利資金及び建設用地の提供を受けて住宅建設を行っていったが、特に国家の立法により住宅建設の補助に対する制度的枠組みが確立された戦間期には、急速にその供給戸数を伸ばしていった。あわせて、第一次大戦中から戦間期にかけては、立法や住宅強制経済の実施を通じて、家賃統制をはじめとする借家人保護施策も導入された。

　このように、今日のドイツの住宅政策を特徴づける「社会住宅」制度や借家人保護制度の原初的形態ともいうべき姿が、世紀転換期から戦間期において徐々に整備されていったのである。

表序-2 旧西ドイツにおける所有関係別住宅構成（1990年）

1. 持家	40
2. 住宅協同組合	4
3. 借家	57
うち 個人所有	37
法人所有	6
公益住宅企業	14

単位：％
出典：Andereson, H. S. and A. Munk: The welfare state versus the social market economy, *Scandinavian Housing & Planning Research* 11, 1994, p.7.

第二次大戦後、深刻な住宅不足の中でドイツでは、次々と施策が実施されることとなった。表序-2は、旧西ドイツにおける所有関係別住宅構成（1990年）を示したものである。この表によれば、旧西ドイツにおいては持家比率が40％と低い値を示しており、住宅供給の主体は借家にあることがわかる。借家の中では、非営利の公益住宅企業が全住宅ストックの14％を所有していることが注目される。なお、ドイツにおいては公営住宅は自治体などがその職員向けに供給するケースがほとんどであり、住宅ストックに占める位置はきわめて限定的である。

第二次大戦後におけるドイツの住宅政策は、①公的助成と民間資金を組み合わせたこの国独自の「社会住宅」制度によるソーシャル・ミックスの追求と、②各級政府（連邦・州・市町村）による分業と協調とによって特徴づけられてきた。

表序-2には、ドイツの住宅政策を代表するともいえる「社会住宅」というカテゴリーがみられない。「社会住宅」とは、住宅所有関係を示すものではなく、低利の公的資金の投入による住宅建設促進制度のことであり、建設主体を問わずこうした低利資金が未返済状態にある住宅のことを「社会住宅」と称するのである。

図序-2は、旧西ドイツ地域の住宅ストックの内訳（1994年）を示したものであるが、賃貸住宅のうち公益住宅企業及び住宅協同組合が所有する270万戸、民間家主が所有する130万戸の計400万戸が「社会賃貸住宅」に該当する。これに公的助成を受けた持家100万戸を加えた合計500万戸が、この時点での「社会住宅」ということになる。

「社会住宅」は、戦後復興期に当たる1950年代に、低家賃住宅建設への新た

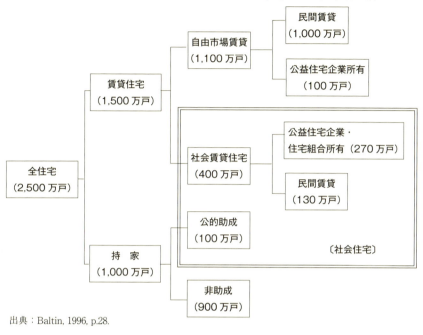

図序-2　旧西ドイツにおける住宅ストック（1994年）

出典：Baltin, 1996, p.28.

な投資を誘導するために設けられた制度であり、ドイツにおける第二次大戦後の「対物助成」の代表的施策となった。この制度にもとづき、連邦と州は建設施主に対して一定の拘束を満たすことを条件として、建設資金の援助を行う（社会住宅制度の詳細については、第3章を参照）。また、この制度は、70年代には都市再開発・市街地更新の主要な手段ともなった。

　一方「対人助成」施策のうち、主として低所得層を対象とする支援策として次のようなものが整備されていった。

　まず、1965年に導入された住宅手当（Wohngeld）は、当時賃貸住宅市場に対する規制が徐々に解除され、家賃統制も撤廃されつつあったため、予測される家賃上昇の影響を最も被りやすい低所得層の住宅支出の負担を軽減するための対人直接助成策である。手当額は、全国の自治体を家賃水準に応じて6段階に区分した上で、家族構成・世帯収入・家賃額（持家の場合は負債額）の三つ

の指標をもとに算定され、それを連邦・州が半額ずつ負担した。

　次に、比較家賃制度（Vergleichsmiete）は、1971年の「借家人保護法」によって導入された。これは、住宅の建築年・規模・設備水準・立地条件を加味して、自治体・家主組織・借家人組織の三者間の協議により作成された家賃の比較対照表（「標準家賃表Mietspiegel」と呼ばれる）にもとづき、家賃改定に際して地元通常家賃（ortsübliche Miete）を上回らないよう値上げ幅を制限し、当該自治体における家賃の平準化を図る制度である。

　こうした伝統的な（「対物助成」、「対人助成」）施策に加えて、新たに持家支援策が整備されたことは、戦後住宅政策の特徴として注目される。

　第一に、1975年以降、持家の新規建設も社会住宅制度に組み入れられ、公的資金の援助が受けやすくなった。第二に、税制上の優遇措置があげられる。これは、新規建設住宅の場合、10年間土地保有税を免除し、あわせて減価償却費等に対し所得税控除の特典を設けるものである。更に70年代には、中古住宅の取得の場合にも、こうした税制上の特典が適用されることとなった。また、住宅貯蓄奨励制度は、貯蓄総額が住宅建設費の40％（後に80年代に50％へと変更）に達すれば、残りの資金を低利ローンで借り入れる資格が与えられるシステムである。

　以上のようなドイツの住宅政策の特徴をひとことで表現するならば、それは帝政期にはじまり第二次大戦後に至る政策の連続性であろう。このことが、豊かな住宅ストックの存在とともに、住宅政策のいわば「優等生」とも称される評価を得る所以ともなったのである。

(2) 1980年代の住宅政策の動向────「対人助成」へのシフト

　1980年代初頭、キリスト教民主・社会同盟（CDU・CSU）と自由民主党（FDP）との連立にともなって生まれた保守－中道政権による一連の規制緩和政策は、住宅政策にも大きな影響を及ぼした。

　80年代における住宅政策の主要な特徴として、①社会住宅制度の見直しとそれにともなう住宅供給の後退と、これに関連した、②住宅政策の「対物助

成」から「対人助成」へのシフトがあげられる。

　こうした社会住宅建設プログラムの後退の背景には、同制度に対する根強い批判があった。そこでまず問題にされたのは、社会住宅への借家人割当てが公正さを欠くという点であった。社会住宅は、元来低所得層に低家賃住宅を提供する施策であったが、資格審査（means test）が入居時のみであったため、低く抑えられた家賃の下では、結果として長く住み続ける借家人ほどメリットの大きい施設となった。この点に関しては、全借家ストックの三分の一を占める大量の社会住宅の存在が、こうした本来の所得制限をはるかに逸脱した借家人の継続居住を許すものだとして、社会住宅制度の見直しが主張されたのである。[8]

　次に、建設コストの増加に比して、住宅の質が伴っていないことが問題となった。社会住宅の場合、予め出資者が行ったコスト計算にもとづいて補助金が支出され、たとえ建設段階でコスト増加が生じた場合でも、84年までは補助金の追加支出が行われたため、出資者にとって住宅経営上の観点から適切な質の住宅を提供し、維持管理を行うためのインセンティブとなっていない点が批判されたのである。

　第三には、社会住宅制度が果たして低家賃住宅供給の純増につながったのかどうかという疑問が投げかけられた。確かに1970年代に社会住宅のストックは大幅に拡大したが、これは市街地更新による老朽住宅の除却を社会住宅によって代替した結果にすぎないことが指摘されたのである。

　以上のような批判の結果、70年代にはインフレによる建築費の高騰もあいまって増大傾向にあった社会住宅の新規建設補助は徐々に減額され、1985年には連邦政府が賃貸住宅に対する資金供給から完全に撤退するに至った。また早期の公的ローン返済に対する様々な優遇措置が実施されたため、社会住宅から一般の（家賃規制のない）民間賃貸への移行が急速に進行し、低所得層にとってのアフォーダブル住宅のストックは減少することとなった（**図序-3**参照）。

　加えて、「社会家賃」と呼ばれる低額家賃設定等の義務を撤廃する代わりに、住宅ストックに対する補助金も大幅に減額された。なかでも、ドイツの賃貸住

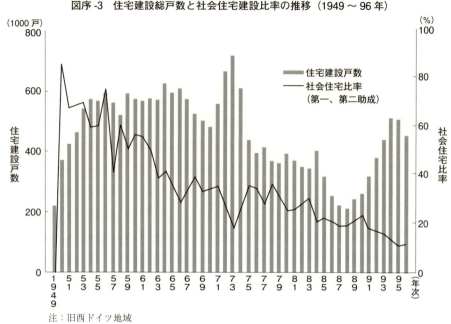

図序-3 住宅建設総戸数と社会住宅建設比率の推移（1949～96年）

注：旧西ドイツ地域
資料：連邦資料にもとづき作成

宅市場において大きな位置を占めていた公益住宅企業の場合、こうした非営利組織に限って設けられていた税制優遇措置（免税特典）も1990年に廃止された。ただし、このことをもって公益住宅セクターが消滅したわけではない。各企業は、賃貸ストックの管理・経営業務の代行、民間払い下げ事業への協力などを通じて旧東ドイツ地域にも進出し、こうした事業に対するノウハウをもたない市町村にとって有力なパートナーとなっている（第2章参照）。

　このような「対物助成」施策の後退を補う形で、市場の機能を妨げないという観点から施策の重点は住宅手当や住宅改修・設備改善プログラムへと移行していくこととなった。70年代に導入された住宅改修・設備改善プログラムの目的は、住宅ストック改善によりインナーシティ衰退の進行をくい止めることにあり、連邦・州政府から改善費用の税控除、もしくは補助金の形で支援が行われた。80年代にはこうした部門への投資が大きく伸びたが、これは同時に

低質ではあるが低家賃でもある住宅の減少につながった側面も無視しえず、その後削減されることとなった。

以上のように、1980年代においては「対物助成」から「対人助成」へと施策の重点はシフトしたものの、政策の枠組みそのものについては大幅な変更はなされなかった。

(3) 1990年代のドイツ住宅政策

住宅需要の分極化や1990年10月のドイツ統合にともなう旧東ドイツ地域復興を目的とする財政支出の増大により、ドイツの住宅政策は90年代にはその再編を迫られることとなった。ここでは、効率性を追求する「柔軟な」住宅政策へのシフトと旧東ドイツ地域における住宅政策の特徴を中心に、90年代におけるドイツの住宅政策を概観する。

単身世帯が増大し、国民の持家志向が拡大する一方で、ドイツではアフォーダブル住宅の不足が顕著な問題となっていた。また、60年代から70年代初頭に建設された大都市郊外の高層集合住宅団地は、住環境を重視する国民意識の変化の中でしだいに人気を失い、長期失業者などの「問題世帯」が集中する地区へと変わっていった。加えて、社会住宅への不適正入居世帯（所得上限を超えても社会住宅を退去しない世帯）の増大は、従来の制度そのものの「不透明性」に対する批判を生んだ。こうした状況の中で、①財政負担を緩和しながら効率的助成を行い、なおかつ②配分の「公正さ」をも達成するような政策の転換が求められたのである。

①に対しては、短い拘束期間（従来の15年間を10年未満に短縮）や自治体と投資者との協議による家賃設定など、投資者の意向に配慮した「第三助成（協定助成）」方式を社会住宅制度に導入することで、これまで以上に民間資金を動員する途が開かれた（1989年）。この方式が採用された背景には、従来の「第一助成」方式では一戸当たりの助成額が高いために助成数には限りがあり、制度の硬直性から地域住宅市場の特性に応じた助成が期待できないことがあげられる。**表序-3**は社会住宅建設認可戸数（1991～96年）を助成方式別に集計

表序-3　助成方式別社会住宅建設認可戸数（1991～96年）

	第一助成	第二助成	第三助成	合計
旧西ドイツ地域	217,305	122,011	229,353	568,669
	38.2%	21.5%	40.3%	100.0%
旧東ドイツ地域	36,388	25,945	148,607	210,940
	17.3%	12.3%	70.4%	100.0%
全国	253,701	147,956	377,960	779,617
	32.5%	19.0%	48.5%	100.0%

単位：戸
出典：連邦建設省資料より筆者作成

したものである。どの助成方式を優先して採用するかは、州によりかなりの格差があるが、全国で約半数、旧東ドイツ地域においては約7割の社会住宅が「第三助成」方式により建設されている。また、比較的広い住宅に住む高齢者世帯の転居を支援し、空間需要のより大きい多子世帯をその住宅に入居させることで、住宅需給のミスマッチを解消しようとする取り組みも市町村レベルで開始された。

②に対しては、入居後一定期間を経た後に再度所得審査を行うことで入居資格をチェックするとともに、不適正入居に対する負担金制度を新たに導入して「公正さ」を図ろうとした。

統一後の旧東ドイツ地域における住宅政策は、住宅ストックの設備更新・補修（住宅の荒廃防止＝ストック対策）と住宅供給メカニズム改善のための条件整備（公益住宅企業・住宅組合の育成＝フロー対策）とに分けられるが、90年代には前者のストック対策に重点が置かれた。これは、同地域では住宅ストックは世帯数を上回っているものの、インナーシティではストックの老朽化と荒廃により、郊外の大規模な集合住宅団地ではサービス施設や公共施設の欠如、交通手段の不備のため、旧西ドイツ地域に比べて著しく住環境が劣っていたことによるものである。エレベーターやセントラルヒーティングの設置などの設備近代化が、こうした対策の中心となっている。

また、資本主義型住宅市場形成のための施策も、あわせて実施されている。91年10月と93年1月との二度にわたって段階的に実施された家賃適正化や住宅手当制度の導入（93年）と、資産形成策の一環として導入された旧人民所有住宅（約270万戸）の民間への売却・個人所有化（Privatisierung）がその主なものである。ただし、こうした施策は急激な産業構造の転換とともに、様々な利害摩擦の焦点ともなった（第2章参照）。

　まさにこの時期に、連邦地誌・空間整備研究所（BfLR）の「建設用地レポート」（1993年）は、旧ソ連・東欧圏からの人口流入による予期せぬ人口増加と実質所得の上昇を要因として、住宅用地市場が逼迫していることを報告した。

　旧西ドイツ地域では、一部の土地所有者の投機的行動に加えて、自然保護立法上の諸規程が開発にブレーキをかけているため、新たな住宅用地の確保は一般に困難となっていた。なかでも、大都市圏を中心とする人口集中地域では、地元住民の反対や高い開発コストを恐れた自治体が新たな住宅用地の開発に消極的であることもあいまって、住宅用地不足は一層深刻であった。そのため、施策の重点は既成市街地における充填型開発やストック更新事業に置かれた（第4章～第6章参照）。

　一方旧東ドイツ地域では、前述のように既存ストックに対する更新・設備近代化への資金投下が施策の中心であったため、かなりの開発余地があり、住宅用地をめぐる事情は旧西ドイツ地域とは対照的である。

　以上のように、西部ではいかにして住宅用地の隘路を克服して、高まる新規住宅需要に対応するかが、東部では住宅ストックの設備近代化を積極的に推進して、住民の資産形成や生活の安定を図ることが、この時期において喫緊の政策課題となった。

(4) 現代ドイツにおける住宅政策の特徴

　かつての公的介入は、需給のバランスが大きく崩れ、アフォーダブル住宅が大幅に不足する住宅窮乏に対して、全国一律の制度のもとで実施される傾向にあった。これに対して、現代の住宅問題は、特定集団（18～29歳の学生・新規

就業者や高所得世帯）が、一部の成長都市圏の都心周辺地区に転入するという選択的な人口移動（再都市化）を背景に顕在化している。一方、全ての郡・独立行政市（kreisfreie Stadt）のうち、現在人口が増加しているのは約28%に限られ、旧東ドイツ地域、村落部、旧工業地域では大幅な人口減少により需要が低下し、多くの空家が出現している（Eichener, 2012）。このように、住宅需要動向にも地域による大きな差異が生じているため、もはや従来のような全国一律の住宅政策によっては対応しえない状況となっている。成長都市圏においては、この需要増にともなう住宅不足や家賃上昇が中間所得層を巻き込んだものとなっているがために、2010年代に至って施策は再び積極的な公的介入へ向かったのである。

　住宅問題が特に顕在化している大都市圏を中心にその施策を仔細に検討すると、社会公正の実現という原則に依拠しつつ、そこには①各級政府の分業・協調枠組みの変化と、②施策の個別化・多様化という、二つの注目すべき特徴が浮かび上がってくる。

　第一に、連邦国家であるドイツでは、住宅政策においても州が中心的な役割を果たしており、旧西ドイツと旧東ドイツとの違いはもとより、社会住宅制度の維持に積極的な州と民間活力を動員して柔軟な住宅政策を指向する州など、施策のメニューにも州毎に大きな違いがみられる。この各級政府による分業関係において近年重要なのは、2006年の連邦制度改革である。そこでは、住宅政策に関する権限が連邦から州へ委譲され、当該分野での立法と社会住宅建設助成に対する資金調達も州の責務となった。こうした権限委譲は、特に「住宅需要が地域的に非常に異なって展開している」ことを考慮したものである。同時にそれは、ストックを維持していくのか、あるいは民間への払い下げを進めるのかという、新たな課題を施策の実施主体（自治体）に突きつけるものでもあった。

　あわせて、各級政府の財政難を背景に、新自由主義的施策、規制緩和にもとづくプログラムの更なる柔軟化が追求されている。そこでは、民間活力の一層の動員が推奨され、結果として施策の担い手がますます多様化していくことと

なった。その中で、EU・連邦・州・自治体のみならず、地元企業や住民組織が果たす役割もますます重要となっている。

　第二に、人口移動動向が大きく変化して一時的な住宅窮乏が生じた統合直後（1990年代）を例外として、ドイツでは1960年代以降の住宅市場は大量建設によって徐々に沈静化し、2000年代初頭に至るまで（全国レベルでは）ほぼ一貫して緩和傾向にあった。この間、政策の重点も貧困層援助を目的とした住宅手当（低所得層向け対人助成）と、持家形成・設備改善（中間所得層向け対物助成）とに分化していった。前者が各種社会保障制度との組み合わせで残余化していったのに対して、後者は都心周辺部で展開される市街地更新事業との連携により、社会的にバランスの取れた住民構成による地区形成を促進するものと期待された。

　需要が再び増加した今日でも、既存の各種助成制度や高所得世帯の実需に支えられて、住宅投資の75〜80%は引き続きストックに流れている。それは、新規流入者に対する受け皿を準備した一方、増価にともなう家賃急騰や住民追い立てなど、一部のエリアにおいて特定セグメントに問題が集積していく原因となり、ジェントリフィケーション（gentrification）やセグリゲーションを助長することとなった。

　今日においては、選択的人口移動にともなって生じた部分的住宅難を背景として、各々の地区特性に応じた施策が、80年代以降の都市更新事業の理念を引き継ぎつつも、選択的・個別的に展開されている。そこでは、コーポラティスト型福祉国家に包摂されない人々を対象に、残余化ではなく、多様化（Diversity）を目指す取り組みが行われている。

　このように、現代ドイツの住宅政策では、各級政府の分業・協調枠組みの変化が地域毎に特徴のある施策の策定を可能とし、地域住宅市場における需要動向に応じたアフォーダブル住宅の供給（Deutscher Bundestag, 2017, S.63）を目的とする施策の個別化・多様化への道を拓いたといえよう。

3. 本書の構成と分析視角

　以上のように、近年ドイツでは住宅政策が新たな展開をみせている。それにともない政策の根幹を成していた社会住宅プログラム（対物助成）と住宅手当（対人助成）の受益者の構成も大きく変容することとなった。

　本書の目的は、過去100年あまりにわたるドイツ住宅政策の歩みをふりかえった前著（小玉ほか, 1999）の成果をふまえて、ドイツ統合（1990年）以降における住宅政策の軌跡を改めて整理するとともに、それを新たな状況に直面した公的介入の再編と挑戦の過程ととらえ、このことを通じて今後の都市居住のあり方を展望することにある。

　かつてKemeny（1995）が住宅政策における「ユニタリー・モデル」の典型例として取り上げたドイツでは、「ソーシャル・ミックスという目標が、自治体の実践及び住宅経済内部で幅広く受け入れられている」（Harlander, 2013）。本書では、その理念と実態がいかに変容していったのか、デュアリスト・モデルへの再編が追求された1990～2000年代（第Ⅰ部）、地方政府への権限委譲と成長都市圏における新たな施策の展開がみられた2010年代（第Ⅱ部）とに時期区分して考察していく。

　既に言及したように、近代以降の都市居住には、広範な国民層を巻き込んだ住宅窮乏期（積極的な公的介入）と市場の緩和（施策の残余化）期とが繰り返し現われる傾向にある。ドイツにおいても、広範な住民層に対してアフォーダブルな住宅を提供するために住宅窮乏時には介入強化がなされた点、また対物助成から対人助成へ、持家支援策へと政策の重点がシフトしたという点で、住宅政策に他の先進工業国との共通性が認められるのは周知のところである。しかし、一方で以下のような独自性も指摘することができよう。

　第一に、一般に住宅政策の担い手としてあげられる「国家（公）」対「市場（私）」の対立という図式では、ドイツの住宅政策はとらえがたい側面があることである。ドイツでは国家や自治体による住宅の直接建設はきわめて例外的であり、「公」の役割は施策を制度化し、資金・土地・都市計画上の優遇措置を

提供することにあった。このように、ドイツでは「公」より「共」、すなわち国家や自治体により支援された公益的住宅供給主体（公益住宅企業、住宅協同組合）と民間市場との競合・補完関係を軸に住宅政策が展開されていったのである。その後、公益住宅企業に対する税制優遇措置の廃止（1990年）によって公益セクターの姿は変容したものの、同セクターの理念は自治体住宅企業などに引き継がれ、成長都市圏を中心に再都市化（現象）への対応施策の担い手として引き続き重要な役割を果たしている。したがって、そこでは公益住宅セクターに課せられた新たな業務とその住宅政策における意義も問われなければならないであろう。

　第二に、分権国家として発展したドイツでは、各級政府による住宅政策の分業と協調は早くから行われていた。この点は、住宅政策の実践におけるパートナーシップのあり方を検討する上で重要な側面であろう。ここでは、住宅政策の担い手としての国家・州・自治体・公益住宅企業などの役割分担が、近年どのように変化したかについて考察を加える。以上は、同時に本書が分析視角として注目する論点でもある。

　更に、住宅政策の空間的展開をも考慮する必要があろう。なぜならば、それは国家内の地域間差異（都市と農村、都市間の差異）のみならず、都市圏内部における近隣地区間の格差、すなわち成長地区・衰退地区とが市内の特定地域にモザイク状に分布する現象をともなって進行していくため、「誰がどこに住むか（住めるか）」が重要な問題となるからである。具体的には、特定エリアへの需要圧力の集中、地価・家賃の急上昇、中間所得層をも巻き込んだ住宅不足として現れ、それが居住者の追い立てなど、深刻な社会問題を招く場合もみられる。したがって、そこには新たな住宅政策パラダイムへの転換と、それにもとづく新たな居住施策（ターゲットとしての地区を絞って規制・誘導する施策）の可能性を裏づけるために、実証研究の必要性が認められるのである。

　本書の構成は、下記の通りである。
　第Ⅰ部では、まず第1章で住宅市場の構造変化にともなって、住宅政策も

残余化・効率化し、デュアリスト型へとに向かって変容していく軌跡を整理し、1990年代〜21世紀初頭の施策を特徴づけるいくつかのトレンドを素描する。次に、第2章で旧東ドイツ地域の住宅政策と都市居住が「西ドイツ化」されていく過程を追うとともに、この時期の主要な施策を個々に取り上げて、その特徴と可能性を事例研究をもとに考察していく。

　第3章では低所得層に対するアフォーダブル住宅確保の取り組みである社会住宅制度の再編を制度の発足から「社会的居住空間助成法」の制定（2002年）に至る住宅政策の歩みから考察する。またこの時期に本格的な取り組みがはじまった都市更新事業については、東西ドイツで差異のみられる都市縮退現象と、それに対処するストック・コントロール施策（第4章）、EUならびに連邦・州共同イニシアティヴとして実施されている総合近隣開発支援プログラム（第5章）とに分けて論じる。更に、第6章ではIBAエムシャーパークにおける環境共生型都市居住推進の取り組みを取り上げ、その特徴と意義について、事例研究をもとに考察していく。

　第Ⅱ部では、まず第7章で2010年代における住宅政策の新たな展開を整理する。第8章以下では、欧州における典型的な成長都市の一つであるハンブルク（Hamburg）大都市圏をとりあげ、選択的な人口移動にともなう都市空間のモザイク化やジェントリフィケーションが進行しているインナーシティを事例に、かつての衰退地区がトレンディ・エリアとして再生する過程（第8章）、成長指向の「都市開発ベクトル」と域内格差是正を目指す「地区改善ベクトル」とのせめぎ合い（第9章）、社会維持条例・家賃ブレーキ制度・新規住宅地建設における社会住宅附置義務など地方政府（州）独自の居住施策（第10章）の展開を分析する。こうした分析を通じて、公的介入の新たな挑戦がもたらす現代ドイツの住宅政策の可能性を考えて行きたい。

注
1　住田によれば、ハウジングは様々な概念から成っているが、原義的には「住宅を供給する」ことと、「（うまく）住まう」ことが基本をなすという（住田, 2015,

2　この他、Bourne は、①様々な近隣や都市、国々における限りない多様性や複雑性、②住宅の需給関係に影響を与える因子の変異性をあげている。
3　この点については、近年の施策改編がサブマーケットに及ぼす影響を予測した中澤（2006）が分析しており、制度論的アプローチの新たな展開を示している。
4　日本の場合、こうした荒廃現象は未だ欧米ほど顕在化していないが、人口動態の変化にともなって近い将来に需要が後退した場合、インフラが脆弱で魅力の乏しい大都市圏外延部の住宅地より衰退がはじまるであろうとの予測も既になされている（角野，2000）ため、今後は郊外住宅地の更新も含めて重要な課題となっていくと思われる。
5　こうした事業は、空家率が年々上昇し、物的・社会的衰退の著しい地区を数多く抱える日本の大都市でも喫緊の課題であり、都市再生本部による第 3 次都市再生プロジェクト「密集市街地の緊急整備」（2001 年 12 月決定）においても、「密集市街地のうち、特に大火の可能性の高い危険な市街地（東京、大阪各々約 2,000ha、全国で約 8,000ha）について、今後 10 年間で重点地区として整備することにより、市街地の大規模な延焼を防止し、最低限の安全性を確保する。」とされている。
6　制度導入から現在に至るまで、手当受給率は全世帯の約 2 〜 9％ と変動しているが、うち 90％ 以上は借家層である。
7　商店・学校・医療施設などへの近接性、交通条件、建築密度、騒音などが評価基準とされた。
8　こうした批判を受けて、いくつかの州では所得上限を超える社会住宅の借家人に対して特別料金を付加しようとしたが、公益住宅企業（当時）の側から、「良質」の借家人を失うとの理由により反対を受けた。
9　免税特典を受ける条件は、原価家賃制度と利潤の住宅建設への再投資であったが、特典廃止にともなってこの再投資条件も消滅した。その結果、現在では一般の社会住宅建設主体とは異なる特別枠としての非営利組織は、名称はともかくとして、存在しないことになる。
10　図序 -3 および表序 -3 中にみられる「第一助成」、「第二助成」は、社会住宅制度における助成方式の違いを示すものである。制度の詳細については、第 3 章を参照のこと。

第Ⅰ部
デュアリスト・モデルへの再編
(1990年代〜2000年代)

ノイス市エルフトタール地区のStadtumbauプロジェクトで進む住宅団地の建替え。高層住宅が除却され、低層バリアフリー住宅への建替えが行われた。(2009年9月筆者撮影)

第1章

住宅政策の残余化と効率化
市場の変化と施策の再編

1. はじめに

　ドイツ統合は、過去百年あまりにわたる住宅政策の歩みにおいても、大きな転換点の一つとして位置づけられる。すなわち、統合前後（1980年代末～90年代初頭）には、旧ソ連・東欧諸国からの人口流入もあいまって、ドイツ全土は深刻な住宅不足に陥った。そのため、連邦政府等により種々の住宅供給助成が急遽提供されることとなった。

　1990年代末には、こうした助成を背景とした建設ブームが収束するとともに、住宅政策のあり方に修正を迫るような、いくつかの問題が顕在化することとなった。まず、統合直後の諸施策によって一時的な住宅窮乏は解消されたものの、90年代末に市場は一転して供給過剰に陥り、空家の増加と賃貸住宅経営における収益性の低下が懸念される事態となった。

　連邦政府の報告によれば、20世紀末のドイツにおける住宅市場は東西両地域とも改善傾向にある。旧西ドイツ地域では、住宅の新規建設が持家中心であったにもかかわらず、1999年の家賃上昇率は1.0%と、1962年以来最低の値となった[1]（Bundesministerium für Verkehr, Bau- und Wohnungswesen, 2000）。旧東ドイツ地域でも、住宅経済のいわゆる「西ドイツ化」の過程で広範な施策が実施され、住宅事情は質量ともに著しく改善された[2]。そのため、老朽化住宅やプラッテンバウ（Plattenbau、旧東ドイツ時代に郊外に建設されたプレハブ集合住宅）を中心に空家が増大している地域すらみられるようになった。こうして、戦間期及び第二次大戦後にみられたような絶対的な住宅不足は、さしあたり解消さ

れたとみなすことができよう。しかしながら、このことは住宅政策の取り組むべき課題が消滅したことを意味するものではない。

なぜならば、住宅需要と供給とのミスマッチのため、依然として劣悪な居住を余儀なくされている世帯も数多く存在していたからである。こうした世帯が集中する市区では、社会問題の激化とともに衰退が進み、都市再生が喫緊の課題となっている。更に、連邦・州・自治体の財政難に加えて、民間住宅投資も減退している中、施策は選択的なものとならざるを得ない状況にあった。

あわせて、この間に社会の分極化は一層進み、世帯形態も大きく変化したため、従来の住宅政策の枠組みでは十分に対応できない問題が出現することとなった。その意味では、ドイツの住宅政策は1990年代に、その転換期を迎えたといえよう。

この時期のドイツ住宅政策において注目すべきなのは、①「新たな住宅窮乏」に対する施策に重点を置いた政策の残余化、②連邦・州・自治体の財政難のもとで、効率性の追求と民間資金の一層の活用が追求される一方で、③環境との共生や、④従来の住宅開発に対する女性の視点からの異議申し立てを受けて、いくつかの新たな取り組みが行われはじめた点である。本章では、こうした90年代における施策の動向を、第二次大戦後のドイツ住宅政策の流れの中で位置付けて検討することとする。

2. 住宅市場の構造変化

(1) 世帯形態の変化

世帯形態の変化は、次のような「新たな世帯型」が急速に増大していることから知ることができる。まず、単独世帯（シングル）[3]は世帯数増加の主たる要因であるが、近年では男性や25～45歳層男女の顕著な増加傾向が指摘されている。たとえば、ベルリン（Berlin）では25～45歳の女性の40%がシングルであるのに対して、既婚者は37%と両者の比率は逆転している。

次に非婚同居カップルは、「18歳以上の、非婚の異性2名からなる世帯」

（婚姻なき生活共同体）であり、旧西ドイツ地域で約200万人（全ドイツでは約300万人）と推定されている。彼らの年齢層については、男性の場合は26〜56歳が70％、女性では18〜36歳が66％を占める。

　また、ひとり親世帯（Alleinerziehende）は、父親または母親のいずれか一方が、成人または未成人の子供と住む世帯であり、うち母親のみのケースが72％を占める。その数は、約100万世帯（1992年、旧西ドイツ地域）と推定されている。

　Wohngemeinschaft（居住共同体）は、親族関係にない3人以上の成人（及び子供）から構成される世帯で、平均世帯人員は5〜6名、平均年齢は25歳である。現在少なくとも約100万世帯に達していると見積もられているが、これは2人以上世帯の5.6％（1990年）に相当する数字である。Wohngemeinschaftが出現しはじめた1960年代末当時は、市民による小家族に対するアンチテーゼとしての共同体運動の性格を帯びていたが、今日では住宅不足への対応もしくは居住費の節約対策としての側面（Zweck-Wohngemeinschaft）が濃厚である。こうした世帯を形成する最大グループは学生であり、親元からの世帯分離を早める機会を彼らに提供している。

　このような世帯の増加は決して一過性のものではなく、社会・経済の構造的変化にもとづくものであろう。すなわち、①社会的規範の自由化（モラルや性的分業に対する認識の変化）、②社会国家による福祉の拡大（住宅手当、社会扶助、年金）を通じての豊かさの向上、③教育期間の長期化、④社会における女性の地位の向上等によって住宅に対するニーズが多様化したことが、世帯形態の変化の背景にあると分析されている（Häußermann u. Siebel, 1996, S.322-328）。

　以上のように、「新たな世帯型」は、各々のカテゴリーが100万世帯単位で出現しており、両親と子供からなる伝統的な家族に替わる居住の社会的なユニットとして、もはや住宅政策においても無視できない存在となっている。

(2) 新たな住宅窮乏

　連邦政府が一連の規制緩和型住宅政策の流れの中で社会賃貸住宅への建設助

成を停止(1986年)した直後、1987年住宅センサスは、約74万戸の住宅不足という事実を明らかにした。この「新たな住宅窮乏」と呼ばれた現象自体は、決して突如生じたものではなく、ドイツ住宅政策の転換自体が生み出した構造的な結果であった。その第一の要因として、社会住宅に対する助成政策が転換されたことがあげられる。すなわち、社会賃貸住宅の家賃値上げ、社会拘束の早期解消(公的助成資金の繰上げ返還)の促進施策が、社会賃貸ストックの減少ペースを速めたのである。また、地方自治体が低所得世帯を借家人として指名する権限(Besetzungsrecht)を持つ住宅数も、公益住宅セクターの解体(1990年)により400万戸(1985年)から250万戸(1995年)へと減少した。その結果、90年代初頭に340万戸あった社会賃貸ストックは、2000年には100万戸にまで減少するであろうと予想された。

　第二に、70年代半ば以降のストック政策の推進(近代化・再開発政策)の影響があげられる。1976年には「住宅近代化助成制度」[4]の導入により「ストック更新」にも補助金が支出されるようになった。この施策は、公共・民間の住宅投資を郊外新規建設から市内ストックへ回帰させ、既成市街地、特にインナーシティにおける古いストックの価値回復(増価)プロセスを加速した。もっとも、複数の小住戸の統合による中・高級住宅化、あるいは賃貸住宅の持家への転換は、都心周辺部における古くて設備水準は劣悪ではあるが、アフォーダブルな住宅の減少を同時にもたらすこととなった。これは、その後のジェントリフィケーションの進行と、社会分極化の拡大へとつながった。

　表1-1は、旧西ドイツ地域の住宅ストックの概要(1987年)を地域類型別に示したものである。同表からも明らかなように、大都市圏では社会賃貸住宅(第一助成)への依存率が23.6%と高く、特に中心都市では29.6%を占めている(旧西ドイツ地域平均19.9%)。したがって、社会賃貸ストックの減少による影響は、とりわけ深刻であった。こうして、住宅需要層(Wohnungssuchende)にとってアフォーダブルな住宅を民間市場で探すことはますます困難となった(Bundesministerium für Verkehr, Bau- und Wohnungswesen, 2000, S.78)。

　1968～87年までは、人口減少と新規建設により、空家の増加、住宅事情

表1-1 旧西ドイツ地域における住宅ストックの概要 (1987年)

地域類型	住宅戸数 (1,000戸)	一戸建・二戸一建比率 (%)	社会住宅比率 (%)
大都市圏	15,285	37.6	23.6
中心都市	8,148	19.5	29.6
郊　外	7,134	58.3	16.7
その他の都市地域	7,152	58.3	15.4
中心都市	1,559	26.2	22.8
郊　外	5,592	67.2	13.3
農村部	3,843	64.1	13.6
旧西ドイツ地域	26,278	47.1	19.9

出典：Bundesministerium für Raumordnung, Bauwesen und Städtebau, 1996, S.31

の改善にみられるように住宅市場の緩和傾向にあったドイツでも、1989年以降には人口流入の3つの波（Aussiedler[6]、Übersiedler[7]、難民＝庇護申請者 Asylbewerber[8]）が重なり、1991～95年の流入者は合計約350万人に達した。そのため、都市部では空家が払底し、住宅市場は再び逼迫した（大場，1993）。住宅事情の悪化の影響は地元住民にも及び、彼らの住み替え行動を阻害し、フィルタリング・プロセス[9]を機能させなくなったのである。一般に、新規流入者は住宅難に陥りやすいが、庇護法（Asylverfahrensgesetz）の規定により各州には庇護申請者に対する住宅供給義務が課され、社会住宅割当ての際にはAussiedlerが優先された。この時期、「流入者は住宅を我々から奪い去っている」との刺激的な論調もみられたが、こうした流入者の急増が、偶発的かつ間接的ではあるとはいえ、住宅事情を逼迫させた要因の一つであった点も否定できない。

　以上のように、「新たな住宅窮乏」は、戦間期及び第二次大戦後に広範な国民層を襲った住宅窮乏とは全く質の異なるものである。すなわち、多数の者が所得上昇と生活の改善で利益を享受している一方で、ひとり親世帯、多子世帯、

長期失業者、外国人などを主体とする「新たな貧困層」の住宅事情は改善されず、彼らは依然として支援を必要とする状態にある。この問題は、19世紀後半以来の取り組みの中で住宅問題緩和の手段として制度化されてきたフィルタリング・システムによっては、もはや対応できない性質のものであった。

3. 住宅政策の残余化と効率化

　以上のように、統合後10年あまりを経て、ドイツの住宅政策は上記の諸問題に対処すべく、新たな段階に入ったと考えられる。その施策は、第一に、「第二次住宅建設法」に替わる新法「社会的居住空間助成法（Gesetz über die soziale Wohnraumförderung）」の制定にともなう助成施策の転換であり、第二にストック・コントロールへのシフト、第三に他の政策領域との連携による統合型都市再生施策への取り組み、第四に環境共生型都市開発の展開によって特徴づけられる。

(1) 社会住宅制度の改変
　2002年1月、過去半世紀にわたってドイツの住宅政策を支えてきた「第二次住宅建設法」（1956年）が廃止され、「社会的居住空間促進法」が新たに施行された。同法の特徴は、第一に、社会の分極化を背景に、これまで「第二次住宅建設法」が対象としていた「広範な国民層」への住宅供給から、困窮世帯（低所得者、高齢者、多子世帯、ひとり親世帯など）への供給を優先すべく政策ターゲットが特定された点にある。これは、いわば「政策の残余化」へのシフトともいうべきものであり、政策方針の大幅な転換といえる。第二に、上記のような政策ターゲットの特定と対をなす形で、居住需要の多様化の中で、豊かさの向上に伴う需要への対応が民間持家市場に委ねられた点である。ここには、民間ストックを活用して、中心市街地居住を促進する意図も含まれている。
　第三にあげられるのは、社会的にバランスのとれた住民構成による居住地区の形成（ソーシャル・ミックス）が目標に掲げられ、連邦・州共同イニシアティ

ヴ「社会都市 die soziale Stadt」（後述）の形成に資する施策が同法に設けられている点である。すなわち、社会住宅への不適正入居者に対する調整負担金（Ausgleichszahlung）については、「地域の安定した住民構成」に対してマイナスになる場合は、特例により徴収が免除されることとなった（同法§34）。

(2) ストック更新からストック・コントロールへ

元来ドイツにおいては、都市拡張地域のコントロールが都市部での土地・住宅政策の中心におかれ、既成市街地にはほとんど手がつけられてこなかった。また、第二次大戦後、1950～60年代の住宅大量供給期には、周辺部への外延的拡大が中心であった。

ようやく、「都市建設促進法（Städtebauförderungsgesetz）」（1971年）制定により、インナーシティの面的クリアランスによる既成市街地の再開発が着手されたが、その手法は既存コミュニティの解体、事業実施地域を退居した「問題世帯」が縁辺部の大規模住宅団地へ再集積するという負の連鎖を引き起こした。その後、1980年代初頭には既存コミュニティの維持にも配慮した「穏やかな都市更新（behutsame Stadterneuerung）」プログラムがスタートする一方、縁辺部の住宅団地を対象にインフラ、住宅の改善が進められた（檜谷ほか，2001, p.185）。

このように、ストック更新施策は1970年代にスタートし、既成市街地における物的環境の改善に寄与した。しかしながら、設備改善への過大な投資は供給過剰を招き、住宅市場に新たな歪みをもたらしている。それゆえに、ストック更新のみならず、供給量の制限、ストックの除却、除却後の跡地利用をも視野に入れたストックのコントロールが、この時期の重点施策となった。これは、従来の住宅政策や都市計画における成長管理の理念から、いわば「縮小管理マネージメント（Management der Schrumpfung）」へとパラダイムの転換を求めるものであった。

(3) 統合近隣地区開発支援事業の取り組み

　また、この時期のドイツの住宅政策は、イギリス、フランス、オランダなどのEU諸国と同様、経済・社会・教育・環境など、他の政策領域との連携をますます強めることとなった。これは、産業構造の転換や経済のグローバル化にともなって、従来型の都市更新の中心であった建造環境の物的改善では対処できないほど、①失業者（特に長期失業者）の増加、②ひとり親世帯、外国人、Aussiedler を中心とする社会保障受給者数の上昇、③就業機会の欠如、若年失業者の増大、若者犯罪の増加に現れる青少年層の生活意欲の喪失等の社会問題が深刻化していることを反映したものである。しかも、こうした社会的不平等は都市部に均等に分布せず、特定空間（「社会的に危機にさらされた集団 sozial gefährdete Gruppen」の比率の高い市区）に集中するため、全市レベルではなく、市区レベルでの施策が不可欠となった（BBR, 2001, S.263）。

　既に、1980年代後半以降、ノルトライン＝ヴェストファーレン（Nordrhein-Westfalen）、ハンブルク（Hamburg）、ブレーメン（Bremen）など、いくつかの州が先行的に地区総合計画（社会統合プログラム）を実施した。たとえば、ノルトライン＝ヴェストファーレン州では、住環境の改善、社会サービスの拡充、経済開発を図る「特に更新の必要性を有する市区（Stadtteile mit besonderem Erneuerungsbedarf）」支援プログラムが1993年に開始された（檜谷ほか, 2001, p.185）。ただし、この時点では、国家による助成は依然として物的環境の再生に限定されていた。こうした取り組みは、1998年の社民党・同盟90／緑の党連立への政権交代以降、「不利な状況にある市区住民の生活環境の持続的改善」と「市区レベルでの公民資金の早期採択ととりまとめによる公的施策効果の向上」とを目的とした連邦・州共同イニシアティヴ「特別な開発需要をもつ市区―社会都市（Bund-Länder-Programm "Stadtteile mit besonderem Entwicklungsbedarf – die soziale Stadt"）」に引き継がれ、対象地区が全国に拡大された。このプログラムは、1999年より、①都市基盤の老朽化した都心、都心周辺部、②縁辺部の大規模集合住宅団地（特に旧東ドイツ地域の巨大団地）、③その他、居住者層の偏りにより社会的課題を抱える地区を対象として実施さ

れている。

　また、1994年以降、EU構造基金（Structural Fund）の支援を受けたURBANプログラム（EU共同体イニシアティヴ）によっても統合近隣地区開発が行われた。第Ⅰ期（1994年～2000年）を例にとれば、旧市街地（Altstadt）の都心周辺部に位置し、基幹産業の衰退やインフラの老朽化、住宅ストックの荒廃によって長期失業者やマイノリティが集中する地区を中心に、国内で10地区が指定され、地元中小企業の支援を中心とした経済開発、職業訓練事業を含む雇用創出、各種の関連施設整備による社会・コミュニティ開発が行われた（檜谷ほか，2001, pp.186-189）。

(4) 環境共生型都市居住の推進

　これまでの職住分離、すなわち市街地の郊外への拡散を前提とした都市居住のあり方は、「環境との共生」という側面からも見直しを迫られている。かかる観点が世界的に注目されるようになった契機は、リオデジャネイロにて開催された国連環境・開発会議（1992年）における新たな開発パラダイムとしての「持続的発展」論の提起であった。

　上記の「持続的発展」論を受けて、EU諸国でも環境と共生する開発を通じて持続可能な都市社会を実現しようとする試みが行われている。「持続可能な都市社会」は、「社会ヨーロッパ」の建設とともに、今日のEU共通都市政策のキーワードとなっている。

　このように、環境との共生が都市政策においても近年重視されるようになったのは、それまで環境への負荷を無視した市街地開発が行われてきたことへの反省にもとづくものである。郊外での住宅開発のスタートは、「田園都市」が近代的都市生活の模範として紹介され、「光と風と太陽」にあふれた自然的生活への回帰が叫ばれた世紀転換期（19世紀末～20世紀初頭）にさかのぼる。そこでの「自然愛好」とは、とりもなおさず「自然」の消費を通じて居住の快適性の向上を図るものであった。ドイツでも、従来の既成市街地における閉鎖型（Blockbebauung）住宅での高密な居住は不健康なものとみなされ、開放型

(Zeilenstruktur) 住宅の開発が積極的に推進された。その結果、市街地は時代とともに外方へと拡散し、「低密な郊外」が形成されていった。加えて、家庭におけるテクノロジーの導入や自家用車による個人のモビリティの向上は、エネルギー消費の増大を招き、建造物による地表の被覆とともに、環境への負荷を一層増大させた。こうして、人間生活と調和した自然の維持が次第に困難となっていったのである。

　市街地の拡散は生態系に悪影響を及ぼしたのみならず、既成市街地における社会的問題をも生みだした。中・高所得層が郊外へ転出していったのに対して、インナーシティには低所得層が滞留し、失業による貧困や社会的排除が深刻な問題となったのである。また、1970年代までのドイツにおける都市更新は、インナーシティの面的クリアランスが中心であったため、既存のコミュニティの崩壊とアフォーダブルな住宅の不足をもたらした。このように、従来の都市開発は「持続可能」にほど遠いものであったことから、80年代初頭以降、次第に都市更新・都市改造のあり方が見直されることになった。

4. 選択的助成へのシフト

　上述のような新たな動向は、実際の住宅政策の中にいかに組み込まれていったのであろうか。ここでは、西部ドイツ・ノルトライン＝ヴェストファーレン州における1993, 97年の住宅建設助成プログラムを比較することにより考察していく。[12]

　1993年においては、34,600戸に対して約35億DMが助成された。その内訳は、州住宅建設資金による一般助成が、賃貸住宅18,600戸（19.2億DM）、持家11,100戸（11.8億DM）、その他3,500戸（2.5億DM）、州住宅建設資金以外による別枠の助成が1,500戸（2.1億DM）となっている（**表1-2**）。ここでの助成の重点は、第一助成による賃貸住宅新規建設と持家形成モデルA（対象は第一助成所得制限内の世帯[13]）の合計戸数が25,050戸（全体の72.4%）を占めていることから明らかなように、低所得層に対するアフォーダブル住宅の供給にあった。

表 1-2　ノルトライン＝ヴェストファーレン州の住宅建設助成プログラム（1993 年）

	助成戸数 （戸）	助成額 （100 万 DM）
第一部　州住宅建設資金による一般助成 [1]		
1．賃貸住宅	18,600	1,916
うち　第一助成	10,756	1,354
第二助成	6,900	497
増改築（第一・第二助成）	950	65
2．持家	11,000	1,177
うち　モデル A（低所得層向け）	6,450	813
モデル B（中間所得層向け）	3,050	270
モデル C（より高所得層向け）	1,100	78
その他	400	16
3．その他 [2]	3,500	252
第二部　州住宅建設資金以外の助成 [3]	1,500	205
合計	34,600	3,550

注：1）連邦資金・不適正入居者負担金を含む。
　　2）寄宿舎等、特定住民集団に対する追加貸付、社会住宅建設の継続的施策によるもの。
　　3）炭鉱労働者住宅に対して、連邦資金により別枠で実施される助成。
出典：Kühne-Büning u. Heuer, 1994, S.249-250 を簡略化

しかし、持家助成においては、より高い所得階層をも対象とした段階的な助成モデル[14]を準備することにより、「広範な住民層」を対象とした住宅助成を追求しているといえよう。

　これに対して、1997 年では 27,430 戸に対して約 29 億 DM が助成された。その内訳は、州住宅建設資金による一般助成が、低所得層向け 18,030 戸（21.1 億 DM）、中間所得層向け 2,800 戸（1.6 億 DM）、「エコロジー・社会改革プログラム」3,200 戸（3.3 億 DM）、ストック助成 2,250 戸（1.8 億 DM）、その他 1,150 戸（1.3 億 DM）となっている（**表 1-3**）。1993 年と同様に低所得層向けの助成が戸数で 65.7％、金額で 72.3％ を占めてはいるが、助成プログラムのメニューが非常に多様化しているのが特徴である。中でも「エコロジー・社会改革プログ

表 1-3　ノルトライン＝ヴェストファーレン州の住宅建設助成プログラム (1997 年)

	助成戸数 (戸)	助成額 (100 万 DM)
1.　州住宅建設資金による一般助成	20,830	2,271
1.1 低所得層向け助成	18,030	2,108
うち賃貸住宅 (第一助成)	7,845	977
同 (不適正入居負担金)	1,535	190
同 (多子世帯向け)	450	84
持家	8,200	857
1.2 中間所得層向け助成	2,800	163
うち賃貸住宅 (第二助成)	2,350	161
持家	450	2
2.　エコロジー・社会改革プログラム	3,200	334
うち未来志向の住宅建設プログラム	1,500	161
新住宅地開発プログラム	1,700	173
3.　ストック助成 (増改築等)	2,250	183
4.　その他	1,150	128
合計	27,430	2,916

出典：Wohnungsbauprogramm, 1997, S.164 を簡略化

ラム」は、既に言及したように近年における「環境との共生」を指向した取り組みとして注目される。ここでは、「未来指向の住宅建設計画」とともに、公共交通沿線での住宅開発プロジェクトを含む「新住宅地開発プログラム」があげられている。

　あわせてふれておく必要があるのは、ストック助成のウェイト (1997 年) が戸数で 8.2%、金額で 6.3% と非常に低いことの意味である。これは、既成市街地におけるストック政策を重視する 1970 年代以降の住宅政策の動向とは一見矛盾しているかのように思われる。確かに近年の世帯形態の変化は、それに対応して住宅需要を多様化させた。しかし、新たに生じた需要の多くは豊かさの

向上を反映したものといえる。こうした需要は都市内部での立地を指向し、持家市場でのみ実現可能なものである。したがって、それらは民間市場へ委ねられ、ジェントリフィケーションをもたらす要因ともなった。

　以上のことから、「多様化する住宅需要をいかに政策に取り込むか」という課題には、従来の画一的な助成プログラムを選択的助成へとシフトさせることによって一応の解答が見いだされたものと評価することができよう。住宅窮乏層に対する助成に重点を置きつつ、「環境との共生」の視点をも政策に取り入れることで、ドイツの住宅政策は市場の変化に応えようとしたのである。このように、1990年代のドイツ住宅政策では、対物的には従来の新規建設重視から、既成市街地における住宅ストックの改善と地区更新へ、対人的には広範な国民層を対象とした施策から、困窮世帯をターゲットとした選択的・残余的な施策へと重点が移行しているとみとめられる。

　次章以下では、こうした施策を個々に取り上げて、その特徴と意義について、事例研究をもとに検討を加える。

注

1　旧東ドイツ地域の家賃上昇率も平均3.1%（1997年）から1.4%（1998年）へと低下している。なお、旧西ドイツ地域よりも上昇率が高いのは、ストック近代化事業による住宅の設備改善が家賃に反映されているためである（詳細については、第2章参照）。

2　一人あたり居住面積は29.5㎡（1993年）から32.8㎡（1998年）へ、持家率も26.4%（1993年）から31.2%（1998年）へと上昇した。

3　大都市においては、統計上「一人世帯」は全世帯の54%を占めているが、この中にはWohngemeinschaft（居住共同体）や非婚同居カップルの代表者が含まれるため、その実数を正確に把握することは困難である。依然として58%のドイツ人は伝統的な家族世帯（両親と子供）で生活しており、実際の一人世帯は全世帯数の1/3、人口比では大都市でも1/5〜1/4程度と推定されている（Häußermann u. Siebel, 1996, S.322）。

4　「近代化（Modernisierung）」とは、防寒・遮音のための二重窓、セントラル

5 1968〜87年に一人あたり居住面積は、24㎡から35.5㎡へと増加し、一室あたり居住人員も0.5人へと改善された（いずれも旧西ドイツ地域）。
6 旧東欧・ソ連に居住するドイツ系住民（祖父母のいずれか一人がドイツ人である者）のうち、ドイツへの移住を希望する者。彼らの認定にあたっては、「血統」のみが審査の対象とされ、母語がドイツ語であるか否かは問題とされない。それゆえ、彼らのドイツ社会への統合は容易ではない。
7 1989年秋から1990年のドイツ統合に至るまでの間、旧東ドイツより旧西ドイツへと移住した人々。
8 大戦時の行為に対する反省から、第二次大戦後のドイツは、基本法にも「庇護権」が規定され、難民の受入れに関しては他のヨーロッパ諸国より寛大であった。しかし、1993年に新庇護法が施行され、難民の認定基準が厳格化された。
9 住宅市場の「フィルタリング理論」は、比較的所得の高い層の持家形成が進行すれば、彼らの居住していた住宅ストックが空家となり、より低い所得の住民がそこへ入居できる、といったプロセス（フィルタリング・ダウン）を繰り返すことで、住民全体の住宅事情が改善されるという考え方であり、ドイツでは「浸透効果（Sickereffekt）」と称される。この理論では、低所得層向けの新規住宅供給は、フィルタリングの過程と、より高所得層への住宅投資を妨げるものとして無意味なものとみなされる。一方で、低所得層に対しては、対人助成（住宅手当）の強化によって当面の住宅費支出の軽減がはかられた。したがって、1980年代までの住宅政策はあくまで「広範な住民層」をターゲットとするものであったと総括することができよう。この考え方にもとづいて、ドイツでは民間持家形成優遇策が60年代以降の歴代政府に断絶なく継承されてきた（大場, 1999）。
10 社会賃貸住宅入居に際しての所得上限を20％以上、上回る入居者を指す。現行制度では、所得額の審査が入居時にしか実施されないため、こうした事態が頻繁に発生しうる（大場, 1999, pp.127-128）。
11 こうした世帯は、ドイツでは「5つのA」と総称された。これは、ドイツ語で貧困者（Arme）、高齢者（Alte）、失業者（Arbeitslose）、外国人（Ausländer）、アルコール依存者（Alkoholiker）を意味する単語の頭文字にちなむものである（大場, 1999, p.126）。
12 「社会的居住空間助成法」制定以降におけるノルトライン＝ヴェストファーレン州の公的助成については、第3章第5節を参照。

13 各住戸は各自が終身使用権を持ち、資産として相続することができるが、転売は禁止されている。
14 様々な目的集団に助成するため、所得・家族構成に応じて、以下の4種類の助成モデルが提供されている。
　　モデル A……2人以上の子供、第一助成の所得制限内
　　モデル B……1人以上の子供もしくは重度身体障がい者、第一助成の所得制限の20%増しまで
　　モデル C1……1人以上の子供もしくは重度身体障がい者、第一助成の所得制限の40%増しまで
　　モデル C2……1人以上の子供もしくは重度身体障がい者、第一助成の所得制限の60%増しまで

第2章
旧東ドイツ地域の住宅政策

1. はじめに

　1990年10月のドイツ統合は、異なる社会・経済体制を持った二つの国家の統合であった。統合後既に四半世紀が経過したが、この年月はとりもなおさず旧東ドイツ（ドイツ民主共和国、Deutsche Demokratische Republik; 以下 "DDR" と略）時代の様々な制度上の歪みを明らかにし、それらを修正し資本主義経済の枠組みに適合させる過程であった。それゆえ、ドイツ統合は過去150年あまりにわたる住宅政策の歩みにおいても、大きな転換点の一つとして位置づけられる。

　おりしも財政難に直面している欧米の先進工業国では、福祉国家理念の見直しとともに、住宅政策においても再編期を迎えている。そこでは、厳しい財政事情のもとで、公共財政の負担緩和をはかりつつ効率的な助成を実施するために、民間投資のさらなる動員が必須条件となっている。ドイツもこの例にもれないが、異なる体制の下で半世紀にわたって別個に展開されてきた住宅政策の統合をも同時に迫られている。それだけになおさら、統合後の住宅政策とそれによる住宅経済の再編過程を考察することは意義のあるものといえよう。

　しかし、旧東ドイツ地域の実情は、統計の未整備もあって、これまで十分に紹介されてきたとは言い難い。住宅事情に関しては、低家賃政策によるストックの荒廃、劣悪な設備水準と住環境など、従来の研究においても部分的に紹介されてはいるものの、DDR時代の統計に依拠しているために、その信頼性については問題があった。1990年代後半にいたって、ようやくDDR時

代にさかのぼって旧東ドイツ地域の住宅事情を経年的に検証するためのデータが連邦統計局の手で整備された（Manzel, 1995, S.350）。特に、1995 年 10 月 1 日には統合後初めての住棟・住宅に関する悉皆調査である Gebäude- und Wohnungszählung（建物・住宅調査；以下 "GWZ" と略）が旧東ドイツ地域に対して実施され、住宅に関する信頼に足るデータが利用可能となった。本章の目的は、DDR 時代の都市居住・住宅政策の動向を整理するとともに、統合後の旧東ドイツ地域の「西ドイツ化」への移行プロセスを分析し、この地域における住宅政策の成果と問題点を明らかにすることにある。

　本章では、まず DDR 時代の社会主義住宅政策の特徴を概観するとともに、上記の GWZ の結果を利用して、旧東ドイツ地域における住宅の現状を、旧西ドイツ地域との比較、地域的差異に注目しつつ考察する（第 2 節）。次に、DDR 時代の負の遺産を出発点として実施された統合後の住宅政策を整理する（第 3 節）。更に、当該地域における住宅需給動向を、1990 年代前半（第 4 節）、同後半（第 5 節）に分けて分析する。あわせて、旧東ドイツ南西部に位置するチューリンゲン（Thüringen）州を事例として、自治体レベルにおける部分住宅市場の動向を通じて、統合後の需給動向や設備改善など統合後の住宅政策の成果と問題点を検証する（第 6 節）。

2. DDR 時代の住宅政策

(1) 住宅政策の特徴

　旧東ドイツ憲法（1968 年 4 月 6 日制定）によれば、全市民・その家族に対して国家は居住の権利を保障し、住宅建設助成、既存ストックの保全、住宅の正当な分配の公的コントロールにより国家がこれを実現するとしていた（37 条）。

　上記の原則は、旧東ドイツ民法典（Zivilgesetzbuch［以下 ZGB と略］: 1975 年 6 月 19 日制定）で具体的に言及されていた。住宅政策の目的は、全市民・その家族に対する居住権を保証するために、国家が住宅建設、既存ストック

の近代化・増改築、住宅の維持・保全、住宅の正当な分配を行うことであり（ZGB§94）、国家による住宅の統制（ZGB§96）は、「住宅の統制に関する法令（Verordnung über die Lenkung des Wohnraumes, WLVO9」（1967年9月14日及び1985年10月16日制定）にもとづいて実施された。そこでは、市民（家主）による賃貸関係の自由な協定（取り決め）権はなく、官庁による住宅割当てが実施され（ZGB§99）、家主・借家人双方で契約が締結できない場合には、官庁による強制賃貸契約がなされた（ZGB§100）。消費財としての住宅を自由に選択できないという点で、このことは住宅経済の市場経済的秩序との相違といえる。

DDRでは、住宅配分にあたって、居室統制令（1985年）により、①国家の強化・安定化・防衛に貢献する市民、②障がいを持つ市民、③反ファシズムの闘士、ファシズムによる迫害者及びその遺族が優先された。このような措置は、社会活動に対する一種の報償の意味合いを持つものといえる（Schulz, 1993, S.589-590）。

DDR時代の住宅政策は、資本主義的住宅政策と比較すると、以下のような特徴を持っていた（Jenkis, 1996, S.677-678）。①住宅の建設・維持コストの大部分を国家が負担し、②住宅の配分・使用は国家による社会給付（Sozialleistung：一種の福利厚生）とされ、更に、③家賃は住宅の使用に対する等価的代償ではなく、社会の住宅資産の維持に対する借家人の分担金と位置づけられていた。

とりわけ、収益性を前提とする借家経営を認めない社会主義の「家賃」概念は、資本主義のものと著しく異なっている。そこでは、家賃は①建設コストに対する逐次償還費と、②維持・管理のための費用から構成され、住宅市場の状況を全く考慮することなく決定された。したがって、旧東ドイツの家賃は、需要に対する抑制効果、セグリゲーション助長効果などの資本主義住宅経済における市場コントロール機能を持たないものであった（Schulz, 1993, S.589）。しかも、1945～46年にかけてのソ連占領軍令により1936年水準（当時の四ヶ年計画の「価格凍結令（Preisstopverordnung）」（1936年）に凍結された家賃額を1949年に旧東ドイツ政府が継承したため、実際には上記のように「制限され

た」維持・管理のためのコストのカバーすら前提としていない法定家賃であった（Jenkis, 1996, S.685-688）。

その結果、当然のことながら家賃に付随費用（Nebenkost；電気・ガス・水道、暖房費）を加えた居住費に対する世帯負担は旧西ドイツ地域に比べて著しく小さいものとなった。すなわち、旧西ドイツでは家賃額は世帯収入の平均18～25％であったのに対して、旧東ドイツでは世帯収入の3％弱にすぎなかったのである。こうした低い家賃水準のため、家主にとっては、家賃収入から修繕・設備近代化費用を支出することは不可能であり、ストックの荒廃の主たる要因となった。このように経営上非現実的な家賃設定のため、自治体・組合による住宅経営は、国家による補助金投入を前提としたものとなり、国庫に過大な負担をかける結果となった（Jenkis, 1996, S.678-680）。

(2) 建設主体

それでは、DDR時代にはいかなる主体によりどのように住宅供給が行われていたのか、ここでは用地取得、資金調達などの実態をみることとする。

まず、住宅建設と密接な関係のある土地政策については、土地収用による国有化が推進されるとともに、全ての土地売買には国家の認可が必要とされた。その結果、地価は低水準のまま据え置かれ、土地浪費の原因ともなった（Jenkis, 1996, S.680-682）。

住宅建設にあたっては、一般に資金調達が重要な問題とされるが、旧東ドイツには民間金融市場は存在しなかったため、国家機関から建設資金が提供された。

旧東ドイツにおける住宅所有には、①人民所有住宅、②組合住宅、③持家（個人住宅）という3形態があった。このうち人民所有住宅は、自治体住宅行政（KWV）、人民所有企業（VEB）により建設された。**表2-1**にみられるように、民間所有住宅のシェアは62.1％（1971年）から41.2％（1989年）へと年を追って低下していった。この要因としては、旧東ドイツを逃れた市民の資産を国家が収用したこと、公的部門（人民所有・組合所有）における住宅大量建設

表 2-1 住宅所有関係の推移（1971〜89 年）

	1971 年	1981 年	1989 年
人民所有	1698.1 (28.1%)	2447.2% (37.3%)	2889.4% (41.2%)
組合所有	596.2 (9.8%)	974.6 (14.8%)	1230.4 (17.6%)
民間所有	3762.7 (62.1%)	3140.7 (47.9%)	2882.7 (41.2%)
計	6057.0	6562.5	7002.5

単位：千戸
出典：Köhli, 1993, S.140

が行われたことがあげられる。後者については、特に国家による集合住宅建設の占める意味が大きく、全ストックの54%が人民所有・組合所有の集合住宅であった（Jenkis, 1996, S.691）。

　人民所有住宅に対しては、地元国家機関の会計から、投資準備・開発・非人民所有地の取得・転換に要する費用、土地利用手数料が提供されたうえ、自己資金部分を差し引いた建設コストに対しては国家から一定の基準額までクレジットが供与された。しかも、自己資金に対しても資金助成がなされたため、事実上の国家建設事業であった。

　これに対して組合住宅の場合は、自己資金（建設費の15%または60M/㎡）[4]が必要である。組合住宅には、県（Bezirk）評議会、郡評議会、自治体による資金助成がなされた他、国営銀行であるIndustrie- u. Handelsbankからもクレジット（利率4%、償還率1%/年）[5]が提供された。組合は、開発済みの人民所有（国有）地を住宅及び必要な共同施設建設に無償・無期限に使用することができ、免税特権も有していた。

　なお旧東ドイツでは、個人所有も市民の物質的・文化的需要の充足に資するものとして認められていたので（憲法11条）、少数ではあるが民間持家（個人住宅）の新規建設も行われた。「持家の新規建設、近代化、修繕に関する法令」（1978年）にもとづき、建設申請者は自己負担能力（自己資金額）を申告した。個人による新規建設の場合も、世帯規模に応じた無利子クレジットや必要経費[6]

基準額までの低利クレジット（建設コストと自己資金との差額；利率4%、償還率1%／年）、及び償還補助金（調達自己資金の10%相当額）が国家から提供された。こうした措置は、利子・償還負担分（月額）が同規模の人民所有住宅の家賃月額を超えないように調整するためのものである。以上のように、資金調達条件は、旧西ドイツよりも有利であった。ただし、このような資金提供は、社会主義組合の組合員、軍関係者、多子世帯に対してのみ保証されるものであり、それ以外の世帯の場合は更に条件が付けられた。また、資金調達よりもむしろ資材を手配することの方が問題であり、民間持家の実現にあたっては、DDR体制内部の縁故関係が決め手であったという（Jenkis, 1996, S.682-685）。

(3) 住宅建設の実態

図2-1は、旧東ドイツ地域における完成住宅（fertiggestellte Wohnungen）戸数の推移（1949～94年）を示したものである。旧東ドイツでは、1949年以降約370万戸の住宅が建設された。大都市（ベルリン、ドレスデン Dresden、ライプツィヒ Leipzig）を除けば、第二次大戦の戦災による旧東ドイツの建物被害は旧西ドイツより平均的に少なく、しかもベルリンの壁建設（1961年）まで

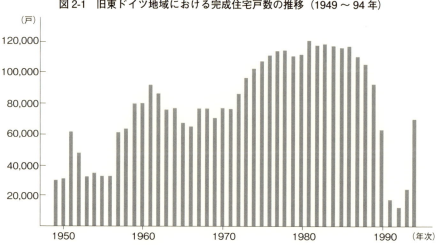

図2-1　旧東ドイツ地域における完成住宅戸数の推移（1949～94年）

資料：Manzel, 1995, S.351 より筆者作成

は、旧西ドイツへの流出により住民も減少したため、復興期における住宅事情は相対的に恵まれていた。旧東ドイツにおける住宅建設は、社会主義統一党（SED）第8回党大会での「住宅建設プログラム」発表（1971年）を境に二期に大別される。70年代初頭までは、年間約3.2万戸（1952, 1956年）〜約8.7万戸（1962年）の間を変動していたが、新規建設は既成市街地（innerer Bezirk）内の空隙地や小区画に集中していた（Schulz, 1993, S.590）。

図2-2 ドイツにおける大規模集合住宅団地の分布（1993年）

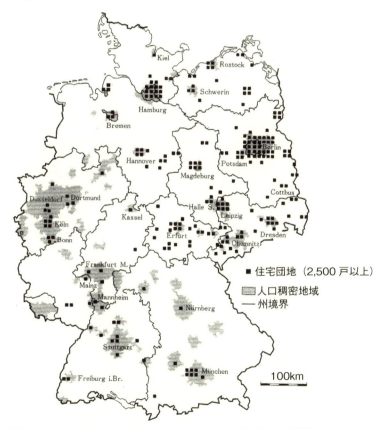

出典：Bundesminister für Raumordnung, Bauwesen und Städtebau (1994): Großsiedlungsbericht 1994

写真 2-1 ロシュトック (Rostock) 市郊外の大規模集合住宅団地

（1992 年 8 月筆者撮影）

　70 年代以降は、「住宅建設プログラム」にもとづく住宅建設コンビナート（国営の独占的大企業）が担った大量の工業化住宅建設（Plattenbauweise, Montagebau）によって特徴づけられる。これは、パネル工法によるプレハブ方式で建てられた集合住宅であり、伝統的工法と比べて低コストかつ短期間で建設可能であるが、居住環境よりも量の解決を優先した建設方法であった。この方法により、主要都市の縁辺部や生産施設の周辺に多くの高層住宅団地が建設された（**図 2-2**、**写真 2-1** 参照）。

　こうした「DDR 型衛星都市」が、住民の主たる居住様式となった。1949 年以降に建設された住宅は約 210 万戸、これは全ストックの約 40%（都市により 33～90%）を占めるが、その大部分は高層集合住宅である。これらの住戸は、規模、設備水準ともほぼ同様であるため、均質的で大きな市場セグメントを形成している。たとえば、東ベルリン（Berlin-Ost）など大都市部では、高層集合

写真 2-2　老朽化の進む住宅（ライプツィヒ市）

（1992年8月筆者撮影）

住宅が全住棟の 20% 以上を占めているが、建築密度の高さ[9]、単調な建築形態、住戸の独立性の低さ、公共施設やサービス施設の欠如、交通手段の不備等の住環境上の問題がみられた（Baltin, 1996, p.52; Holtmann u. Killisch, 1993, S.11-15）。なお、図 2-2 にみられるように、都市縁辺部に高層集合住宅群が 60 〜 70 年代以降形成されるのは東西両ドイツ共通の傾向であるが、いわゆる "high-rise" への依存度は、DDR においてより大きかったことが知られている[10]。

　一方で、古いストックに対する再投資はほとんど行われず、都市更新はなおざりにされた。1995 年の GWZ によれば、アルトバウ（1949 年以前に建設された住宅）は旧東ドイツ地域の住宅総数の 65% を占めているが、設備が劣悪なうえ、第二次大戦前の水準に凍結された法定家賃のため維持・補修はほとんど行われなかった。その結果、徐々にストックの荒廃が進んでいった（**写真 2-2**）。ストックの荒廃がいかに深刻であったかは、GWZ で「損傷なし」と評価された住棟が、全体の 30% 程度にすぎないことからもうかがえる。このことは、DDR 時代の住宅政策の重点は新規建設にあり、他の領域・課題（アルトバウの改修、公共インフラの近代化等）は後回しにされたことを如実に表わしている。

　工業化住宅建設の開始とともに住宅建設数は年々増大し、1981 年には 12 万 545 戸とピークに達した。80 年代には再び減少傾向となり約 9.2 万戸（1989 年）となったが、この背景には 80 年代における旧東ドイツの経済的衰退があげられる。

(4) DDR 期の住宅割当てプロセスと都市居住

　以上のように、DDR 時代の住宅ストックは、① 1949 年までに建設された、歴史的都市核の周辺部及び都市拡張地域における主として 4 〜 5 階程度の共同住宅からなる古いストック（アルトバウ）と、② 1960 年代以降にプレハブ工法で建設された大規模集合住宅団地（Großwohnsiedlung；ノイバウ Neubau）によって特徴づけられていた。[11]

　旧東ドイツ地域における主要都市の多くでは、市域にアルトバウと高層集合住宅群（ノイバウ）の両者が併存している。[12] たとえば、**図 2-3** にみられる南部・ザクセン＝アンハルト（Sachsen-Anhalt）州の都市ハレ（Halle）では、Südstadt 区と Neustadt 区[13]に高層集合住宅が集中している一方で、中世都市の形態を継承する旧市街地（Altstadt）にはグリュンダーツァイト（Gründerzeit、1870 年代〜 19 世紀末の好況期）に建設されたストックが多く、両者が空間的に明確に分離されていることがわかる。

　次に、DDR 時代の住宅市場の特徴として、第一に非常に持家率が低かった点があげられる。持家は、統計上「民間所有住宅」のうち「自己利用分」に相当するが、旧東ドイツでは持家形成は例外的であったため、1995 年時点でも持家率は 29.1% にとどまっている（Statistisches Bundesamt, 1997）。第二に、住宅市場の特徴としてより重要なのは、政府に一元化された住宅割当てプロセス[14]と、それによる社会階層間の混在（ソーシャル・ミックス）が実現された点である。

　第二次大戦以前の社会階層にもとづく居住地分化は、**図 2-3** のハレを例に取れば、旧市街地の旧市壁（Stadtmauer）の外側に隣接して工業化以前に形成されたインナー・サバーブ（Vorstadt）が広がり、更にその外側にグリュンダーツァイトに建設された住宅地が分布しており、社会階層別に居住地が分化しているのがみとめられる。特に、労働者階層と中間層以上との分化は明確であった。これに対して、旧東ドイツ（DDR）では、新たに建設された郊外のノイバウ住戸（共同住宅）には、世帯形成後まもない若年の専門労働者や高等教育修

図2-3 ハレにおける市街地の構成

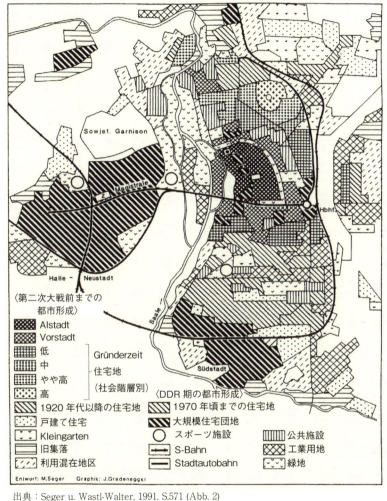

出典：Seger u. Wastl-Walter, 1991, S.571 (Abb. 2)

了者が国家によって順次割当てられ、都心周辺部のアルトバウ地区には、中高年層、職業訓練中や未熟練労働の従事者が滞留することになった。たとえば、ハレにおける地区毎の年齢別人口構成（1990年）を示した**表2-2**によれば、旧

表 2-2　ハレにおける地区別人口（1990 年）

地区	人口	居住密度 (人／ha)	年齢別人口構成 (%)		
			0-15 歳	16-64 歳	65 歳以上
Zentrum und Norden	58,634	62	18.7	62.6	18.7
Ost und Nordost	52,124	39	17.6	64.0	18.4
Süden	123,929	82	18.8	62.6	18.7
Neustadt	89,512	140	18.9	73.3	7.9
全　　市	324,218		18.8	65.4	14.8

出典：Seger u. Wastl-Walter, 1991, S.572

　市街地を含む地区（Zentrum und Norden, Ost und Nordost, Süden）での 65 歳以上の構成比がいずれも 18% を上回っているのに対して、高層共同住宅の集中する Neustadt 区では 7.9% にとどまっており、住民の年齢構成において明らかな差違がみとめられる。

　このように、社会階層にもとづく居住地分化は、国家による一元的な住宅割当てプロセスで解体され、アルトバウ地区とノイバウ地区との間には年齢構成上の差違はあっても、第二次大戦以前のような顕著なセグリゲーションは認められなくなっていったのである。しかも、前住者の死後にはアルトバウ住戸にも若年世帯が入居したため、結果的にソーシャル・ミックスが生み出されることとなった（Häußermann u. Siebel, 1996, S.322-323）。

　また、旧東ドイツ地域の中でも住宅事情には大きな地域差があることがみとめられた。特に住宅の質に関しては、明らかに北高南低の傾向がみられる。これは、旧東ドイツ政府が進めた産業政策・都市建設政策の結果である。ザクセン（Sachsen）州など南部の諸州が 19 世紀より工業化の進んだ地域であったのに対して、メックレンブルク＝フォアポンメルン（Mecklenburg-Vorpommern）州などの北部諸州は、元来農業地域であった（大場，1993, pp.127-129）。こうした戦前までの伝統的な「南高北低」の経済構造を是正するために、政府は北部と中部にアイゼンヒュッテンシュタット（Eisenhüttenstadt）などの新たな工業都市を建設するとともに、ロストック（Rostock）などの既存の都市の工業化

をはかった（小林，1992，p.293）。こうした新工業都市群には、コンビナート毎に AWG（労働者住宅協同組合）が設立され、多くの住宅が建設された。その結果、北部における住宅は比較的新しく、設備水準も高いのに対して、南部の住宅は老朽化が進行し、設備の近代化も遅れているのである。

　第二にあげられるのは、首都東ベルリンへの住宅建設投資の集中である。政府は 1976 年に「ベルリンプログラム」を決定し、ベルリンを「DDR の首都」から「社会主義の大都市」へと発展させる方針を打ち出した。全国の新規建設住宅数にしめるベルリンの割合は、1/12（1961〜75 年）から 1/8（1976〜85 年）、1/6（1986〜89 年）へと時期を追って増大した。ベルリンの住宅ストックは 1971〜89 年に 36% 増加し、1949 年以降の建設分が 50% 以上を占めるに至った（Schulz, 1993, S.590）。

3. 旧東ドイツ地域の住宅政策

(1) 住宅政策の枠組み

　図 2-1（前掲）にみられるように、統合直後には 11,477 戸（1992 年）と住宅建設戸数はいったん急減したものの、その後は再び増加傾向に転じ、1994 年には 6.9 万戸となっている。旧西ドイツ地域とは異なり、旧東ドイツ地域では持家建設が中心で、その多くは一戸建もしくは 2 戸一建である。こうした旧東ドイツ地域での建設活動の再活発化の背景には、連邦政府等により住宅経済分野に与えられた数々のインセンティヴの存在がある。

　分権国家であるドイツでは、住宅政策も各級政府の分業と協調によって実施されている。「第一次住宅建設法」（1950 年）においては、「広範な国民層」に対する新規住宅建設助成は連邦、州の責務と規定された。同法によれば、連邦は法律により助成システムに関する包括的なガイドラインを制定するとともに、各州との協議（Verwaltungsvereinbarung）により各種助成に応じて個々の州への連邦資金の配分額を決定する（Expertenkommission Wohnungspolitik, 1995a, S.349-355）。

これに対して、各州は、その条件内で、社会住宅への助成の形態、持家助成と借家助成プログラムとの間の財源配分など施策の詳細を決定する。また、独自財源（全助成財源の三分の一、場合によってはそれ以上）を加えて、一定の指標によって算出された比率にしたがって、各自治体に助成資金を配分する。

　一方、地方自治体は必要に応じて住宅建設に追加出資（Spitzfinanzierung）を行う。加えて、借家人指名制度や比較家賃制度による間接的な統制（住宅監督制度）、自治体自らが出資している地元の公益住宅企業に対する直接統制、更には非営利組織への住宅用地の提供・地上権供与を行っている。

　このように、本来連邦政府は住宅政策の理念と助成の枠組みを与えるだけである。しかし、旧東ドイツ地域においては、旧西ドイツ型住宅市場経済への移行を円滑に実施するために、いくつかの特別措置が時限立法として連邦政府主導で実施されている。そこで本節では、連邦政府によって旧東ドイツの住宅政策が旧西ドイツのそれに包摂されていく過程を追う。

(2) 資金助成と税制優遇措置による対物助成

　統合後の旧東ドイツ地域における住宅政策の特色は、①資金助成と税制優遇措置による対物助成（フロー及びストック政策）と、②西ドイツ型住宅市場への移行を円滑に行うための諸施策に大別される。

　既にふれたように、旧東ドイツ地域ではストックの老朽化と設備水準の遅れが著しいため、対物助成についてはストックの近代化・補修が中心である。

　統一条約（第22条3項）の規定によって、人民所有住宅の多く（約270万戸）が負債とともに自治体に移管された（大場, 1998a, p.56）。その負債総額が約520億DM（1993年末現在）と莫大なものであったこともさることながら、自治体はストック管理のノウハウを持たないため、それをサポートする主体が必要となった。ここでは、旧西ドイツ地域の住宅企業（旧公益住宅企業）であるGAGFAH（Gemeinnützige AG für Angestellten-Heimstätten）を例にとって、そうした主体の取り組みを紹介する。

　GAGFAHは、被雇用者連盟（AfA: Allgemeiner freier Angestelltenbund）に

より1918年に設立された住宅企業である。この企業は、「住宅公益法」の廃止（1990年）により子会社を含めて課税されることになった。しかし、引き続き「広範な住民層への住宅供給」という公益企業の設立以来の目標を追求しつつ、マーケティング活動を強化し、今日の多様な住宅ニーズに沿った住宅建設、ストックの構造改善、不動産管理事業を拡大しつつある。

第二次大戦前より既にドイツ全国に企業網を構築していたGAGFAHは、第二次大戦直後には、東部ドイツ地域でも被戦災住宅の復興・再建に尽力した。しかし、ドイツ社会主義統一党（SED）が政権を獲得した後、同地域における全資産（未建設用地を含む）が接収されたため、その後の活動は旧西ドイツ地域に限定されざるを得なかった。ドイツ統合後、GAGFAHは事業地域を旧東ドイツ地域に再び拡大していったが、とりわけ重要なのは第三者の所有する賃貸住宅ストックの管理・経営業務である。

GAGFAHは、その100％出資子会社であるGAGFAH BIV（建設・不動産管理会社：Bauträger- u. Immobilienverwaltungsgesellschaft mbH）を1991年に設立し、住宅ストックの管理業務に当たっている。同社の顧客の大部分は、公的セクター（特に自治体、社会保険機関）である。財政難の中で、劣悪である上に負債を負った旧東ドイツ時代の人民所有住宅（volkseigene Wohnungen）約245万戸（全住宅ストックのほぼ42％に相当）を引き継いだ公的セクターは、一層の財政的負担を強いられることとなった。GAGFAH BIVでは、こうした賃貸住宅・持家の管理、設備近代化・新規建設事業に対するコンセプトの提供と実施を行っている。これは、ストック管理についてのノウハウを持たない自治体サイドにとっても、効率的・経済的な選択であった。

ストックの近代化・補修については、復興基金（Kreditanstalt für Wiederaufbau; 以下KfWと略）による325億DMの低利資金融資（1994年まで）の結果、1992年までに全ストックの25％に対して設備近代化が実施された。更に、近代化促進のために、投資額の50％を当初の5年間に特別減価償却（Sonderausschreibung）として課税所得から控除可能とする税制措置（逓減型減価償却）も1998年までの時限措置として実施された。賃貸住宅の近代化の

場合は、10年間で投資額の100%の減価償却が可能となり、更に優遇されている。これにより旧西ドイツからの投資が相次ぎ、旧東ドイツ地域の住宅建設ブームを巻き起こした（Baltin, 1996, p.65）。もっとも、旧西ドイツの個人資産家によって節税対策として利用されている部分もあるので、この投資が実需に対応したものであるかどうかは、きわめて疑わしい。

　また、資本主義型住宅市場形成のための施策も、あわせて実施されている。市民の資産形成の促進と住宅建設負債の軽減策として行われた民間への住宅売却（Privatisierung）が、その主たるものである。

　人民所有住宅を引き継いだ自治体財政の負担緩和、ストック改善に対する民間資金の集中をはかるという点から、これは旧東ドイツ地域においては重要度の高い施策とみなされている。同施策は、人民所有住宅の借家人を対象に優先的に実施されるものであるが、旧東ドイツ市民の不安定な就業状態と低所得のために、予定された8.7万戸のうち1992年までに数千戸程度が払い下げられるにとどまった。[18]

　人民所有住宅ストックとともに自治体が引き継いだ負債総額は、約520億DM（1993年末現在）と莫大なものであった。このうち310億DMは「旧負債救援法（Altschuldhilfe-Gesetz）」の制定（1993年）により設立された「負債相続基金」（連邦と旧東ドイツ地域各州の出資）に引き継がれた。ただし、その条件として、2003年末までに自治体住宅ストックの少なくとも15%（約38万戸）を、借家人に優先的に払い下げることが義務づけられた。そのため、住宅売却の促進は急務となった。

　しかしながら、引き継いだ旧人民所有住宅の空家戸数の多さ自体が既に企業経営を脅かしているのみならず、外部資金を利用した住戸改修コストを借家人の支払い能力（家賃収入）で短期間にカバーすることは困難なため、企業にとってはますます損失が累積することとなる（Pfeiffer, u. a., 2000, S.24-25）。各住宅企業は、負債や空家の維持・管理コストの軽減のためにストックの売却を進めたが、それらの多くは居住者ではなく転売を目的とした中間取得業者（Zwischenerwerber）の手に渡った。[19]しかし、リスクが上乗せされた割高な価

格と魅力に乏しい住戸のために、実際には転売は困難な状況にあった。

こうした状況の中で、GAGFAH はストックの技術的評価、設備近代化プランの作成と同コストの見積もり、売却価格の試算などを担当し、この面でもノウハウを持たない自治体に対する協力を行っている。加えて GAGFAH は、連邦空間整備・建設・都市計画省に対する民間払い下げモデル事業指定[20]の提案、ドイツ建設・土地銀行（Deutsche Bau- und Bodenbank AG）による有利なクレジット供与の仲介業務など、購入者への便宜を計っている（Bachmann u. Jellema, 1993）。このように、大規模な企業は蓄積されたノウハウを生かして、旧東ドイツ地域での住宅管理業務や設備近代化事業に積極的に関与している。

旧東ドイツ地域においても借家世帯の持家指向は高く、約半数の世帯にのぼる。建築貯蓄（Bausparkasse）制度への申込者も、1993年までに300万人に達している。その動機は、居住の安全性の確保と家賃上昇に対する不安であり、資産形成、インフレ対策を主たる動機とする旧西ドイツ地域とは事情が異なっている。ただし、長期に渡る負債というリスクを前に持家取得をためらう世帯も多い（Mändle, 1997, S.18-19）。こうした市民の持家指向に対しては、KfW が40歳未満の若年世帯向けに住宅価格の20％（上限20万DM）相当分の低利資金融資を行っている。

(3) 西ドイツ型住宅市場への移行を円滑に行うための施策

1936年以来50年以上継続していた家賃凍結が、ストック損耗の主たる原因となっていたのは、前述したとおりである。統合後、新規建設住宅及び更新により再居住可能となった住宅の家賃額のみが自由化され、市場家賃が導入されたが、既存ストックは凍結家賃のままであった。そこで、借家経営の安定化による民間住宅市場の育成のために、1991年と93年の二度にわたって家賃改革が段階的に行われ、既存ストックに対しても適正家賃が導入された。

まず、第一次基本家賃令（1991年6月17日）により、月額1DM/m^2の一括引き上げが行われた（1991年10月1日より実施）。1990年10月2日時点で浴室・セントラルヒーティングつきの住宅（人口10万人以上の自治体）の場合は、更

に月額 0.15DM/㎡の引き上げも実施された。一方、専用便所のない住宅及び非独立住宅の場合は、各々月額 0.15DM/㎡が割引かれることになった。第二次基本家賃令（1992 年 7 月 27 日）による家賃改定は、住宅の状態（設備水準）に応じた引き上げであったため、より複雑なものとなっている。引き上げ額は月額 1.20DM/㎡（1993 年 1 月 1 日より実施）であったが、設備水準に応じて次のような割引規定があった。

　a. 1990 年 10 月 2 日時点で浴室のなかった住宅は、月額 0.30DM/㎡の割引
　b. 同時点で専用便所のなかった住宅は、更に月額 0.15DM/㎡の割引
　c. 集合住宅で、外廊下・階段・電気／ガス／水道設備に相当な損傷のある住宅の場合は、各々月額 0.30DM/㎡の割引

逆に、屋根・窓・外壁に損傷のない住宅の場合は、月額 0.90DM/㎡（1993 年 1 月 1 日〜）、更に月額 0.60DM/㎡（1994 年 1 月 1 日〜）と、追加的に家賃引き上げが可能となった。

　他方、管理コスト割当て令（1991 年 6 月 17 日）により、暖房・温水費も借家人へ割当て可能となり、旧西ドイツにならった家賃体系がようやく整備された[21]（Jenkis, 1996, S.709-711）。

　1995 年 7 月 1 日には、比較家賃制度への移行前の最終措置として家賃移行法が発効した。これは、DDR 時代に建設された住宅（既に基本家賃令が適用されたもの）約 460 万戸を対象に、以下のような家賃調整を行うものであった。

　第一に、1997 年末までに第一・二次基本家賃令後の基本家賃を更に 20% 引き上げるというものである。ただし、この引き上げは、住宅の状態が良好な場合にのみ可能である。[22]第二に、年間家賃の 11%（上限は 3DM/㎡）を近代化割当金として徴収することも、同法により認められた。第三に、家主による設備改善投資を刺激するために、住宅の状態に応じた加算金として月額 0.3DM/㎡が認められた（1997 年末までの時限措置）。第四に、新規契約家賃に関して、家賃移行法にもとづく家賃額を 15% 以上超過してはならない（1997 年 6 月 30 日まで）、地元標準家賃額を 20% 以上超過してはならない（1997 年 6 月 30 日以降）との規定も設けられた（Jenkis, 1996, S.711-713）。

このように、家賃適正化は非常に複雑なプロセスにより実施されたが、一律の引き上げではなく、設備水準（住宅の質）に応じてきめ細かく規定することにより、住宅経営の収益性を確保することで家主にインセンティヴを与え、同時に設備水準の改善を実現しようとする意図がみられる。適正家賃の導入の結果、DDR 時代の低家賃政策により収入のわずか 3〜4% に抑えられていた家賃は、収入の約 20% に上昇した[23]。

また、家賃適正化とほぼ同時期にあたる 1991 年 1 月 1 日に、旧西ドイツ式の住宅手当（Wohngeld）制度も導入された。導入当初においては、家賃は凍結により低水準のままであったので、受給対象となったのは持家世帯のみであったが、のちに第一次家賃適正化の実施（1991 年 10 月 1 日）にともなって借家世帯にも拡大された。手当受給世帯の比率は、導入当初は約 30%（1992 年）であったが、世帯所得の上昇とともに徐々に減少し、1996 年では 9.2% となった。これは、当時の旧西ドイツ地域での受給者の増大傾向と対照的である。ただし一方では、受給者の中に失業者（41.9%）、無職者（34.9%）の占める比率も増大している。旧東ドイツ地域では住宅手当特別法（1996 年末までの時限立法）[24]により受給条件が緩和されているので、受給率は旧西ドイツ地域の 6.4%（1995 年）と比較すると高くなっている（Seewald, 1998, S.41）。

(4) 所有権の返還問題

東西ドイツ分割以前にさかのぼる旧東ドイツ地域における私的所有権の返還は、統一条約の基本原則の一つであった。1990 年 10 月のドイツ統合以降、約 250 万件の返還要求がなされた。うち約 100 万件は住宅に関するものであり、これは旧東ドイツ地域の住宅ストックの 1/7 に相当する。こうした旧所有者による資産返還要求にともなう所有権をめぐる紛争は、戦前に建設された住宅における高い空家率とストック荒廃の一因ともなっていた。旧東ドイツ地域の各州には不動産問題調停局（Amt zur Regelung offener Vermögensfragen）が設置され、所有権係争の調整に当たった。所有権が未確定な場合は信用供与が得られないために、この問題は新たな投資の障害となるが（Baltin, 1996, p.64;

Holtmann u. Killisch, 1993, S.13)、1994年末までに多くの返還要求が決着した結果、建設活動は再び活発化することとなった。なお、1996年時点においても未だ所有権が確定していなかった住棟は、114,100棟（全住棟の4.5%）にのぼった（Statistisches Bundesamt, 1997, Heft 2, S.13-15)。

4. 1990年代前半における住宅需給の動向

　旧東ドイツ地域における住宅事情は、統合後どのように変わったのであろうか？　ここでは、1995年10月1日に実施された旧東ドイツ地域建物・住宅統計調査（GWZ）の結果（**表2-3参照**）をもとに、90年代前半における住宅需給の動向を、東西ドイツ間、旧東ドイツ地域内各州の地域差異に注目しつつ考察する。

(1) 住宅の規模

　旧東ドイツ地域の住宅（Wohnung）総数は706.1万戸である[25]。当時の同地域の世帯数は約650万世帯であったので量的には充足されており、住宅不足の状況にはない（Expertenkommission Wohnungspolitik, 1995b, S.9)。

　人口1,000人あたり住宅数は、420戸（旧東ドイツ）、427戸（旧西ドイツ）と両地域に顕著な差異はない[26]。州別では東ベルリン（Berlin-Ost）の494戸が著しく多く、最小がメックレンブルク＝フォアポンメルン州の412戸となっている。これは、東ベルリンのような大都市では単身世帯が多いために住宅需要が大きくなることを反映している[27]。

　東西ドイツの住宅事情の相違は、むしろ①住民一人あたり居住面積、②住宅建築年、③設備水準などの質的側面にある。

　住宅規模は、旧東ドイツ地域の平均が69.6㎡（4.0室：台所を含む）であり、最大のチューリンゲン州（73.6㎡、4.2室）でも旧西ドイツ地域の88.2㎡を大きく下回っている。他方、東ベルリンは63.6㎡（3.5室）と最も狭小で、居住密度の高さを表している。同様に、一人あたり居住面積も平均30.9㎡で、これも旧

表 2-3 旧東ドイツ地域における住宅事情（1995 年、州別）

	Berlin-Ost	Branden-burg	Mecklenburg-Vorpommern	Sachsen	Sachsen-Anhalt	Thüringen	旧東ドイツ	旧西ドイツ (1993年)
人口千人あたり住宅数（戸）	494	423	412	466	442	427	444	430
一戸あたり居住面積（m²）	63.6	72.3	69.6	66.9	71.4	73.6	69.6	88.2
一人あたり居住面積（m²）	31.4	30.6	28.6	31.2	31.6	31.4	30.9	37.8
1948年以前に建設された住宅の比率(%)	61.2	62.3	55.6	68.8	68.0	65.7	65.1	31.3
プレハブ工法による住棟(%)	20.3	9.5	11.0	8.2	7.8	7.2	9.0	-
空家率（%）	4.0	5.6	5.1	8.7	7.0	5.8	6.6	2.9
住棟の状態（%）								
損傷なし	25.9	29.0	34.9	25.8	32.9	33.7	30.3	-
重度の損傷	7.2	5.0	5.3	4.5	4.4	3.6	4.6	-
下水道接続率(%)	74.3	38.3	47.0	46.7	47.6	35.1	44.2	-
住棟所有関係(%)								
1) 1990.10.2 現在								
人民所有	38.2	16.9	23.2	18.6	16.6	12.0	17.9	-
組合所有	9.5	6.8	10.7	7.8	8.0	5.2	7.6	-
民間所有	48.5	73.2	65.3	72.4	74.6	82.0	73.0	-
その他	3.8	3.1	0.8	1.2	0.8	0.8	1.5	-
2) 1995.9.30 現在								
個人	57.0	79.5	76.8	79.5	81.0	86.5	80.0	92.2
住宅組合	9.2	3.8	0.6	6.0	5.0	3.3	4.8	1.4
その他の住宅企業	31.2	9.1	4.0	8.7	8.3	6.4	9.2	2.3
持家率（%）	6.5	33.9	28.7	26.1	33.5	39.0	29.1	40.0

注：「その他」には、非居住用建築物、老人ホーム、学生寮などが含まれる。
資料：Statistiches Bundesamt, 1997 より筆者作成

西ドイツ地域の 37.8㎡（1993 年）を下回っている。

(2) 住棟形式

住棟形式は、一戸建て 58.6%、2 戸一建て 17.5%、21 戸以上の集合住宅 0.5% となっており、旧西ドイツ地域とほとんど差異はないが、地域差が著しい[28]（Statistisches Bundesamt, 1997, Heft2, S.12-13）。東ベルリンでは 3 戸以上の住宅から成る住棟が 52% を占めるのに対して、農村地域のブランデンブルク（Brandenburg）州では 18% にすぎない。旧東ドイツ地域では、70 年代以降の大量建設の結果、住宅の三分の二が集合住宅（3 戸以上／棟の住棟）であり、一戸建て・2 戸一建ては三分の一である。特に、ライプツィヒ、ドレスデン、ケムニッツ（Chemnitz）等の大都市があるザクセン州では 70% 以上の住宅が、東ベルリンでは実に 92% の住宅が集合住宅に位置している。これは、DDR 時代に大量に建設されたプレハブ型住棟の存在によるものである。これらの建物は大規模集合住宅であるので、住棟数では全体の 9%（22.5 万棟）であるが、全住宅数の三分の一が位置している（Statistisches Bundesamt, 1997, Heft 1, S.14-16）。しかも、その地域分布は旧西ドイツ以上に特定地域に集中したものとなっている（前掲図 2-2 参照）。特に東ベルリンでは 20.3% と高率であり、北部の方が南部よりも比率が高い。たとえば、ベルリン・マルツァーン（Marzahn）地区の住宅団地には 5.9 万戸が建設され、統合ドイツでも最大規模の団地となっている。

(3) 住宅の建設年と住宅設備

住宅の建設年については、旧西ドイツ地域に比べて旧東ドイツ地域では古いストックが多く、第二次大戦期までに建設された住宅が 53% と、全ストックの過半数（旧西ドイツ地域では 30%）を占めている。特に一戸建て／2 戸一建ての場合は、約 8 割にのぼる。全体の 20% が 1900 年以前に建設された住宅（旧西ドイツ地域では 9% 弱）であるが、特に南部諸州の住宅の老朽化が目立っている。

設備充足状況については、設備専用（便所、バス／シャワー、集中暖房）率が62%（旧西ドイツ地域では82%）にとどまっており、専用便所もバス／シャワーもない住宅も11%存在している。充足率には地域差があり、メックレンブルク＝フォアポンメルン州の70%に対してザクセン州では53%と、建設年の古い住宅が多い南部地域での整備の遅れが目立っている。特に公共下水道への接続は問題であり、接続率は全住棟の44%にとどまっており、旧西ドイツ地域における1968年時点での接続率57%すら下回っている。東ベルリンの接続率は74%と比較的高いが、チューリンゲン州は35%にとどまっており地域差が著しい。暖房と熱源に関しても、旧東ドイツ地域の集中暖房（セントラルヒーティング普及）率は66%（旧西ドイツ地域は83%）で、熱源も石炭（特に褐炭）が最も多く、大気汚染の原因となっている。

旧東ドイツ地域特有の問題として、空家率の高さがあげられる。旧東ドイツ地域の空家は、約456,300戸（6.6%）に達しており（旧西ドイツ地域は2.9%：1993年）、特に南部地域での空家率の高さ（ザクセン州8.7%、ザクセン＝アンハルト州7.0%）が目立つ。こうした空家率の高さは、借家人の支払い能力不足と並んで家賃収入不足（Mietausfälle）を招き、住宅企業の経営難の原因ともなっている。ただし、設備近代化・修繕によって一時的に空家状態となっている住棟が大部分を占めているため、こうした住棟も近い将来に居住可能となることが期待される。

空家と建物状態とは密接な関係にあり、申し分のない状態の住棟は全体の30%にすぎない。全体の65%には小・中程度の何らかの損傷があり、約5%の住棟は、土台、外壁、階段、屋根、煙突といった建築構造上重要な部分の少なくとも一つに大きな損傷がある。[29]

もっとも、建設年の古い住宅がただちに劣悪な住宅を意味するわけではない。なぜならば、古い住宅であっても、日常的な補修と設備更新（近代化）により、比較的建設年の新しい規格化された住宅よりも居住条件が良好であることも稀ではないからである。こうしたストックの劣悪化と貧弱な設備水準は、特に民間所有住宅において顕著に認められる。とりわけ、第二次大戦期までに建設さ

れたインナーシティの集合住宅の場合は、その荒廃が著しい。これは、前述のように1936年の水準に固定された低家賃政策のため、住宅補修の資金すらままならなかった結果である。

(4) 所有関係の変化

　1990年10月2日（統合の一日前）時点での所有関係は、人民所有（自治体、自治体住宅企業、経営体、国家機関・党・大衆組織などの各種団体による所有）が18%であり、東ベルリンでは約40%と高率であった。AWG、GWG、LPG（農業生産組合）、PHG（手工業生産組合）等の組合所有は7.6%を占めていた。民間所有は73%と最大比率を占めていたが、ここには国家管理（staatliche Verwaltung）の住宅も含まれる。なお、「その他」(1.5%)には旧ソ連軍所有の住棟も分類されていた。

　こうした住宅所有関係は、統合後大きく変化した。GWZ調査時点（1995年9月30日）での所有関係は、旧西ドイツ地域と比べて個人所有（持家・賃貸住宅）の比率が相対的に低く、地方公共団体（Gebietskörperschaft）や住宅企業、住宅組合、土地信託会社（Treuhandliegenschaftsgesellschaft）などの比率が高いのが特徴である。このうち、住宅企業には旧人民所有住宅の多くを引き継いだ自治体住宅企業（KWU）が含まれる。

　統合後、旧東ドイツ地域の住宅企業（419企業）、住宅組合（700組合）を傘下にした公益住宅セクターの中央組織GdW（Gesamtverband der Wohnungswirtschaft e. V.）のアンケートによれば、所有住宅数が2.5万戸以上の大企業18社（全企業・組合数の1.6%）が全ストックの約26%（約85万戸）を管理している（Jenkis, 1996, S.694-699）。

　持家率は、DDRの住宅政策が賃貸住宅建設に重点を置いていたため、旧東ドイツ地域では29%にとどまっている。特に東ベルリンではわずか6.5%にすぎず、他の諸州とは著しい差異がある。それでも、1981年当時の持家率が全国平均23%であったことを考えれば、徐々に持家は普及しつつあるといえる。[30]

5. 1990年代後半における住宅需給の動向

本節では、90年代後半における住宅需給の動向を整理するとともに、この地域で実施された各種施策が、住宅市場に及ぼした影響を検討する。

(1) 住宅供給

旧東ドイツ地域における住宅供給は、90年代初頭（統合直後）に一時的に減少したものの、その後は増加傾向に転じ、図2-4にみられるように、1994～99年には新規建設とストック改修によって合計約66万戸が供給された。

旧東ドイツ地域では、住宅建設に民間資金を導入するためのインセンティヴの供与など、自由市場での供給促進に施策の重点が置かれた。そのため、1995年以降、旧西ドイツ地域では建設業の構造危機が問題になっていたのに対して、旧東ドイツ地域では1994年頃より住宅建設投資ブームが起こった[31]。

また、老朽化していたり、設備改善の必要があるストックに対しては、連邦・州により「近代化」助成資金が提供され、資産価値の回復がはかられた。2000年末までにアルトバウストックの約75％、プラッテンバウの約40％に対して、完全改修または部分改修が実施された。供給戸数全体に占める「近代化

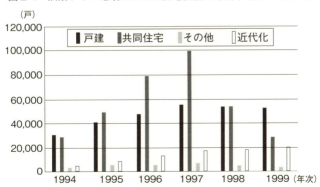

図2-4 旧東ドイツ地域における住宅供給の動向（1994～99年）

注：「その他」には、非居住用建造物、老人ホーム、学生寮等が含まれる。
資料：Pfeiffer u. a., 2000により作成

が行われた住宅」（改修済住宅）の比率は年々上昇し、1994〜99年に約7.6万戸が住宅市場に再び組み込まれた（図2-4参照）。

　これに対して、公的助成にもとづく社会住宅建設は年々減少していった。統合後の旧東ドイツ地域における社会住宅建設については、従来よりも拘束期間を短くしたり（10年未満）、自治体と投資者との協議による家賃のフレキシブルな設定を認めることで民間投資を促す、いわゆる「第三助成」方式が旧西ドイツ地域以上に積極的に推進され、全体の80%を占めている（大場, 1999, pp.140-141）。そのため、統合後は公的主体による住宅割当てプロセスが機能する余地は、一層狭められることとなった。

　次に、戸建住宅は総数の37.8%を占めており、年度によっては共同住宅の建設戸数を上回っている。これは、郊外持家の展開を反映するものであり、既成市街地の住宅市場に大きな影響を及ぼすこととなった。

　持家ブームの要因としては、第一に、DDR時代には戸建て住宅比率がきわめて低かったため、特に一戸建・2戸一建への補充需要（Nachholbedarf）が、旧西ドイツ地域のそれを大きく上回っていたことがあげられる。また、設備改善後のストック（主として高層共同住宅）の払下げが政府によって促進されたことも指摘できる（Kühne-Büning u. a., 1999, S.222-223）[32]。

　DDR時代に行われた1981年調査とGWZとを比較すると、人口1,000人あたり住宅数（393戸から444戸へ）、一戸あたり住宅面積（63.0㎡から69.6㎡へ）、一人あたり居住面積（24.7㎡から30.9㎡へ）など、住宅規模には大幅な改善がみられた。これは、統合後の新規建設住宅が大規模であったというよりも、小住宅の大住宅への統合や旧東ドイツ地域の人口減少[33]によるものである（Statistisches Bundesamt, 1997, Heft 1, S.18-19）。

　以上のように、多額の国庫負担と旧東ドイツ地域への住宅建設投資ブームを背景に、統合後約10年間で、住宅供給の質・量両面において、過去に例をみない飛躍的改善が行われたのである[34]。

(2) 人口・世帯数の動向

　旧東ドイツ地域の人口動向は、出生率低下による自然減と「選択的転出（selektive Abwanderungen）」プロセスにともなう社会減によって特徴づけられる。社会減に関しては、統合直後（1989～91年）の旧西ドイツ地域への大量の人口流出は収束したものの、大都市においては高所得層を中心とした郊外持家への転出傾向が顕著になっている。

　3市（シュベリン Schwerin、ライプツィヒ、ブランデンブルク）のデータにもとづき Harms u. Jacobs が行った人口移動プロセスの分析と予測によれば、①最大の移動流は通常個々の住宅部分市場セグメント内で生じるものの、②第二の流れとして、「大規模集合住宅団地」から「郊外」へ持家形成のために転出する動きがみられる。特に、80年代半ば以降に建設された比較的新しい住宅団地では、DDR時代の割当てプロセスを反映して住民に若年層が多いため、この傾向が顕著にみとめられる。他方、郊外や他州からの転入世帯は都心部のアルトバウを選好する傾向にある（Harms u. Jacobs, 2002, S.26）。特に、高学歴・高所得の比較的若い層を中心とする旧西ドイツ地域からの転入者は、新たな生活・消費スタイルの担い手として、利便性も兼ね備えた質の高い住戸を選好する傾向がある[35]。

　ただし、このように郊外への転出傾向が顕著になったとはいえ、西ドイツ型の生活様式の急速な浸透によって世帯分離（世帯規模の縮小）と単独世帯の増加が進んだため、都市部での住宅需要そのものは大幅に減退したわけではない[36]。

(3) 空家の増大

　1990年代における供給促進政策の結果、旧東ドイツ地域の住宅ストック総数は約729万戸（1998年）に達している。これは、世帯数（約650万世帯；1995年）を大きく上回り、住宅市場は、全体としては、統合直後に比べて大幅に緩和された。近年では、**表2-4**にも示されるように、むしろ空家率の上昇が大きな問題となっている。空家総数と空家率は、1993年の約456,300戸（6.6％）から、1998年には約96万戸（13.2％）へと増大した。

表 2-4 旧東ドイツ地域における住宅ストックと空家率 (1998 年、州別)

住宅類型 州名	戸建住宅 戸数	戸建住宅 空家率	郊外共同住宅 戸数	郊外共同住宅 空家率	旧市街共同住宅 戸数	旧市街共同住宅 空家率	DDR 期住宅 戸数	DDR 期住宅 空家率	新規共同住宅 戸数	新規共同住宅 空家率	合計 戸数	合計 空家率
Berlin	170	7.2	82	9.6	634	12.1	780	5.9	98	9.1	1,820	8.5
Brandenburg	489	7.4	112	22.5	64	27.9	372	8.5	58	22.5	1,158	11.2
Meck.-Vorpom.	299	8.7	81	28.5	41	26.1	305	5.9	40	15.7	811	11.1
Sachsen	656	7.5	382	23.4	329	44.2	659	9.5	122	17.0	2,238	16.8
Sachsen-Anhalt	499	6.9	171	33.7	100	29.8	373	10.6	61	15.0	1,277	14.4
Thüringen	498	5.3	138	17.7	47	35.1	340	7.6	47	10.9	1,123	9.3
合計	2,496	7.1	914	24.5	791	32.9	2,375	8.4	380	15.4	7,290	13.2

注：Berlin には旧西ベルリン (Berlin-West) を含む。
Meck.-Vorpom. = Mecklenburg-Vorpommern
戸建住宅：一戸建または 2 戸一建（建築年次区別なし）
郊外共同住宅：1948 年までに建設された 3〜6 戸／棟住宅
旧市街共同住宅：1948 年までに建設された 7 戸以上／棟住宅
DDR 期住宅：1949〜90 年に建設された 7 戸以上／棟住宅
新規共同住宅：1991 年以降に建設された 3 戸以上／棟住宅
戸数：千戸、空家率：%
出典：Pfeffer u. a., 2000

統合直後には、空家の大部分をインナーシティを中心とするアルトバウ住戸が占めていた。こうした住宅には、荒廃もしくは相当の欠陥があり、居住不能である場合が多かったためである。特に、規模の大きな住宅、戸建住宅、近代的快適さを備えたアルトバウ住戸の絶対量は著しく不足していたため、アルトバウ地区は中・高所得層の受け皿とはなりえなかった。

これに対して、90年代後半における空家の増大は、①旧所有者からの不動産返還請求により所有関係が未確定なため、未改修のまま放置されるか、②需要に見合わない過剰な設備改善が行われたため、供給価格が住民の負担能力を上回り、借り手もしくは買い手がみつからないことによるものである。

なかでも、1949年以前に建設された住戸（アルトバウ）を中心とする旧市街共同住宅の空家率の高さ（旧東ドイツ地域全体で32.9%）が目立っており、都市化の進行が早かったザクセン州では44.2%に達している（**表2-4**参照）。こうした住戸の場合、改修コストが家賃収入でカバーできないので、十分な収益は期待できない。そのため、2001年以降は、多くのアルトバウ地区では更なる住戸改修は進んでおらず、地区更新事業は半ばで放置されかねない危機にある（Krings-Heckmeier u. Porsch, 2002, S.37）。アルトバウ地区の住宅は民間小口所有が中心であるが、特に市場から離れた所有者（しばしば旧西ドイツ地域在住）は、「市場が好転したら売却する」という非現実的な期待を抱いているため、価格は収益性の低下に十分に反応せず、容易に下がらない傾向にある。他方、老後保障のため住宅投資を行った民間個人家主にとっては、収入・資産の損失はきわめて深刻であり、彼らの5〜10%が近い将来に不動産強制競売の危機にある（Pfeffer, u. a., 2000, S.24-25）。特に、需要が著しく停滞している場合、ある空家が改修され入居が行われることで別の新たな空家を生み出し、次の改修を引き起こす要因ともなりかねない。こうした空家の再配分とストック改修が繰り返される連鎖現象は、経済全体として高くつくことになる。なぜならは、しばしば「収益につながらない」コストとして、更に多額の助成金が投入されることとなるからである。

また、DDR時代に建設された高層共同住宅の空家率も、1999年には12%と、

統合後は上昇傾向にある。空家増大の要因としては、第一に需要の著しい低下と住宅供給増との同時進行の結果、市場が「借り手市場」となり、世帯の居住要望の実現が容易になったことがあげられる。居住選好にあたっては、位置・設備・価格・社会構造といった要素が益々重要となり、住環境に問題を抱えるノイバウは敬遠されることとなった。第二に、既存の空家の存在が事態を悪化させる方向に作用した点があげられる。一般に、空家率が高い住棟には転入希望が少なく、空家率がひとたび20〜30%を超えた場合、建物内で感じる不安感とコミュニティ崩壊のため、当該住棟からの転出率は急増する傾向がみられる（Harms u. Jacobs, 2002, S.25-26）。

これに対して、戸建住宅の場合は郊外を中心に新規建設が行われ、持家形成層の受け皿となったため、空家率は旧東ドイツ地域全体で7.1%と、相対的に低い水準にとどまっている。

(4) セグメント化の進行

以上のような、住宅タイプによって差違のある空家率の動向は、住宅市場のセグメント化の進行を示唆している。セグメント化の要因としてあげられるのは、①社会分極化の進行、②比較家賃制度の導入、③アルトバウの価値回復の3点である。これらについて、住宅タイプ別に住宅市場の概要を示した表 2-5 をもとに考察することとする。同表における5つの住宅タイプ（未改修アルトバウ、改修済アルトバウ、大規模な高層共同住宅団地、新規共同住宅、戸建住宅）は、各々部分市場を形成している。

第一に、統合後の家賃上昇は、DDR時代には世帯可処分所得の3%程度であった居住費負担を平均で20%に増大させることとなった。DDR時代には経済的に安定した中間層がきわめて少なかった旧東ドイツ地域では、住民の住宅取得能力は、統合前後の政治・経済の体制転換に適応できたか否かに左右される。すなわち、新規自営業者、旧西ドイツからの転入者、所得・労働条件を大幅に改善できた人々等、体制転換に適応できた者にとっては住宅選択の余地は大きく、近代化された旧市街地の改修済アルトバウ、もしくは郊外持家への入

表 2-5　旧東ドイツ都市における部分住宅市場の概要

住宅類型	立地	所有関係	空家の要因	需要グループ
未改修 アルトバウ	旧市街地周辺の 旧・労働者居住地区	住宅企業 （返還要求あり）	荒廃による居住不能 投機，返還要求	低所得層 学生・若者
改修済 アルトバウ	旧市街地周辺の旧・ 中間層居住地区	民間所有 住宅企業 不動産企業 借家人割当て権	構造的 設備改善 投機	中高所得層 （1～3人世帯）
高層共同住宅団地 （Großwohnsiedlung）	都市縁辺部	住宅企業，組合 借家人割当て権 中間取得（転売）	設備改善	高齢者 低所得層
新規共同住宅	旧市街地	民間所有 不動産企業	構造的	中高所得層 （1～2人世帯）
戸建住宅	郊外	民間所有（持家） 不動産企業	構造的	中高所得層 （核家族）

出典：Wiest, 1998, S.34 (Tab.4) に加筆

居が主流となった。これに対して、失業者、非熟練層、母子から成る「ひとり親世帯」、中高年の被雇用者等、環境の変化に適応できなかった人々にとっては、選択の余地はきわめて限られたものとなっている（Wiest, 1998, S.36-37）。

　彼らは、未改修住宅に滞留せざるを得ないか、または建替えや設備近代化によって市内のアルトバウからはじき出された場合、縁辺部の大規模住宅団地へと流入する傾向がみられる。なぜならば、前述のように、大規模住宅団地では自治体住宅企業が住戸の大半を所有しているため、自治体が借家人割当ての決定権（Belegungsrecht）を行使して、低所得層を優先的に入居させる施策をとっているからである。これは、それまで団地に居住していた比較的所得の高い層の転出を促し、大規模住宅団地における一層の空家率上昇を招くこととなる。

　第二に、1998年に旧東ドイツ地域にも比較家賃制度制度が導入された結果、居住環境や地区のイメージが家賃に反映されるようになり、地区間の格差は一層拡大することとなった。

　第三のアルトバウの価値回復に関しては、必ずしも全ての古い住戸が対象と

なっているわけではない。アルトバウの改修／非改修を左右する基準は、①まず、住宅の立地条件、②次に、旧東ドイツ地域に特有な旧所有者からの返還・補償要求の有無、③そして、住宅ストック自体の資産価値回復の可能性の3点である。このうち、住宅自体の価値回復可能性については、かつて中間層（市民層）が居住していた地区（Bürgerviertel）の住戸の場合、天井が高くて気積が大きいうえ、使い勝手のよい間取りのため、設備改善がなされれば、機能本意で規格化、狭小化された戦間期ストックよりむしろ利用価値が高く、人気も高い物件となりうる。前述のように、郊外や他州から都市部へ転入する世帯は、高い生活の質を求めて中心部のアルトバウ住戸を選好する傾向にある。この事実は、設備改善や住環境の整備如何ではアルトバウにも十分に市場性が期待できることを示唆している。一方、旧労働者居住地区（Arbeiterviertel）の住戸は一般に狭小であるため、設備改善をしても利用価値の向上は、さほど期待できない。したがって、こうした地区では荒廃が更に進み、低所得者が滞留する傾向がみられる。このように、アルトバウストックの質（特に建築構造）の違いを反映して、かつての居住地分化が再現されつつある。

　以上のように、5つの住宅類型の中で、特に低所得層や「問題世帯」が集中し、深刻な状況にあるのは、未改修アルトバウと大規模住宅団地である。他方、改修済アルトバウ、新規共同住宅、戸建住宅は、いずれも中・高所得層向けであり、互いに競合関係にあるといえる。この3つの部分市場についても、今日の旧東ドイツ地域では供給過剰の傾向にあるので、「中・高所得層向け」であるからといって、決して問題がないわけではない。なかでも、改修済アルトバウの場合は、中心部に位置しているメリットの反面、緑地や公共サービス施設等、住環境において問題があるため、地区更新などの適切な施策が実施される必要がある。

　上記の考察から、次の二点が明らかになった。第一に、旧東ドイツ地域においては、統合後の住宅政策の結果、住宅の需給バランスが大きく崩れていることである。とりわけ、空家の増大は市区の衰退を招くのみならず、住宅企業を経営上存続の危機にさらすことになる。今後大幅な住宅需要の増大が見込めな

い以上、ここでは減築や除却（Rückbau）など、ストック・マネージメントによる需給均衡をはからざるを得ない状況にある。

　第二に指摘できるのは、住宅割当てプロセスが国家一元化から公民競合へと大きく変化することによって、中・高所得層にとっての選択肢が拡大し、住宅市場のセグメント化が進行していることである。各部分市場においては、住宅所有関係、居住者の社会経済上の地位はもとより、今後の需要予測も大きく異なっている。したがって、都市あるいは市区の特性に十分配慮した再生コンセプトが不可欠となる。

6. 住宅市場の動向と政策の成果── チューリンゲン州を事例として

　一般に旧東ドイツ地域では、助成の効率化のため第三助成制度[38]の占めるウェイトが大きい。たとえばチューリンゲン州の場合、1992年の公的助成住宅（社会住宅）3,431戸中、第三助成が78.7％を占めている（Kühne-Büning u. Heuer, 1994, S.264）。ここでは、Ifo（Institut für Wirtschaftforschung）とIWU（Institut Wohnen und Umwelt）とによって実施された旧東ドイツ南部のチューリンゲン州の調査結果（Ifo u. IWU, 1997, S.193-205）をもとに、90年代における住宅市場の動向と政策の成果を具体的に検討する。

(1) 住宅市場の状況

　チューリンゲン州では、住宅市場はようやく緊張緩和状態を迎えている。空家率は、返還要求と老朽化のため、民間所有のストックを中心に7％に達している。プレハブ住戸の空家は、近代化措置にともなう一時的なものである。ただし、依然として州都エアフルト（Erfurt）をはじめイエナ（Jena）、ワイマール（Weimar）などの大都市では住宅不足が続いている。都市規模による家賃格差は、こうした需給のアンバランスを反映して拡大傾向にあり、エアフルト、ワイマールの新築非助成住宅家賃が15.50DM/㎡であるのに対して、その他の地域では12.50〜13.00DM/㎡となっている。所得に占める家賃（Warmmiete；

付随費用込み）の比率は州平均で21%である。

　エアフルトでは、他の旧東ドイツの大都市と同様に、ドイツ統合後人口減少を記録したものの、依然として住宅不足が続いている。住宅供給は近年改善され、住宅困窮者（Wohnungssuchende）も約8,000人から6,000人へと減少し、規模・立地の面で不十分とはいえ各世帯に住宅が行き渡る状況となり、住宅窮乏状態はひとまず回避されたといえる。空家は、居住不能住宅・高家賃住宅など例外的な事例を除いてきわめて少数である。比較的所得の高い世帯は、旧市街の設備近代化されたストックや郊外持家に転居する傾向にあり、後者の場合は市場の緊張緩和に貢献している。とはいえ、依然として供給不足には変わりなく、今後経済活動の活発化により雇用が増大した場合、住宅不足の再燃が危惧される状態である。エアフルトの新築非助成住宅の家賃は低下傾向にあるため、非助成住宅の建設戸数も減少している。既存住宅の場合、家賃の上限規定のため今日でも比較的値頃の住宅が多いが、家賃を自由化した場合は当然値上がりし、元来旧西ドイツ地域ほど顕著ではなかったセグリゲーションと郊外化を進行させる。1996～2000年の住宅建設予定数は1.4万戸（助成・非助成とも）であり、これに周辺自治体での4,000戸が加わる。このうち、社会住宅の需要は1,000戸／年と見積もられているが、州では300戸分の助成しか予定しておらず（1996年）、次年度以降は助成戸数が削減予定であるうえ、自治体の追加助成も財政難により見込めない状況にある。

　一方バート・ランゲンザルツァ（Bad Langensalza）は、チューリンゲン州西部に位置する小自治体である。人口は、出生率の低下と転出のため1993～95年に毎年約400人減少し、1997年時点で約2.2万人となっている。ここでの住宅市場は、当面はバランスのとれたものとなっている。住宅困窮者は、自治体住宅企業（所有戸数2,400戸）もしくは組合住宅（所有戸数1,200戸）から供給を受ける。空家率は低いが、今後社会住宅の建設が進めば、プレハブ住宅の賃貸が難しくなるのではと危惧されている。そのため、これまで220戸の建設が認可された社会住宅も、今後助成の予定はない。バート・ランゲンザルツァの住宅政策の特徴は、新規建設よりも既存ストック（特にプレハブ住棟）の更新に

重点が置かれている点にある。

(2) 州住宅政策の目標

　チューリンゲン州では、連邦政府との協議にもとづき、中古住宅の価値を回復することにより古い住宅地区の機能を維持・再生し、かつ設備近代化後の居住費を負担可能な程度にとどめるために、ストック近代化助成が優先されている。不足がちな住宅供給を拡大するために新規建設に対する助成も実施しているが、その重点は持家助成にある。

　住宅建設助成の目標集団は、「広範な国民層」(1956年制定の第二次住宅建設法26条2項の2) とされ、「問題集団」に対する特別措置の必要性はみられない。これは、旧西ドイツ地域と異なり、同州では明確な社会階層構造は形成されておらず、特定集団に対する拒絶メカニズムが強く作用しないためである。第二次住宅建設法25条による社会住宅入居の際の所得上限は、同州の平均的世帯の所得状況と比べて高いため、居住資格者が低所得層に限定されるということを意味しない。また、自治体が自治体住宅企業・住宅組合のストックに対して大量の借家人割当て権を持っているため (州割当て権法)、社会住宅では良好なソーシャル・ミックスが維持されている。

　賃貸住宅の助成にあたって、州は第三助成を優先している。第三助成の場合一戸あたり助成金額が少なく、限られた予算でも第一助成と比べて助成戸数が多くなるからである。第三助成の場合、入居資格者の所得上限は第二次住宅建設法25条による所得上限の20%増しのため、社会賃貸住宅のソーシャル・ミックスに寄与している。

(3) 助成の引受け者

　同州では、第一助成 (社会賃貸住宅) の主たる引き受け者は住宅企業 (全体の80%) であり、第三助成は一般投資家によって担われている。自治体や旧公益住宅企業においては、第三助成はほとんど顧みられない一方で、収益指向の投資家 (民間住宅企業、建設業、不動産基金など) は第三助成を優先している。こ

うした投資家は、州の助成でカバーできないコストを前述の税制優遇による節税で補うことができる。

7. おわりに——残された課題

　以上みてきたように、旧東ドイツ地域では、長年にわたるDDR時代の住宅政策がもたらした歪みと、統合後の急激な住宅経済再編の結果、住宅市場のセグメント化とそれにともなう諸問題の深刻化に見舞われている。これは、旧西ドイツにおいて1960年代〜90年代にかけて段階的に生起したいくつかの現象が90年代に同時並行的に出現したことが要因であると考えられる。こうした状況の中で、依然として高失業率、地区荒廃等の深刻な社会問題を抱える旧東ドイツ地域の住環境の改善には、特段の措置が必要とされたのである。

　確かに住宅事情は、旧西ドイツ地域の水準を下回ってはいるものの、設備近代化助成、民間への住宅払下げ、住宅手当などの施策により明らかに改善されている。また、旧西ドイツの分権型住宅政策の導入により、州・自治体は部分市場の状況に応じた施策を実施することができるようになり、DDR時代の画一性の弊害から脱却しつつある。

　しかしながら、依然として未解決かつ切迫したいくつかの問題がある。最後にそうした問題を指摘することで、本章の結びとしたい。

　残された最大の問題は、人口減少とそれにともなう様々な弊害である。産業構造の転換による人口流出の結果、当該地域では1989〜99年に約100万人という過去に例をみない規模の人口減を記録した[39]。2030年には、第二次大戦直後、あるいは場合によっては20世紀初頭の水準にまで、人口が減少するとさえ予測されている。他方、引き続き持続する郊外化のため、都市形態は膨張したままで、都市内部構造のセグメント化が一層進行すると考えられている（Reuther, 2002, S.13-14）。

　こうした人口減少と郊外化の進行がもたらす土地利用の混在も問題である。旧東ドイツ地域の諸都市は旧西ドイツの都市と比較して、第二次大戦前のまま

の都市構造が維持され、機能純化が進んでいない。DDR時代において投資が衛星都市建設に集中されたため、特に大都市の都心部は用途混在のまま放置され、空家や建物荒廃により衰退が進んでいる。こうした老朽化住宅の更新は緩慢に進行中ではあるが、地域計画・土地利用計画の策定の遅れや不動産返還要求のため投資が敬遠されている。その結果、中小の周辺自治体に建設活動が集中し、地域発展の不均衡性が増大している。今後は、緑地の確保をはじめとする旧市街地の環境維持に配慮しつつ、建築間隙地の充填・稠密化、集約的土地利用を進める必要があろう（Expertenkommission Wohnungspolitik, 1995b, S.10-14）。

　他方、郊外の衛星都市の魅力の乏しさも問題である。第一に、DDR時代のプレハブ方式の住宅ストックは、資材の品質が低く、特に断熱性において大きな欠陥がある[40]。こうした住宅の居住水準を旧西ドイツ地域の社会賃貸住宅なみに引き上げるには、一戸あたり10万DM（60㎡住宅）の改善費用が必要である[41]。また、コスト節約型建設のため、大規模集合住宅団地は単調な純然たる住宅地区となり、公共・民間サービスや職場がほとんどみられない。こうした大規模集合住宅団地を社会インフラ、職場、既存地区への公共交通手段の整った市区へと発展させる施策が今や必要となっている[42]。

　このように、個々の住宅ストックの更新のみならず、住環境の整備や地域計画の実施によりバランスのとれた生活空間を創出していくことが、今後の住宅政策の課題といえよう。なお、こうした課題については、"Stadtumbau Ost"、"Soziale Stadt"などの施策を通じて、既に対策が行われている（第4章、第5章参照）。

注

1　家賃は、法令またはそれにもとづく国家決定に応じて取り決められた（ZGB §103）。1950年代の家賃は、全国一律の月額0.60～0.90M/㎡であったが、1960年代にベルリン（月額0.90～1.20M/㎡）とそれ以外の地域（月額0.60～0.80M/㎡）との間に若干の格差がつけられた。1981年12月1日からドイツ統合までの家賃は、ベルリンで月額1.00～1.25M/㎡、それ以外の地域で月額0.80～0.90M/㎡であった。これに暖房費（月額0.40M/㎡以下）が加算されるが、管理費に相

当するものは存在しなかった（Jenkis, 1996, S.678-680）。なお、"M" は旧東ドイツの通貨単位マルクの略号である。
2 実際にカバーしたのは経営・管理コストの最大 36% にとどまった（Schulz, 1993, S.589）。
3 「国家予算による住民に対する配分（Zuwendung）」の一環として、住宅に関して支出された補助金は 160.26 億 M（1988 年）にのぼるが、これは基本需要財の価格安定化（主に食料品; 498.11 億 M）に次ぐ補助金額である。ただし、このうちストックに対する修繕支出は、全体のわずか 3.7%（6 億 M）にすぎなかった（Jenkis, 1996, S.678-680）。
4 住宅組合には、以下の 2 類型があった。AWG（Arbeiterwohungsbaugenossenschaft；労働者住宅協同組合）は、コンビナート毎に設立された人民所有企業であり、一種の社宅であった。これに対して、GWG（gemeinnützige Wohungsbaugenossenshaft；公益的住宅協同組合）は 1945 年以前に設立された住宅組合であったが、DDR 時代における新規住宅建設はごくわずかであった（Jenkis, 1996, S.683）。
5 利子は所轄の地元国家機関が負担し、AWG が償還することになっていた。このクレジット総額分に関して、AWG は国家会計に対する責任を負わねばならず、ドイツ統合後に問題となった旧体制下での負債（Altschulden）の原因となった。
6 4 人世帯の場合 3.9 万 M、6 人以上世帯の場合は 4.8 万 M が提供された。
7 これには、新規建設住宅とともに設備近代化された住宅も含まれる。
8 全ストックに占める共同住宅の比率は、1960 年代初めの 3% から 1970 年には 20% に上昇した（Häußermann u. Siebel, 1996, S.319）。
9 同地区の人口密度は 600 〜 800 人／ ha に達したが、これは 19 世紀後半の賃貸兵舎（Mietskaserne）地区に匹敵するほどの過密居住である（Häußermann u. Siebel, 1996, S.319）。
10 特に、ライプツィヒ、ドレスデン、ケムニッツ（Chemnitz）等の大都市があるザクセン州では 70% 以上、東ベルリンでは実に 92% の住戸が集合住宅に位置している（大場, 1998a, pp.54-55）。
11 以下、本章では、主として第二次大戦前までに建設された住戸によって構成される地区を「アルトバウ地区」、DDR 期にプレハブ工法によって建設された大規模住宅団地を「ノイバウ地区」と表記する。
12 このように、アルトバウ、DDR 期住宅が各々ストック総数の 30 〜 70% を占めているような都市を "Doppelstadt" と称する。統計上は旧東ドイツ地域における

主要140市中、114市がこれに該当する。ただし、その中には、図2-3のハレのように、異なる都市構造を持つ2つ以上の空間的に分割された地区から成る、本来の意味でのDoppelstadtと、第二次大戦時の戦災が著しかったマグデブルク（Magdeburg）のように、都心部にプレハブ住棟が建設された結果、アルトバウとDDR期住宅とが混在している都市とがみられる（Pfeiffer u. a., 2000, S.22）。

13　計画人口10万人の衛星都市として、1964年以降数次に分けて建設が行われた。5〜21階建ての中高層住宅群からなる8地区によって構成され、中心部には、中央広場、教育・供給施設のある歩行者専用道路、購買・管理センターが配置されている。15〜20km離れた化学工場とはS-Bahn（都市近郊電車）で連絡されている。住戸の60％は、子供部屋・居間・寝室から成る3室住戸（平均面積54㎡）である（Häußermann u. Siebel, 1996, S.321）。

14　ここでいう「住宅割当てプロセス（housing allocation process）」とは、「住宅市場において住宅を特定の人々、特定の場所に配分すること」であり、居住地の分化をもたらす要因となるものであるが、資本主義社会では民間セクターによる割当てプロセスに対して、住宅窮乏の際に公共セクターが介入するという形態をとる（大場, 2003, pp.3-4）。

15　GAGFAH BIVは、1992年末時点で東ドイツ地域で約1.2万戸を受託管理している。

16　KfWによる助成では、1㎡あたり500DMが貸付けられた（Bundesminister für Raumordnung, Bauwesen und Städtebau, 1997）。

17　その後、旧東ドイツ地域での住宅投資は急速に冷え込んでいった。このことは、図2-4における近年の供給戸数の低下傾向にも表われている。

18　払い下げにあたって、連邦政府はその価格の20％を補助した。その上限は7,000DMであるが、世帯構成により1,000DMの追加助成がなされた（Mändle, 1997, S.18-19）。所得がまだ西の水準に達していないのにもかかわらず、不動産価格は既に大差がなくなっている状況においては、この助成措置は不可欠であろう。

19　Leipziger Wohnungsbaugesellschaft（ライプツィヒ市の自治体住宅企業）を例にとれば、払下げにより、所有ストックは220,626戸（1991年）から7.8万戸（1996年）に急減した。ただし、居住者や住宅組合への払下げは、当事者の資金不足から全体のわずか2.5％にとどまり、中・高所得世帯への売却も、その対象世帯の少なさと他の部分市場との競合のため進捗しなかった。そのため、全体の93％が中間取得業者に売却されたが、多くの住戸は大規模住宅団地内の5〜6階建の未改修プラッテンバウであり、設備改善がなされても市場性はあまり期待で

きない（Wiest, 1998, S.40-41）。

20 モデル事業に指定されると、ストック購入に対する返済不要の補助金が連邦・州から提供される。また、旧東ドイツ地域復興基金（Kreditanstalt für Wiederaufbau）より、近代化・修繕のための低利貸付も供与される（GAGFAH, 1993）。

21 暖房・温水供給の場合月額 2.50DM/㎡が、暖房のみの場合月額 2.10DM/㎡が課され、従来の家賃（Kalt-Miete）は旧西ドイツなみの付随費用込み家賃（Warm-Miete）となった。

22 屋根、窓、外壁、外廊下・階段、電気・ガス・水道・トイレ設備のうち、少なくとも3項目に関してあまり損傷がない場合を指す。

23 旧東ドイツ地域の住宅企業（特に自治体住宅企業）では、家賃延滞問題が深刻化している。これは、同地域の市民の高失業率と低い賃金水準のためであり、延滞額は年間家賃予定額の8〜10％に達している（Statistisches Bundesamt, 1997, Heft 2, S.13-15）。

24 手当受給額の算定にあたって、①主たる所得額のみが考慮される、②居住費に副次的コスト（上下水道使用料、ゴミ処理手数料、集合住宅の階段灯照明代など）も含まれる、③暖房・温水費も居住費に加算される（1993年10月1日〜1996年6月30日の時限措置）という特例措置が実施された（Seewald, 1998, S.40）。

25 統計によれば、これ以外に室内に調理設備のない「その他の居住目的空間（Wohneinheit）」が9.4万戸ある。

26 旧東ドイツ地域では、統合直後の新規建設の減少にもかかわらず、旧東ドイツから旧西ドイツへの人口移動のため、この数値はかえって上昇している。ただし、近年では人口移動は沈静化しつつある。

27 東ベルリンでは、1971〜89年の間に人口が17.7％増加したが、世帯数の増加率は31.0％と人口増を大きく上回っている（Schulz, 1993, S.590）。

28 旧西ドイツ地域の場合、1993年の1％抽出調査によれば一戸建て62.3％、2戸一建て20.8％、13戸以上の集合住宅1.1％となっている（Statistisches Bundesamt, 1997, Heft2, S.12）。

29 構造別の内訳は、屋根覆い・排水設備が50％、煙突・外壁・土台40％、屋根構造37％、階段27％となっている（Statistisches Bundesamt, 1997, Heft 2, S.16）。

30 DDR時代においても持家は少数とはいえ、例外的ではなかった。特に農村地域の小住宅は収用されず、しばしば元の所有者が引き続き所有していた

(Statistisches Bundesamt, 1997, Heft 1, S.18-19)。また、総じてドイツの住宅市場は賃貸住宅が中心であり、旧西ドイツ地域の持家率も40%（1993年）と、EU諸国の中でも低い水準である。

31 たとえば、1996年を例にとれば、旧東ドイツ地域における住民一人あたりの建設投資は921万DMと、旧西ドイツ地域（499万DM）を大きく上回っていた（Kühne-Büning u. a., 1999, S.222-223)。

32 未曾有の投資ブームを背景に、1994～98年の5年間で人口1000人あたり43戸の持家が供給された。これは、1970年代当時の旧西ドイツ（同31戸）を上回るペースであった。このことにより、旧東ドイツ地域の持家率は25.9%（1997年）に上昇した（旧西ドイツ地域における同年の持家率は43.4%）（Kühne-Büning u. a., 1999, S.216-217)。なお、1996～2000年の5年間では、約55万世帯が持家所有層へ移行した（Pfeiffer u. a., 2000, S.12)。

33 1981～95年に、人口の7%にあたる120万人が減少した。

34 一人あたり居住面積は、1994～99年の間に29.5㎡から32.8㎡へと増大した（Pfeiffer u. a., 2000, S.12)。

35 ただし、実際に住民登録をするのは、全体の約5%（1997年）にすぎない。これは、大半の転入者が旧西ドイツ地域に既に自宅を所有し、就業上の理由により一時的居住（Nebenwohnsitz）をしていることを推測させる（Wiest, 1998, S.35-36)。

36 世帯数は、90年代（1991～2000年）に4.5%（31.5万世帯）の増加をみた（Pfeiffer u. a., 2000, S.15)。なお、旧東西ドイツ地域4都市における単独世帯の年齢構成を比較したWiestによれば、旧西ドイツ地域（ハンブルク、シュツットガルトStuttgart）では35歳未満が最大グループ（35%前後）であるのに対して、旧東ドイツ地域（ライプツィヒ、ドレスデン）の場合は65歳以上の高齢者の割合が約40%と最も高い（Wiest, 1998, S.37)。

37 第一次大戦後の住宅窮乏期には、大量供給の必要性から規格化によるコストダウンと「極小住宅」モデルが追求された（大場, 1999, pp.108-109)。

38 この助成制度導入のねらいは、中間所得層を目標とすることにより不適正入居問題や社会住宅におけるセグリゲーション傾向を緩和しつつ、短い拘束期間の設定により民間資本の追加投資を開拓することにある。

39 特に1989～92年までの間には、約75万人が減少した。なお、旧東ドイツ地域の99年人口は、約1,540万人である。

40 その結果、暖房・温水費の支出は、旧西ドイツ地域1DM/㎡に対して、旧東ド

イツ地域では 2DM/㎡ と割高になっている（Expartkommision Wohnungspolitik, 1995b, S.15）。

41　プレハブ方式の住宅の近代化には、KfW により 100 億 DM の助成が行われている（Expartkommision Wohnungspolitik, 1995b, S.17）。

42　選ばれた大住宅団地を対象に "Experimenteller Wohnungs- und Städtebau (ExWoSt)" と呼ばれる研究助成プログラム（2,360 万 DM）が実施された（Expartkommision Wohnungspolitik, 1995b, S.17）。

第3章

社会住宅制度の再編

1. はじめに

　1980年代よりこのかた、ドイツでも社会の分極化を表す「三分の二社会」論が話題となって久しい。これと密接にかかわる住宅市場のセグメント化は、旧西ドイツ地域のみならず、統合後の政策再編を経た旧東ドイツ地域でも急速に進行しつつある（第2章第5節参照）。

　本来は広範な国民層にアフォーダブルな住宅を提供するために整備された社会住宅制度を備えながら、低所得層をはじめとする住宅困窮世帯が依然として劣悪な居住環境に置かれているのはいかなる経緯によるものであろうか。本章では、この問いに対する回答を、第二次大戦後における社会住宅制度と家賃規制の変容過程から探っていきたい。なぜならば、それはドイツ住宅政策のたどった歴史そのものであり、国民各層に対する居住空間の保証とソーシャル・ミックスとの両立を目指した社会住宅制度の理念と現実とが乖離していく過程の中に質的住宅難の要因を見いだすことができるからである。

　以下では、長年にわたりアフォーダブルな住宅供給を支えてきた社会住宅制度（対物助成）と家賃補助制度（対人助成）を中心にドイツ住宅政策の枠組みとその変容過程を概要するとともに、2002年より新たに施行された「社会的居住空間助成法（Wohnraumförderungsgesetz）」による住宅助成施策がもたらす効果と問題点について展望する。

2. 社会住宅制度の成立

　ドイツ住宅政策における特徴的な概念として知られている「社会住宅（Sozialwohnungen）」（正式名称は「公的助成住宅 öffentliche geförderte Wohnungen」）は、公営住宅など特定の住宅所有関係を指すものではなく、借家人、家賃水準及び居住面積に関して一定の「拘束」を満たすことを条件に、無（低）利子で公的資金を提供する住宅建設促進制度を意味している。建設主体の如何にかかわらず、こうした公的助成資金が未返済状態にある住宅のことを「社会住宅」と称するのである。住宅建設に対する公的助成制度そのものは、既に戦間期に制度化されていたが、当時その恩恵を被ったのは公益住宅セクター（公益住宅企業・住宅協同組合）に限られていた（大場, 1999, pp.103-104）。これに対して、社会住宅制度では借家・持家を問わず公的助成を受けることができる（テニュア中立）。このことからも明らかなように、社会住宅制度は市場メカニズムに対抗するものではなく、第二次大戦直後の住宅窮乏期において、本来敬遠されがちなアフォーダブル住宅供給に民間資金を動員させる仕組みとして位置づけられるべきものである。この制度では、「社会住宅」家主が公的資金を全額返済すれば、更に一定の拘束期間（1990年1月1日以降は10年間）を経て、その住宅は一般の民間賃貸住宅（たとえば中間所得者向け住宅）として民間市場で賃貸されることとなる。こうした仕組みを通じて、ドイツでは社会住宅と一般の民間住宅とのセグリゲーションは最小限にとどめられ、ソーシャル・ミックスの実現を通じて均質な居住環境が形成されるものと期待された。

　社会住宅の入居にあたっては、「第一次（1956年以降は第二次）住宅建設法」に定められた世帯合計所得上限を超えない世帯に「社会住宅入居資格証明書」（一年間有効）が交付された。制度発足当初には人口の約70％が有資格者となったが、このことは「社会住宅」が元来は非常に広範な国民層に対する助成制度として設計されたことを如実に示している。家主は彼らの中から入居者を選ばなければならず（割当て拘束 Belegungsrecht）、自治体が助成を条件に社会住宅への借家人指名権（Besetzungsrecht）を行使する場合もしばしばみられた。

この時点で、ドイツの賃貸住宅（新規建設分）には、次の三つのカテゴリーが導入されたことになる。すなわち、①公的助成を受けた社会住宅（法定家賃）、②税制優遇住宅[4]、③非助成住宅（市場家賃）である。都市部における 65㎡の住宅（1950年）を例に家賃を比較すると、社会住宅で 40〜50DM（月額、以下同様）、税制優遇住宅 97DM、非助成住宅 100DM 以上と顕著な差がみられた（Krummacher, 1988, S.446-448）。一方、第二次大戦以前に建設されたストックには家賃統制が適用されていたため、その家賃は更に低額に抑えられていた。

　その後、「第二次住宅建設法」（1956年）では、法定家賃に代わって、新たに費用家賃制度が社会住宅に導入された。これは、住宅の減価償却・借入金利子支払い・維持管理等のコスト総額と当初補助金との差額から当初家賃を算定するもので、物価水準の上昇にともなう諸コストの上昇が家賃上昇に反映された。その結果、建設時期により同等水準の住宅間に著しい家賃差が生じることとなり、これは後に社会住宅制度の構造的問題の一つとなった。

　しかし、社会住宅のシェアは、1949〜52年で 70％、1960年でも 45％を占め、住宅ストックの拡大、大々的な住宅窮乏の解消、都市の再建に果たした役割は大きい。また家賃拘束により世帯の居住費負担を抑え（平均所得世帯で 9.2％）、社会的不平等の是正に寄与したことも決して過小評価されるべきものではない（Krummacher, 1988, S.454）。

3. 社会住宅制度の変容

(1) 賃貸住宅から持家重視へ

　1950年代の大量の住宅建設により、政府内には住宅窮乏はおおむね解消されたとの認識が高まった。そのため、1960年には「統制解除法（Abbaugesetz）」が制定され、1948年以前に建設された住宅に対する家賃統制、借家人保護規制は段階的に解除されることとなった。

　また、1967年には、第二次住宅建設法が改正され、民間金融市場からの借入金に対する利子補給を行う「第二助成」制度が新たに導入された。「第二助成」

においては、社会住宅入居資格に対する所得上限は40%アップされ、国民の約四分の三が助成対象となった。この変更は、より所得の高い層への助成により、持家の発展を一層促進するものであった。この結果、社会住宅における賃貸住宅の割合は、50～60年代の三分の二から70年代末には三分の一未満へと減少していった。

　加えて、住宅近代化助成制度（1976年）により、新規建設のみならず、ストックの改善に対しても公的助成が行われるようになった。1980年代初頭までに、戦後復興期に大量に建設された都心周辺部の住宅を中心に、年間約20万戸が設備近代化された。ただし、この設備改善コストは、「家賃法」により家賃への転嫁が認められたため、近代化はしばしば家賃上昇の要因となり（Ude, 1990, S.280）、多くの低所得世帯は、便利な中心部から自治体が割当て権を持つ都市縁辺部の高層集合住宅へと、転居を余儀なくされた。

　一方、1980年代初頭には社会住宅制度の大幅な見直しが行われた。社会住宅は、元来広範な国民層にアフォーダブルな住宅を供給する施策であったが、その後の建設コストの急増と費用家賃の導入により家賃水準は徐々に市場家賃に近づいていった。しかしながら、入居後の所得再審査がなかったこともあり、結果として初期に建設されたストックに長く住み続ける借家人ほどメリットの大きい施設となった。このような、制度上の不備から生じる「住宅配分の誤り」、あるいは「不適正入居（Fehlbelegung）」によって低所得層の入居が阻害されることが問題となったのである。

　これに関しては、社会賃貸住宅への入居条件である所得上限を20%以上上回る世帯に対して、家賃の割増し負担金（Fehlbelegungabgabe）を課す制度が、いくつかの州で1980年代に導入された。居住年数が長く所得の高い借家人は、社会住宅の魅力を高め、ソーシャル・ミックスに寄与する存在として、家主の側からは重要視されていたが、この割増し金負担制度によって彼らは退居を余儀なくされた。

　こうして、70年代においては建設コストの上昇もあいまって増大傾向にあった社会住宅に対する建設助成は徐々に減額され、1986年には連邦政府が

賃貸住宅建設への補助金供給から完全に撤退するに至った。また、早期の公的補助金返済に対する様々な優遇措置が実施されたため、100万戸以上の社会住宅が1980年代には民間市場での「自由賃貸」へと移行し、低所得層にとってのアフォーダブル住宅は急速に減少することになった。なかでも旧西ドイツ地域の大都市圏では、もともと社会賃貸住宅への依存率が高く、特に中心都市では約3割を占めている（前掲第1章・**表1-1**参照）。したがって、同ストックの減少による影響はとりわけ深刻であったといえる（大場, 2000, pp.7-8）。

(2) 対人助成の強化

「第二助成」、近代化助成といった新制度の導入は、民間賃貸住宅から持家への転換、低コストの社会住宅建設の減少、家賃上昇等の問題をもたらした（Harloe, 1995, pp.347-349）。特に、家賃上昇によって標準世帯の居住費負担は世帯収入の9.3%（1962年）から13.4%（1970年）に上昇し、低所得世帯の場合は30～40%に達したのである（Krummacher, 1988, S.456）。

これに対して、1965年に新たな対人直接助成として導入された住宅手当は、賃貸住宅居住者には家賃補助として、持家世帯には居住費負担に対する補助金として機能するもので、市場経済指向の住宅政策における重要な構成要素となった。これにより、アフォーダブル住宅の供給（対物助成）を軸とした住宅政策は、公的助成の逓減により高家賃となった社会住宅への低所得層の入居を家賃補助（対人助成）により支援する方向へ移行することとなった。

また、一時は「統制解除法」により後退した借家人保護制度についても、1971年には新たに「借家人保護法」が制定され、比較家賃制度が導入された（1972年より実施）。費用家賃による拘束を受けない一般の賃貸住宅の家賃値上げは、当該自治体の標準家賃表の範囲内において認められるのである。このように、比較家賃制度は社会住宅以外の住宅に対する一種の緩やかな家賃拘束制度という性格を持つものである。

(3) 社会住宅制度の理念と現実

　以上みてきたように、時代とともに公的助成のあり方は大きく変容した。特に社会住宅については、制度の理念と現実との対照的な姿が明らかとなった。社会住宅制度はソーシャル・ミックスの実現をその目標の一つとして発足したが、住宅窮乏の中で量による解決を優先せざるを得ず、それは都市縁辺部における高層集合住宅の出現を生んだ。また、助成予算の削減と持家及び近代化助成へのシフトは、インナーシティでのジェントリフィケーションを加速し、高層集合住宅は都市再開発により排除された「問題世帯」の受け皿となることでスティグマ化を被った。こうして1970年代以降は、住宅市場の分極化と社会的セグリゲーションの過程が進行していったのである。

　総じていえば、従来の「広範な住民層」を対象としたマスハウジング型の直接的国家助成は、制度発足直後よりはじまった市場経済への移行プロセスによる度重なる改変を通じて、次第に市場による供給を補完する低所得層向けの限定的政策へと変容したと結論されよう。すなわち、60年代以降における住宅市場の緩和傾向を背景として、社会住宅建設戸数は次第に削減され、住宅政策の重点も貧困層援助を目的とした住宅手当（低所得層向け対人助成）と、持家・近代化助成（中間所得者向け対物助成）とに分化していったのである。しかしながら、市場全体の緩和傾向とセグメント化の進んだ個々の部分市場の状況とは全く別問題であることはいうまでもない。社会住宅の割当て拘束は、「問題世帯」の特定の集合住宅団地への集中、あるいは社会住宅入居待ち世帯の老朽化住宅地区での滞留を生んだ。その結果、こうした世帯に住宅問題が集中する状況が顕在化し、それは施策が残余化していく前提条件となったのである。

4. 社会的居住空間助成法制定と社会住宅制度の再編

(1) 住宅市場の現況

　第4章でもふれるように、旧東ドイツ地域や都市縮退現象が著しい地域では、既成市街地及び高層集合住宅団地内で空家が増加し、一部では市場性に乏しい

住棟の除却さえ行われるなど、住宅経済の健全化や住環境改善を目的とするストック更新の取り組みが進められている。しかしながら、市場のセグメント化が進む大都市圏では、アフォーダブル住宅の需要は依然として大きいものがある。

一方、社会住宅の総数は、この間に390万戸（1987年）から180万戸（2001年）へと一貫して低下傾向にあった。社会住宅ストックが減少していく背景としては、①予算削減にともなう建設量の減少、②大量建設期（1950～60年代）のストックの拘束解除、③自治体住宅企業ストックの民間住宅企業への売却などがあげられる。加えて、民間投資を活性化するため、1989年に第三助成（協定助成）[6]、1994年に第四助成[7]が新設され、拘束期間の短縮化がなされたことも重要である。

2000～04年の家賃上昇率は6.5%で、物価上昇率とほぼ同程度となっており、90年代の上昇率を下回っている。世帯所得に占める家賃の割合（Mietbelastung）は平均で約25%（2003年）であるが、高齢者、ひとり親世帯の場合は30%を超え、新規建設が減少する中で需要が増加しつつある旧西ドイツ地域の大都市では、更に上昇する傾向にある。

(2) 住宅手当と社会住宅制度

社会住宅制度が有資格者（の一部）に対してアフォーダブル住宅へのアクセスを提供する助成プログラムであるのに対して、住宅手当はもっぱら世帯の居住コスト負担能力に対して付加され、全ての世帯に等しい条件で査定される（Eekhoff, 2002, S.196）。それゆえ、数々の施策の中でも住宅手当の所得再配分効果が高いことは以前より評価されていた（大場, 1999, pp.136-138）。

このように、社会住宅が市場緩和期においても需要を十分にカバーできていないのに対して、住宅手当は有資格者に必ず給付される点が重要である。住宅手当は実際に支払う家賃額に即して算定され、必要な居住コストをカバーすることができる。そのため、低所得層も引き続き現住居に住み続けることが可能となり、地区のソーシャル・ミックスの維持にも資するものであった。この点

に関しては、社会住宅プログラムが本来有していた理念と通底するものがあり、コストの嵩むことで批判のあった建設助成制度の問題点を克服するとともに、連邦政府が対人助成へとシフトしていったことの正当性を説明する論理ともなった。確かに、住宅手当はアフォーダブル住宅の供給量に対しては何の効果も及ぼさないものの、拘束解除による社会住宅の自由市場への解放が家賃水準に及ぼすネガティヴな影響を吸収する手段となっている。この効果は、社会住宅が劇的に減少する状況に鑑みれば非常に重要であると評価されている（Kofner, 2007, S.181-183）。

(3) 社会住宅制度の改変

2002年1月、過去半世紀にわたってドイツの住宅政策を支えてきた「第二次住宅建設法」（1956年制定）が廃止され、「社会的居住空間助成法（soziale Wohnraumförderungsgesetz；正式名称は Gesetz über die soziale Wohnraumförderung; 以下 WoFG と略）が新たに施行された。未だに公的資金未返済、または拘束期間内にある住宅（＝社会住宅）が存在する以上、従来の社会住宅制度は引き続き維持されるとはいえ、過去半世紀にわたってドイツの住宅政策を支えてきた「第二次住宅建設法」（1956年）が廃止され、これまでの助成方式に替わる新たなシステムが出現したことは、ドイツの住宅政策における大きな変化といえる。

住宅政策の目的として「居住の社会的保護」を第一に掲げる WoFG の特徴は、以下の4点に要約される。

a. ターゲットの特定

「第二次住宅建設法」では「広範な国民層」への住宅供給が目的とされ、入居の所得上限は人口の約四分の三が含まれるよう設定されていた。それに対して WoFG では、社会の分極化を背景として、「市場で適切な居室を確保できず、支援を必要とする世帯」（低所得者、高齢者、多子世帯、ひとり親世帯など）への供給を優先すべく政策ターゲットが特定された（同法第1条2項）。特に多子世

帯の場合、賃貸住宅のみならず、持家助成においても優先される。これは、いわば「政策の残余化」へのシフトともいうべきものであるが、同法に定められた条件（後述）に合致する場合は、例外も認められている。

b. 連邦・州の役割分担

もともとドイツの住宅政策は連邦・諸州の分業と協調とによって実施されており、この関係は引き続き維持されている。しかしながら、WoFG 制定以降、連邦の役割は大きく後退し、助成方式の決定を含め政策の担い手は州に委ねられた。すなわち、連邦政府は、WoFG により社会的居住空間助成の一般原則、目標を設定し、同法の実施にあたって全国一律の必要な規則を示すとともに、各州の実施する助成に対して財政上の支援を行う。州政府は、独自の助成規定を設けて WoFG に定められた課題を具体化するが、そこでは地域住宅市場の需要状況に応じて助成の重点を定め、申請者（住宅企業、組合、民間個人）に対して助成資金を交付する権限が与えられた。その結果、全国一律の助成方式は廃止され、助成額、助成期間、所得上限、住宅規模などは全て州が定めることとなった。

このように、市場の緩和に対応しつつ、施策の実施については、既に 1970 年代より独自性を強めてきた州政府に完全に委ねられ、地域の実情に応じた「柔軟な住宅政策」を追求するための法的整備が行われたといえる。

c. 費用家賃原則の廃止

社会住宅制度における費用家賃原則は廃止され、助成住宅の家賃額設定原則の策定も州に委ねられることになった。たとえば、西部ドイツのノルトライン＝ヴェストファーレン州では、住宅手当における段階区分と連動した「認可家賃（Bewilligungsmiete）」を導入し、公的助成住宅に対しても当該自治体の標準家賃表を参考にして家賃額が決められている。その家賃体系は、法定所得上限内の世帯（所得グループ A）、所得上限を上回る（40% 以内）世帯（所得グループ B）との二本立てとなっている（**表 3-1** 参照）。その結果、従来は民間市場家賃

表 3-1　ノルトライン＝ヴェストファーレン州における認可家賃規定（2005 年現在）

家賃ランク	所得グループ A	所得グループ B
1	3.90	5.00
2	4.05	5.15
3	4.30	5.40
4	4.55	5.65
5, 6	4.80	5.90

注：数値は㎡あたり上限額（単位：€）
出典：MSWKS, 2005b

に対する緩やかな拘束制度であった比較家賃制度の持つ意味が大きく変化することとなった。

d. 市区再生施策との連携

　WoFG 法における助成のターゲットは、世帯規模、年間所得上限（Einkommensgrenze）に応じて決定される。一人世帯は 1.2 万€、二人世帯は 1.8 万€ であり、以下世帯人員一人につき 4,100€ が加算される（同法 9 条 2 項）。ただし、所得上限については、各州政府が地域の実情を考慮に入れて、住宅取得が困難な世帯に配慮しつつ、持家形成助成の枠内で社会的に安定した住民構成の維持・創出を目的とする場合には、緩和することも認められた（同 9 条 3 項）。社会住宅への不適正入居者に対する調整負担金（前述）についても「地域の安定した住民構成」に対してマイナスになる場合は、特例により徴収が免除された（同第 34 条 5 項）。これは、社会的にバランスのとれた住民構成による居住地区の形成（ソーシャル・ミックス）が新たに政策目標に掲げられたことを意味している。特に同法では、連邦と州との共同で 1999 年にスタートした統合近隣地区開発支援プログラム「社会都市（die soziale Stadt）[8]」との連携が強く意識されている。同プログラム対象地域に限り、目的集団の居住状態を改善可能な場合には「割当て拘束」なしにストック改善にも公的助成が可能となった[9]。

5. ノルトライン＝ヴェストファーレン州における公的助成

(1) 公的助成の概要

　上記のように、連邦政府により規定された枠組み内とはいえ、そこで実施される助成事業は州によりかなり幅のあるものとなっている。以下では、国内でも人口最大のノルトライン＝ヴェストファーレン州を例にとり、WoFG 制定後の施策の特徴を考察していく。ルール地域をはじめとする衰退産業地域を抱える同州では、従来より「第一助成」に重きを置いた社会住宅建設を行ってきた。WoFG の制定を受けて、州は 2003 年に独自の「居住空間助成規定（Wohnraumförderungsbestimmungen）」を制定し、これにもとづいて毎年「居住空間助成プログラム（Wohnraumförderungsprogramm; 以下 WoFP と略）」を策定し、施策を実施している。

　州内では 1995 ～ 2002 年に約 68 万戸の住宅が建設されたが、このうち社会住宅の占める比率は、市場緩和、財政難のため、30％（90 年代半ば）から 20％（2000 年）と年々低下傾向にあり、助成戸数も全国的な建設ブームにあった 93 年をピークにほぼ一貫して減少している（図3-1 参照）。ここでは、特に連邦予

図3-1　ノルトライン＝ヴェストファーレン州における社会住宅助成戸数（1990 ～ 2003 年）

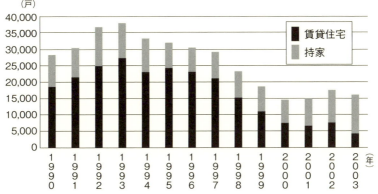

注：ストック近代化助成を含む。
資料：ノルトライン＝ヴェストファーレン州資料により作成

算の寄与率が約 25%（1990 年）から 2.7%（2000 年）に急落した影響が大きい。
　一方、この間に持家助成に力を注いだ結果、他州に比べて低かった持家率は過去 10 年間に 4 ポイント上昇し、39% となった（Landtag Nordrhein-Westfalen, 2003, S.2）。州では、現在の総じて良好な市場状態を維持するためには、中期的に年間 6〜8 万戸（助成住宅及び非助成住宅の合計）の供給が必要であるとし、2005 年には総額 8.1 億 €（うち連邦予算 4,400 万 €）の居住空間助成プログラム（WoFP 2005）を作成し、計 13,500 戸（持家 8,000 戸、賃貸 4,800 戸、その他、障がい者・要介護者向けなど 700 戸）の助成を予定している（MSWKS, 2005b, S.4）。

(2) 市区再生施策との連携

　また、ノルトライン＝ヴェストファーレン州では独自の政策課題として「都市居住の推進（Wohnen in der Stadt）」を掲げ、「居住空間助成規定」には市区（都市）再生事業との連携が明記されている。すなわち、都市再生における住宅関連施策は、今後は社会的居住空間助成でサポートするのが望ましいとして、新規建設、60〜70 年代に建設された集合住宅の改善（市場性のない住棟の除却など）に助成を行っている。加えて、ブラウンフィールド（既成市街地内の低・未利用地）の取得・整備コストの 75% を低利貸付によりサポートし、それを社会住宅用地に活用することで、基幹産業の衰退や郊外への人口流出により人口減が続く大都市の縮退現象への対応をはかっている。

(3) 地域の実情に応じた助成

　更に、個々の地域における住宅事情を考慮した助成も進められている。たとえば、州人口の 40%、住宅需要世帯の 55% が集中し、アフォーダブル住宅の需要に助成が追いつかない地域（家賃ランク 4〜6、州都デュッセルドルフ Düsseldorf 及びライン川沿岸）では、十分な居住空間を創出する必要があるとして、特に賃貸住宅の新規建設に重点が置かれている。一方、比較的低価格で安定している住宅市場（家賃ランク 2〜3、ルール地域ほか）では、人口減、高齢化に対応した既存の住宅団地、市区におけるストックの持続可能な更新（増

価）のための投資が重視されている（MSWKS, 2005a, S.2-3）。

6. おわりに

　以上、助成対象者の拡大（法定所得上限を上回る世帯への持家助成）や調整負担金特例に示されるように、総じて「社会的居住空間助成法」ではフレキシブルな施策体系となっている。この点に対しては、大都市地域での持家助成は中心都市から郊外へのさらなる人口流出、都市縮退を招くとして、ドイツ借家人連盟（Deutscher Mieterbund; 以下 DMB と略）などからの批判もある。また、予算に占める持家助成、近代化助成比率の上昇のため、政策による再配分効果は期待できず、住宅政策における最も効率的、合目的な助成手法として DMB によって評価される住宅手当とは対照的である。

　一見したところ、本法に盛り込まれた施策は、先進工業国に共通する都市居住の長期的なトレンドを反映しており、既にドイツにおいても1970年代以来顕在化しつつあった住宅政策のストック活用、残余化へのシフトを法制度において追認したかのような印象を与えるが、実は同法の枢要は「社会都市」など市区再生事業との連携にある。この部分に、社会住宅制度成立当初の理念である国民各層に対する居住空間の保証とソーシャル・ミックスとの両立を目指す政策立案者の意図をみることができる。もはや、窮乏期のように住宅問題の量による解決が迫られる時代が過ぎ去った今日では、ローカルレベルでの住宅企業や自治体との協働によって市区の安定化や再生に資するような施策がますます重要になっている。その意味では、公的助成住宅から居住空間助成へと制度の名称は変更されたとはいえ、過去半世紀を超えて発展してきた社会住宅制度の理念は継承されているといえよう。

注
1　「三分の二社会」とは、SPD 政治家のグロッツ（Glotz, P.）が、ドイツにおける「新しい貧困」を取り上げた著作（1984年刊）の中で提唱した概念である。一方

では、多数（三分の二）の者が所得上昇と生活の改善で利益を享受しているのに対して、他方ではひとり親世帯、低所得若年労働者と多子世帯、外国人など「新しい貧困層」（三分の一）が出現し、両者の格差が年々拡大している状況を指す。その後、この用語は政治・ジャーナリズムにおける流行語となった。

2　第一次住宅建設法により設けられた「第一助成」制度によれば、公的助成により建設された住宅の家賃上限は法により規定され（法定家賃 Richtsatzmiete）、その実額は個々の州により地域の状態やローン、補助金の支出状況を考慮して決定された。また、基準となる居住面積も世帯人員によって定められており、一人世帯45㎡、二人世帯60㎡（2室）、三人世帯75㎡（3室）等となっている（Ude, 1990, S.282-283）。上記の「拘束」に合意した社会住宅の建設主体には、建設コストの40〜50％をカバーする無利子ローンが国家により支給された。

3　ただし、非営利セクター（公益住宅企業、住宅協同組合）の場合は、特別に更なる税制優遇措置を受ける代わりに、非助成もしくは助成金返済後の住宅に対しても費用家賃を採用しなければならない義務があった（Baltin, 1996, p.54）。

4　1950年代から60年代にかけての一連の税制改革によって、住宅建設・取得時の土地取得税、不動産税等に対する税制優遇措置を受けた非助成住宅。

5　ドイツ統合直後に人口移動動向が大きく変化して、一時的な住宅窮乏が生じた時期は例外である。連邦政府は、1989年に「住宅建設促進法」を制定し、地下貯蔵室、屋根裏等を住居に転換するために税制優遇と低利貸付を実施した他、1986年にいったん停止した連邦の社会賃貸住宅建設への直接助成を再開した。詳細については、大場（1999）を参照のこと。

6　従来の「第一助成」方式が予算の割に助成戸数が少なく、非効率であることから、民間資本の追加投資を開拓することを目的に、短い拘束期間（通常10年未満）、自治体と投資者の協議による家賃のフレキシブルな設定など、「柔軟な」規定を持つ助成制度。

7　建設コストをサポートする「基本助成」に、入居者の所得を反映した「追加助成」を加えた助成制度。

8　①都市基盤の老朽化した都心、都心周辺部、②縁辺部の大規模住宅団地（特に旧東ドイツ地域の巨大団地）、③その他、居住者層の偏りにより社会的課題を抱える地区を対象として実施されている。現在までの実施地区は、全国で513都市（2017年）に達している。

9　なお、この条件は旧東ドイツ地域には適用されない。

第4章

都市縮退と市街地更新事業

1. はじめに

　産業構造の再編、人口減少、高齢化にともなう都市の縮退（Shrinking City）現象への対応は、人口構成や産業構造における地域差のため一概に当てはまるとは限らないものの、依然として欧米先進工業国における共通の政策課題となっている。これは、グリーンフィールドへ無秩序に膨張する市街地をいかに規制するかという「成長管理」ではなく、逆に「縮小管理」とでもいうべき新たな課題に応える政策の必要性に対する認識が高まっていることのあらわれであり、社会的・経済的・環境的サスティナビリティを確保しつつ、都市を改造・再生することが求められている。

　イギリス、オランダ、フランス等では、インナーシティ及び縁辺部の高層集合住宅団地における衰退地区の問題については、既に早くから取り組みが行われてきた（Deutsches Institut für Urbanistik, 2002, S.298-304）。しかし、グローバル化の進展とともに、近年ではヨーロッパでも都市間・地域間の競争が一層激化し、その過程で敗者になるのを余儀なくされる地域として、①衰退過程にある旧工業地域、②都市圏域の狭間に位置し、インフラが未整備で余暇地域としても魅力に乏しい地域、③南北ヨーロッパの縁辺地域が指摘されている（Kunzmann, 2004）。このうち、③の地域に対しては結束基金（Cohesion Fund）ならびに後進地域向け構造基金（Objective 1）が、①の地域には衰退産業地域向け構造基金（Objective 2）が投入され、EUの地域政策において継続的に改善が図られてきた。

一方、ドイツ都市政策における議論でも、1990年代以来の都市発展の動向を「地域の縮退（Schrumpfung）過程」ととらえ、そのマネージメントのために従来の成長型都市開発施策を再編し、経済競争力を維持しつつ、環境保全にも配慮した「持続可能な都市社会」をいかに構築していくのかが重視されている。その枠組みの中で、郊外住宅団地、既成市街地を改造・再生し、社会的、経済的、環境的サスティナビリティを確保することが図られている。

もっとも、都市縮退自体は決して新しい現象ではなく、将来人口の減少予測や産業構造の転換を背景として、1980年代より既に指摘されていた。ドイツでも、既存のストックやブラウンフィールドを活用した既成市街地内での開発を促進するとともに、旧市街地周辺部の衰退地区や郊外の集合住宅団地における社会問題の克服をも考慮に入れた多様な都市再生事業がこれまで展開されてきた。しかしながら、以下でもふれるように、こうしたサスティナブルな都市社会の構築を目指す取り組みも新たな対応の必要に迫られている[2]。

この縮退問題をめぐる議論は、ドイツ統合による住宅需要増（新規建設ブーム）によりいったん中断されたものの、その後の旧東ドイツ地域での著しい人口減少とともに再びクローズアップされ、従来の「制御された成長」から「秩序ある撤退」への都市開発政策パラダイムの転換に至っている。

本章では、ドイツにおける縮退現象の実態とその要因を概説するとともに、この事態に正面から取り組む「都市改造（Stadtumbau）プログラム」について、現状と今後の問題点を展望していく。

2. 東の縮退、西の縮退

連邦建設・空間整備局（BBR）によれば、縮退現象は単なる人口減少ではなく、人口・雇用・自治体財政など、複数の指標によって特徴づけられる多次元的なプロセスと定義される。Gatzweiler ほか（2003）は、各自治体毎の6指標（人口増加率、社会増減、雇用増減、失業率、一人あたり対物税額、一人あたり購買力；いずれも1997～2001年）を人口規模別に集計した後、いずれか4指標以上

表 4-1 ドイツにおける都市縮退現象（1997〜2001年）

人口規模 (人)		自治体数			人口比		
		西部	東部	全国	西部	東部	全国
都市部	100,000〜	0.0	30.8	5.9	0.0	13.3	0.5
	20,000〜100,000	0.3	59.3	11.1	1.4	57.8	3.6
	〜20,000	0.8	60.4	25.2	0.3	57.6	4.8
郡部	7,500〜	0.0	29.7	3.3	0.0	26.3	10.6
	〜7,500	6.6	51.2	18.4	0.7	49.8	7.6
総計		2.6	53.5	15.3	0.6	38.9	4.3

単位：%
出典：Gaztweiler ほか (2003)

が第5五分位（最上層）に属するものを「成長都市」、同じく第1五分位（最下層）に属するものを「縮退都市」として抽出した（**表4-1**）。その結果、東部では自治体の53.5%、人口の38.9%が縮退に直面しているのに対して、西部では自治体数で2.6%、人口比ではわずか0.6%にとどまっていることが明らかになった。東部においては、ベルリン周辺及び一部の大都市圏を除き、縮退現象がほぼ全域に及んでおり、なかでもDDR時代に建設された工業拠点を含む中小都市の実態は深刻である。一方、西部の縮退は、既に1970年代より基幹産業（採炭・鉄鋼・造船など）の衰退が指摘されていたルール（Ruhrgebiet）、ザール（Saarland）、オーバーフランケン（Oberfranken）など、特定地域に限られている。

縮退地域は、「経済構造危機にある都市」と「空家率の高い住宅地区」とに類型化される。「経済構造危機にある都市」（**図4-1**）では、基幹産業の衰退とそれを補完するポテンシャルが不足していることが縮退の要因である。東部の雇用減は、製造業のみならず、農業・行政・軍事などの部門に及び、都市機能は壊滅的な状況にある。こうした不利な労働市場の状況は、担税力の高い住民層を中心とした地域内外への転出を招く一方、高齢者や低所得層が既成市街地

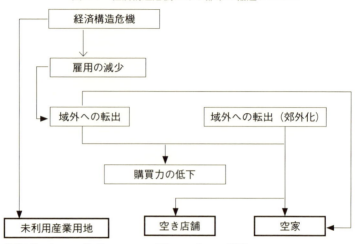

図 4-1　経済構造危機にある都市の縮退プロセス

出典：Bundesamt für Bauwesen und Raumordnung, 2004.

に滞留し、空家・空き店舗増加の要因となっている。また、基幹産業の衰退は、既成市街地内に多くの未利用地を生みだしている。

　他方、「空家率の高い住宅地区」(**図 4-2**) が出現した背景には、人口減と住民の高齢化がある。住宅市場の緩和（供給過剰）と居住要求の多様化は、インナーシティの老朽化住宅地区や縁辺部の高層集合住宅団地など、居住の魅力に乏しい特定の住宅地の荒廃をもたらす。とりわけ東部ドイツでは、DDR 時代にプレハブ工法で建設された高層集合住宅居住者の比率が 25% と高く（西部では 2%）、その住民構成の偏りが、更なる需要減、空家増加、社会問題の悪化を生んでいる。東部では約 96 万戸（1998 年現在）にも及ぶ空家の存在は、家賃低下や選択肢の増大となって中間所得層に有利に作用するものの、家主の収入減、ストック更新・設備近代化事業の停滞、社会的セグリゲーションの進行を招く。また、こうした衰退地区が成長都市内部にも散在しており、縮退と成長とが互いに隣接するコミュニティで同時進行するような、いわばモザイク状態となっている点も看過できない。

　上記 2 パターンの縮退プロセスは、東西両地域において共通にみとめられる

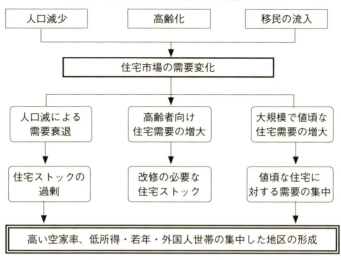

図 4-2　空家率の高い住宅地区の縮退プロセス

出典：Bundesamt für Bauwesen und Raumordnung, 2004.

現象である。両地域の違いは、西部ではこのプロセスが産業構造の転換、居住の郊外化として30年余りの年月をかけて徐々に進行し、当面顕在化しているのは特定地域に限定されているのに対して、東部では統合後の産業構造の解体と住宅市場の緩和政策（持家助成・設備近代化助成・税制優遇措置）により、急激かつ全域的に進行したことにある。

縮退の弊害は、住宅需要の減退が単に企業や個人家主の住宅経営を脅かすのみにとどまらない。人口減少は、学校・図書館などの公共施設、上下水道、公共交通の利用者減につながり、一人あたりコストの上昇を招く。加えて、自治体財政は税収減と社会福祉関係費の支出増を余儀なくされる。まさに、縮退都市は「高コストの都市」なのである。

3. 新たな都市開発プログラム

東部では2001年、西部では2002年に「活力ある都市と魅力的居住のための

連邦プログラム」としてスタートした「都市改造（Stadtumbau）」は、都市縮退に対する取り組みを直接の目的として掲げたドイツ初のプログラムである。

既に国内では、URBAN（1994年～）、「社会都市」（1999年～）[3]という、二つの統合近隣地区開発支援プログラムが先行して実施されていた。しかしながら、URBANにおいては住宅関連施策は助成の対象外であり、1970年代以来の都市開発事業の流れをくむ「社会都市」の場合は、物的更新よりも地元経済振興、多文化共生など、ソフト面の施策に重点が置かれていた。

これに対して、都市改造プログラムはストック指向の都市開発として、事業の対象が物的整備に限定されているところに最大の特徴があり、縮退を前提としつつも、都市機能の維持を図ることが目的である。とりわけ、東部ドイツでは、雇用創出や住民の社会的統合もさることながら、90年代に機能不全に陥った住宅経済を回復させることが最優先課題であった。こうした縮退現象の深刻さを反映して、プログラムの対象自治体数も、西部ではわずか16市であるのに対して、東部では295市に達している（2004年現在）。

都市改造の事業領域（Handlungsfeld）については、①人口・住宅市場の変化への対応策、②経済活動の変化への対応策とに大別される。東部においては、多くの自治体で住宅ストックと住環境整備にターゲットが合わされているが、西部では住宅ストック対策と経済対策（工場跡地への大規模商業施設やインキュベーション・センター誘致など）とを組み合わせる例が多い。既存のストックを活かした具体的な事業（建造物・土地マネージメント）にあたっては、以下の5つの手法が現場の状況に応じて実施される。

①継続利用（Weiternutzung）：改修・設備近代化により既存建造物を従来の目的通り引き続き利用する（例：住宅団地の再生）。

②再利用（Wiedernutzung）：同一敷地、同一利用目的であるが新規建設をともなう（例：住宅団地を除却し戸建住宅地へ）。

③用途転換（Umnutzung）：同一敷地、同一建造物を転用する（例：旧兵舎を住宅へ）。

④保留（Konservieren）：低・未利用地を将来の利用のための「保留地」とし

て管理する（暫定利用を含む）。

⑤再自然化（Renaturierung）：新たな土地利用を図らず、自然に戻す（例：炭鉱跡地を緑化オープンスペースへ）。

これらの手法は、既成市街地内の低・未利用地（工場・軍事施設跡地）、空家率の高い住宅地区（インナーシティ、高層集合住宅団地）の存在など、縮退都市に特有の土地・建造物ストックを、従来では考えられないような規模と発想で、除却もしくは転用するものである。

次に具体的な施策については、**表4-2**にみられるように、インナーシティ（アルトバウ地区）と郊外（ノイバウ地区）とでは多少異なっている。都心周辺部（インナーシティ）では、立地条件に恵まれ、潜在的価値は高いが空家状態にあるアルトバウストックを優先的に保全するために、旧労働者居住地区に集積する未改修アルトバウの除却が優先される。なぜならば、同地区の住戸は一般に狭小であるため、設備改善をしても利用価値の向上がほとんど期待できないからである。一方、郊外の大規模共同住宅団地では、立地条件が不利な団地縁辺部に位置する住棟の完全除却、もしくは高層階の部分除却（減築）が行われる。ただし、いずれの場合においても、共同住宅である限り、現実には往々にして空家が各棟に分散しているので、借家人移動等の調整は難しく、事業は長期化する傾向にある。また、住棟除却後の跡地利用も、地区の価値上昇・回

表4-2　ドイツ都市におけるセグリゲーションの現状と施策の動向

地区類型	立地	所有関係	需要グループ	主たる施策
未改修住宅地区	インナーシティの旧・労働者居住地区	民間所有（持家・賃貸）	低所得層 学生・若者	ストック改修／除却 低・未利用地開発
改修済住宅地区	インナーシティの旧・中間層居住地区	民間所有(持家) 不動産企業	中・高所得層 （1～3人世帯）	誘導
高層共同住宅団地	都市縁辺部	社会住宅 (借家人指名権あり)	高齢者 低所得層	ストック改修／除却 住環境整備
戸建住宅	郊外	民間所有(持家) 不動産企業	中・高所得層 （核家族）	開発規制

出典：筆者作成

復を図る施策として重要であり、多くの場合、緑化されたり、他の施設・インフラ用地として整備される。

このように、住宅経営上の理由を優先して、新しい住宅ストックを「空家」であるがゆえに「除却」することも希ではないという施策は、スクラップ&ビルド型再開発から穏やかな修復型都市更新へと舵を取ってきた「都市建設促進法」（1971年）以来の開発パラダイムとは、明らかに一線を画するものといえよう。

4. "Stadtumbau Ost" プログラムの展開

(1) プログラムの概要

前述のように、"Stadtumbau Ost" プログラムでは、事業の対象が物的整備に限定されている。その背景には、雇用創出や住民の社会的統合もさることながら、住宅所有関係が旧西ドイツ地域とは大きく異なる旧東ドイツ地域においては、住環境の整備とともに、住宅経済の回復が重視されたことがある。したがって、ストック所有者との協働が、プログラムの実施に際しての前提条件となる。そこでは、自治体住宅企業や住宅協同組合が事業参加に積極的であるのに対して、収益指向の大規模企業や資金力に乏しい民間小規模家主の関心が薄いのが問題となっている（Pristl, 2014, S.120）。

本節では、このプログラムについて、個々の都市で実施されている具体的施策をとりあげて検討しながら、当該地域における今後の都市再生の可能性を探ることとする。

第二次大戦前にみられたセグリゲーションは、DDR時代の国家による一元的な「住宅割当てプロセス」によっていったん解体された。しかしながら、1990年代の住宅投資ブームにともなう市場での供給過剰は、中・高所得層の居住地選択の可能性を大きく拡大させ、セグリゲーションの再現をもたらした。そのうえ、郊外での持家建設の進展によって、市街地は自治体境界（市域）を越えて膨張し、部分市場間の競合が熾烈になるとともに、既成市街地内のアル

トバウ地区や大規模住宅団地ではいっそう衰退が進んでいったのである（第2章参照）。

　したがって、自治体をはじめとする都市改造の担い手は、旧西ドイツ地域とは全く異なるコンテクストのもとで、過去に経験のない「縮小管理マネージメント」を軸として、都市計画上の要請と住宅経営の安定化とを両立させる解を追求しなければならないのである。各地で実施されている都市（市区）改造の取り組みは、ストック・コントロール（除却と増価）を主たる手法として、ソーシャル・ミックスを回復し、既成市街地の衰退を防止する試みということができよう。こうした施策を通じて、DDR時代ならびに統合後の移行期に生じた都市構造と住宅市場の歪みを修正することが同プログラムの目的であるといえる。

　もっとも、地区再生にあたって、「都市計画上の利害」と「住宅経営上の利害」とは必ずしも両立するとは限らない。たとえば、未改修アルトバウの場合は低所得層を滞留させるがゆえに市区の衰退を招くが（都市計画上の問題）、その収益性は低く、住宅市場において他の部分市場セグメントと競合することはないため、住宅経営への影響力は小さい。他方、「近代化」が行われ資産価値が回復した住宅が増えれば総供給量が増大し、それが需要を上回ると収益性が低下する。したがって、余剰状態にある改修済アルトバウの一部を除却して住宅市場の需給バランスを変えない限り、経営面での安定は期待できないことになる（住宅経営上の問題）。このように、事業地域に横たわる問題の解決は決して容易ではないが、今日では自治体サイドと住宅所有者が協力しながら、双方の利害関係を調整しつつ、統合的施策により改善を図る試みが行われている。

　"Stadtumbau Ost"は、「都市活性化と魅力的居住のための連邦プログラム（Programm der Bundesregierung für lebenswerte Städte und attraktives Wohnen）」として2001年8月に策定された。このプログラムは、既に言及したように、空家の増大と市区の衰退現象が住宅企業の存立基盤を脅かしていることを背景に、旧東ドイツ都市の居住・経済活動の場としての魅力の強化を目的として策定された。2002〜09年に合計27億€（うち連邦政府負担分は

11億€）の支出が予定されている。この予算は、①自治体には都市計画上の開発事業に対する財政支援、②住宅企業には空家の除却コスト、修繕・設備近代化による住区の増価（Aufwertung）に対する助成、③その他の民間家主（Wohneingentumserwerber）には都心（周辺）部のアルトバウ改修の支援のために用いられる（BMVBW, 2002, S.2）。あわせて、都市開発コンセプトの速やかな準備のために、2002年に258の自治体とベルリン市の10市区が参加したコンペが実施され、第1～3席合計34都市（市区）が選ばれた（BBR, 2003, S.5）[5]。これらの都市（市区）では、既にモデルプロジェクトが始動している。

(2) モデル都市における事業の展開

　空家の増加は、単に住宅経営を脅かすのみにとどまらない。まず、経済的に安定した中・高所得世帯が持家あるいは新規賃貸住宅へと転出する結果、地区の住民構成は次第に偏り、低所得層や単身高齢者世帯の比率が上昇する。それは、購買力の低下による小売業の撤退や学校閉鎖など、地区の衰退を加速させ、ついには全住宅地区がスティグマ化される恐れすらある。このような地区が市内に発生すれば、それまで長期間に渡り形成・維持されてきた都市構造が破壊され、自治体はその魅力と機能を喪失してしまいかねない（Pfeiffer u. a., 2000, S.24-26）。

　空家の発生する要因が複合的であることはいうまでもないが、都市の産業構成や空間構造によっても差異がみとめられる。人口減によってDDR時代から既に空家率の高かった都市（例：ライプツィヒ、マグデブルク、マイセンMeißen）もあれば、DDR時代に計画的に建設された都市で、産業構成が偏っていたため、統合後に高い失業率と人口流出をともなうケース（例：ヴォルフェンWolfen、シュテンダルStendal、シュベットSchwedt）もみられる（Pfeffer u. a., 2000, S.21-22）。それゆえ、個々の都市の分析に際しては、その規模や空間構造の特性を考慮に入れた検討が必要となるのである。そこで、以下では、旧東ドイツ地域を代表する大都市の一つであるライプツィヒ、及びDDR時代に開発された典型的な新興工業都市としてシュテンダルをとりあげ、具体的な都

市改造の取り組みをみていくこととする。

a. ライプツィヒ

　ライプツィヒ（ザクセン州）は、1933年当時、人口約71万人を擁するドイツ第五の都市であったが、ドイツ統合後の産業構造の転換によって人口減少は加速し、2000年の人口は約49万人となった。住宅戸数（2001年）は約32万戸、うち1948年以前建設のものが54%を占めている。空家は全市で6.3万戸（空家率19%）に達し、その8割をアルトバウストックが占めている。なかでも、同市東部の「グリュンダーツァイト・ベルト」と称されるアルトバウ集中地域を構成する Leipziger Osten 地区や Schönefeld 地区の空家率は30%を超え、街区（Quartier）によっては50%に達するケースもみられる（**表4-3**参照；BMVBW, 2003, S.68-69）。

　ライプツィヒの都市再生は、2000年に策定された「住宅建設・都市更新計画」(Stadtentwicklungsplan "Wohnungsbau und Stadterneuerung"; 以下 "STEP W+S" と略）にもとづいて行われている。"STEP W+S" は、需要動向の変化に応じた多様な住宅供給を実現し、住宅市場における投資の収益性を回復することを目的としている。"STEP W+S" では全市域を対象に事前調査を実施し、3

表4-3　ライプツィヒにおける住宅ストックの概要

	全市域	Osten	Schönefeld
人口（2000年）	493,208	30,747	9,212
人口増加率（1989〜2000年）	-14.7%	-29.2%	-26.5%
住宅戸数（2001年）	317,439	30,924	7,191
建築年別内訳			
〜1948年	53.8%	78.7%	98.0%
1949〜90年	31.8%	12.5%	0.3%
1991年〜	14.4%	8.8%	1.7%
空家戸数（2001年）	63,000	9,500	2,500
空家率（2001年）	19.0%	31.0%	35.0%

出典：BMVBW, 2003, S.68

つの問題セグメント（アルトバウ地区24；ノイバウ地区14；新規建設予定地263）を抽出している。そして、各々のセグメント（部分市場）が、その場所ポテンシャルを活用して高い居住水準を提供できるよう、以下のような事業が計画されている。

　まず、大規模集合住宅団地（ノイバウ地区）については、設備近代化の状況、空家率、オープンスペース、交通事情等の評価にもとづいて地区を次の3類型に分け、開発目標を定めている。

　①保全地区（Konsolidierte Bereiche）
　　設備近代化が完了し、空家率の低い住棟中心の地区で、事業の必要性は小さい。
　②改善地区（Sanierungsbereiche）
　　未だ設備近代化が完了していない住棟中心の地区（空家率は平均未満）で、都市計画上の観点から除却の必要はない。
　③構造転換地区（Umstruktierungsbereiche）
　　高い空家率と低い設備近代化状況のため、早急な事業実施が必要な地区。

このうち、類型③に該当する地区を対象として、住宅市場の安定化と住環境の改善のために、2010年までに除却（2万戸）と利用転換・住戸統合（1万戸）によって、合計3万戸のストック削減が計画された。たとえば、市内西部に位置する旧東ドイツ地域最大級の住宅団地Grünauではストックの20%に相当する6,800戸の削減が予定されている。

　次に、旧市街地のアルトバウ地区に対しては、場所のポテンシャルを生かしつつ、良好なストックの保全と建替え（Umbau）を組み合わせた都心居住の再生事業（"Neue Gründerzeit"戦略）が計画されている。ここでは、建物ストックの構造と利用状況、経済的ポテンシャル、インフラ整備水準などを指標に、次の4類型に各地区が分類されている。

　①保全地域（Konsolidiertes Gebiet；対象面積の57.7%, 1226ha）
　　都市を特徴づける地域で、新たな助成手段を投入することなしに今後もポジティヴな発展が期待される地域。

②維持地域（Erhaltungsgebiet；同 16%, 340ha）

位置・環境ともに住宅地としての優れた要件を備え、その構造を今後とも維持すべき地域。ブロック内部の密度減（Entkernung）が必要な場合に限り、建物除却も可。

③優先すべき構造転換地域（Umstruktierungsgebiete mit Handlungspriorität；同 12.7%, 270ha）

周辺に及ぼす悪影響を除去するために、早急に計画を練上げ、除却・建替え事業を実施すべき地域。

④構造転換地域（Umstruktierungsgebiete；同 13.6%, 290ha）

将来の都市開発目標や機能について、なお未定な地域。当面、投資促進策の実施は必要とされない。

上記の②～④に該当する地区では、合計約 7,500 戸の除却が見積もられているが、その重点に指定されているのが、空家率の高い市東部地域である。このうち、Leipziger Osten 地区（約 350 ha）では、2010 年までにストックの 10% に相当する 3,000 戸を除却して建築密度を下げ、新たに緑豊かな都市景観（"Grüne Ritzschekeband"）を創出することが目指されている。また、Schönefeld 地区では、除却と建替えにより 810 戸（ストックの 11%）の削減が予定されている。ここでは、民間イニシアティヴが展開しているところに公的資金が優先的に投下されることになっている。

第三に、外部エリア（Stadterweiterungen）における住宅新規建設予定地（163 地区、18,800 戸）については、位置・インフラ整備状況（交通、小売業、余暇施設等）の評価にもとづいて、以下の 4 カテゴリーに分類のうえ、段階的開発許可による開発行為のコントロールが行われる。

①開発を優先する住宅建設用地（42 地区、3,300 戸）

計画どおり、開発が実施されるべき地区。

②建築権（Baurecht）つき住宅建設用地（28 地区、3,900 戸）

当面、開発優先度が低いので、開発前に都市計画上の再評価がなされるべき地区。

③「長期的開発」向けの住宅建設用地（48地区、5,800戸）

当面、需要予測が不能なため、リザーブ用地（開発は2010年以降）として確保する地区。

④開発要件を満たしていない住宅建設用地（45地区、5,800戸）

以上みてきたように、ライプツィヒ市における "STEP W+S" は、住宅部分市場毎に開発目標の設定と、明確な優先順位付けを行っている。これには、数年来の地域実態調査（Raumbeobachtung）にもとづいた根拠のある需要予測と開発ポテンシャルの評価が基礎となっている。その意味で、同市は旧東ドイツ地域における統合的都市開発コンセプトの「先駆者」としての役割を果たしていると評価される（IRS u. a., 2001, S.44-52）。

b. シュテンダル

シュテンダル（ザクセン＝アンハルト州）は、DDR時代に開発された計画的工業都市の典型例で、人口は約4万人（2000年）であった（Krings-Heckmeier u. Porsch, 2002, S.39）。DDR時代に職場数は急増したものの、1990年以降の基幹経済部門の崩壊と市外周辺部での持家建設による人口社会減によって、統合後には大幅な人口減少（−14％）を記録した。また、2000年現在の失業率は23％と非常に高率であった。住宅ストックの状況（2001年）は、総戸数約2.3万戸のうち、一戸建／2戸一建が3,300戸（14％）、集合住宅が2万700戸（86％）である。また、建築年別にみると、1948年以前が三分の一強、1949～90年が約6割を占めている（**表4-4**参照）。また、空家率は全市平均で23.5％に達しており、市内では多くの用地が未利用のまま放置されていた（BVBW, 2003, S.72-73）。

同市の特徴は、旧市街のAltstadt区では1989～2000年に11.0％と、人口が増加していることである。一方、空家の73％がSüd区及びStadtsee区の大規模住宅団地に集中しており、両地区では未改修住戸の割合も高い。そのため、Stadtsee区を例にとれば、人口増加率は−18.0％と市平均を下回っている。

したがって、2002年初頭に市議会で可決された同市の都市再生コンセプトの

表4-4 シュテンダルにおける住宅ストックの概要

	全市域	Altstadt	Stadtsee
人口（2000年）	39,795	3,517	14,270
人口増加率（1989〜2000年）	-13.9%	11.0%	-18.0%
住宅戸数（2001年）	23,350	2,052	9,890
建築年別内訳			
〜1948年	36.0%	94.0%	0.0%
1949〜90年	59.0%	2.0%	100.0%
1991年〜	5.0%	4.0%	0.0%
空家戸数（2001年）	5,491	464	2,727
空家率（2001年）	23.5%	22.6%	27.6%

出典：BMVBW, 2003, S.72

ポイントは、ノイバウ地区の更新（住環境整備）とアルトバウ地区における都市型居住の推進を通じて、更なる人口の市外流出を抑制することにある。

ノイバウ地区の更新については、住宅経営上・都市計画上の見地からプレハブ様式（プラッテンバウ）の未改修住戸を大幅に除却することが計画されている。具体的には、プレハブ団地 Süd 区（2,500戸）を完全放棄するとともに、市内最大の高層集合住宅団地 Stadtsee 区では、除却（3,060戸）と改修（4,700戸）を進め、跡地を公園化することによって住環境改善を図ろうとしている。一方、アルトバウ地区の再生に関しては、22.6%の空家を抱える Altstadt 区を例にとれば、空隙地と未利用地を利用して一戸建／2戸一建住宅を合計180戸供給する（内部充填型開発）とともに、アルトバウ住戸1,700戸を改修する予定となっている。

このうち、アルトバウ地区の再生に関しては、"Stendal-Bonus" と名付けられた同市特有の未改修アルトバウ住戸の売却制度が果たした役割が重要である。これは、自治体住宅企業 Stendaler Wohnugsbaugesellschaft mbH（以下 SW GmbH）が所有する未改修アルトバウを市民に優遇払下げをしようとする試みである。払下げ対象となった120棟は、市内アルトバウ住宅の約10%に

相当し、2000年時点での空家率は70%に達していた。一般に旧東ドイツ都市のアルトバウ住戸は、空家であっても流通価格は90年代初頭の水準から容易に下がらない傾向にあり[10]、このことがシュテンダルにおいても不動産流通を妨げていた。そのため、SW GmbH 役員会は、保有ストックの柔軟な売却の許可を市議会に要請した。これを受けて、市議会は「SW GmbH が一定数の建物を、流通価格の50%以上でシュテンダル市民に優先的に売却する」制度（"Stendal-Bonus"）の導入を決定した。ただし、購入者には2年以内に建物の改修を行うことが義務付けられた[11]。その結果、売却は順調に進み、第一期分14棟は流通価格の50〜60%で4週間以内に完売され、第二期分も既に6棟が売却されている。

　こうした "Stendal-Bonus" の成功要因として、まず市場の実勢に近い、柔軟な価格設定が可能となったことがあげられる。これは、市民であれば家族状況・所得に関係なく誰でも入札に参加できたので、多くの需要者による妥当な価格評価がなされたことによるものである[12]。第二に、購入後の転売について特に制限が設けられなかったので、購入者にとってもメリットがあった。そのため、"Stendal-Bonus" の目的は市民の持家形成支援であったが、多様な持家形成モデルの実現が可能となった。たとえば、通常は住棟単位で売却が行われたが、これをいったんグループ（持家共同体 Wohneigentumsgemeinschaft）で買い取り、その後一部の住戸をメンバーに転売したり、賃貸に転用することも自由であった。第三に、売り手である SW GmbH の経営安定化にとっても、この制度の意義がみとめられる。すなわち、SW GmbH が価格を市場の実勢に合わせて引き下げても、建物の簿価が比較的安いため、売却により収益を得ることができたのである（Krings-Heckmeier u. Porsch, 2002, S.40-42）。

　以上のような施策を通じて、SW GmbH は自らの経営状態を改善できたのみならず、空家アルトバウの民間資金による改修を促進して地区更新に貢献すると同時に、地区全体の不動産流通価格を抑制するという都市計画上の効果もあわせて獲得しえたといえよう。"Stendal-Bonus" の場合、「立地や規模を考慮したうえで、どの建物を誰に売却するか」を決定できた点もさることながら、施

策実施の前提条件として自治体がアルトバウ地区における主たる土地・建物所有者であったことが重要である。通常は、再開発区域周辺では、補助金に対する期待によって値上がりした価格が不動産の円滑な流通を妨げている。したがって、シュテンダルでの経験は実勢価格を下げるか、土地を収用する可能性なくしては、自治体は今日及び将来の絶えざる都市再生を資金的に支えられないことを示唆しているといえよう。また、事業の計画・実施にあたっては、自治体、住宅所有者（住宅企業及び民間個人所有者）、地元住民といった担い手間の協議と調整が重要となる。特に、負債を抱える住宅企業（ノイバウ地区）や、老後の生活保障に不安を持つ小口の民間個人所有者（アルトバウ地区）に対しては、公的助成を確保することによって資金調達上の隘路を解消することが不可欠となろう。加えて、旧東ドイツ地域では自治体が小規模であるため、財政及び都市計画・住宅政策担当専門職員の確保の点にも特段の工夫が必要となる。[13]

(3) プログラムの評価

　以上のように、人口構造の急激な変化の結果、旧東ドイツ地域では都市地域の人口減と住宅市場の崩壊が顕著にみとめられ、衰退が特定市区の問題から市域全体の問題となっていることが明らかとなった。そこでは、既成市街地における物的環境改善への過大な投資が住宅の供給過剰を招き、住宅経営を危機に陥れかねない事態になっていることから、供給量の制限、ストックの除却をも視野に入れたストック・マネージメントが、DDR時代ならびにドイツ統合後の移行期に生じた都市機能と住宅市場の歪みを修整し、既成市街地の衰退を防止する施策として有効であることが注目されている（大場, 2004a）。

5. "Stadtumbau West" プログラムの展開

(1) プログラムの概要

　1970年代初頭～80年代末の西部ドイツ都市では、①採炭、製鉄、造船を基幹産業とする都市の衰退、②出生率の低下と社会減を要因とする人口減少、③

企業閉鎖と人口減にともなう税収減、失業者の増大による社会政策コストの支出増がもたらした自治体財政の悪化、④都市内部におけるセグリゲーションの進行[14]、⑤基幹産業の衰退にともなう低・未利用地の増大といった数々の問題点が明らかになった（Forschungsagentur Stadtumbau West Forum GmbH, 2004）。

ただし、この時点までの都市問題は、②を除けば衰退工業地域に集中しており、当時の施策もそれを反映して、特定都市の市区再生を目的とするものであった。1993年にスタートしたノルトライン＝ヴェストファーレン州による「特に更新の必要性を有する市区（Stadtteile mit besonderem Erneuerungsbedarf）」支援プログラムは、その代表的な例である。1999年以降、統合近隣地区開発を目的とする同プログラムは連邦プログラム「社会都市（die soziale Stadt）」に引き継がれた。そこでは、大規模住宅団地周辺部での戸建住宅建設、空家住宅のオフィスへの転換といった物的環境整備施策に加えて、住民参加、市区新聞（多言語版）の発行、多文化共生センターの設置、雇用促進等の多様な施策が実施されている（DIU, 2003）。

本節では、連邦プログラム"Stadtumbau West"（西部地域都市改造プログラム；2002年～）を取り上げ、同プログラムをドイツにおける都市更新政策の流れに位置づけるとともに、サスティナビリティ都市戦略におけるその意義を実例を交えて考察していく。

東部ドイツに対して、西部ドイツ都市の縮退過程は、その中心部において大量の空家、未利用の大規模工場跡地、小売業空き店舗等が発生している状況に顕著に表れている。一方、都市の収縮現象は、国内における開発行為が低調であることを必ずしも意味しない。より大きな住宅、オフィス、ショッピングセンターを求めてグリーンフィールドで行われる開発は依然として好調である。これは、単なる人口や職場の減少ではなく、若く活動的な住民がより大きなチャンスを求めて転出していく選択的なプロセスが進行していることを意味しているため、事態は一層深刻である。この点に、必要とあればスリムになること（smart decline）を都市政策の目標として設定する意義がみとめられる（Kunzmann, 2004）。ただし、こうした縮退マネージメントの理念を背景とする

住棟の除却をも視野に入れた「秩序ある撤退（geordneter Rückzug）」は、東部地域では住宅市場経済の回復と住環境の改善に一定の成果を得たものの、今日必ずしも全面的に受け入れられているわけではない（大場, 2004a）。

それゆえ、新たに発動された"Stadtumbau West"では、先行して実施された"Stadtumbau Ost"での経験を活かし、西部地域での縮退マネージメントによる都市改造の経験を集約することが求められている。同プログラムは、連邦建設・空間整備局（Bundesamt für Bauwesen und Raumordnung）が連邦交通・建設・住宅省（Bundesministerium für Verkehr, Bau- und Wohnungswesen）の委託を受け、ExWoSt（Experimenteller Wohnungs- und Städtebau）プログラムの一環としてスタートしたパイロット事業を端緒とする。[15] 2002年夏、2003年秋の二度にわたる公募にもとづき、都市改造・再生戦略を試験的に実施する16都市が採択された。事業の対象は、市区レベルから市域全体まで、人口規模は1万人前後から50万人以上までと様々である（ExWoSt, 2005, S.2-3）。

事業地域は、本章冒頭でもふれたように「経済構造危機にある都市」と「空家率の高い住宅地区」とに類型化される。「経済構造危機にある都市」では、成長地域の縁辺部に位置する旧工業都市で、基幹産業の衰退とそれを補完するポテンシャルが不足していることが縮小の要因である。こうした不利な労働市場の状況は、担税力の高い住民層を中心とした地域内外への選択的な転出を招く一方、高齢者や低所得層が既成市街地に滞留し、これが空家、空き店舗増加の要因となっている。特に老朽化住宅地区で空家率が上昇する傾向は、東部ドイツ都市と共通する現象である。また、基幹産業の衰退は多くの未利用地を生みだしている（前掲図4-1参照）。これは市域全体にわたる問題であり、課題の相互関連性を考慮に入れた施策の展開が求められている。地元の小規模家主ではストック改善に対する投資能力には限界があるため、こうした地区の改造には自治体住宅企業や住宅協同組合の果たす役割が重要である。

他方、「空家率の高い住宅地区」が出現した背景には人口減と住民の高齢化がある。住宅市場の緩和と居住要求の多様化は、特定の住宅地の荒廃をもたらす。そこでの住民の社会的構成の偏りが、更なる需要減、空家増加、社会問題

の悪化を生んでいる（前掲**図 4-2** 参照）。こうした地区では、住宅地の安定化が重要であり、場合によっては荒廃が進んだ一部住棟の除却も必要な手段となる。とはいえ、"Stadtumbau Ost" では除却による住宅市場の健全化という量的な施策が事業の目的に据えられたのに対して、"Stadtumbau West" においては住宅ストックの持続的更新という質的側面に重点が置かれた（Pristl, 2014, S.140）。

(2) モデル都市における事業の展開

以下では、"Stadtumbau West" の対象都市の中からゲルゼンキルヒェン（Gelsenkirchen）、オーア＝エルケンシュヴィック（Oer-Erkenschwick）両市のモデル事業をとりあげ、その目的と期待される効果について考察する。

a. ゲルゼンキルヒェン：都心部開発の事例

ゲルゼンキルヒェンはルール地域中部に位置する人口約 27 万人の大都市で、稠密なライン＝ルール大都市圏の一部を成す。同市は基幹産業であった採炭・鉄鋼業の衰退により 1960 年代以降継続的な人口減少を経験してきた。失業率も約 18% に達しており、「経済構造危機にある都市」の事例（前掲**図 4-1**）に該当する。市内の空家率は 5% 程度であるが、1950～70 年代に建設された住宅地やアルトバウが集積するインナーシティなどには空家が集中しており、強いセグリゲーション傾向がみられる。事業対象地区である都心地区（City；約 90ha）は、商住機能が混在する市内最大の業務地区である。しかし、郊外ショッピングセンターとの競合と市民の購買力低下により、90 年代以降には高次の専門店を中心に小売業の閉店や転出が相次ぎ、中央駅周辺においてさえ低・未利用地が散在していた。また、地区内には良質の住宅地が存在する一方、低水準の住棟も数多く分布しているため空家が急増しており、購買力の低下と小売り機能の衰退の一因となっていた。

同市の事業は、2003 年夏に市議会で採択された「都心地区再生計画（Leitplan City）」にもとづき実施されている。その目的は、City 地区（都心部）の再生と魅力向上を図るために住宅の新規建設、低・未利用地の活用、住宅

写真 4-1　改修されたゲルゼンキルヒェン中央駅前

(2006 年 8 月筆者撮影)

ストックの更新（改修または除却）、広場・道路等の都市インフラの改善といった施策を組み合わせ、同地区への公共・民間投資を誘導することにある（**写真 4-1**）。住宅ストックの更新の際には、荒廃地区での価値低下の中で、利用価値の回復と更新に伴う負担とのバランスをどうとるかが、また小売・サービス業の中心地としての City 機能の強化に関しては、空き店舗情報の提供などに加えて、民間資金を動員するためのインセンティヴの供与が問題となっている。

b. オーア＝エルケンシュヴィック：住宅団地更新の事例

　オーア＝エルケンシュヴィックはルール地域北縁に位置する人口約 3 万人の小規模都市で、交通の便に恵まれていることに加えて、自然環境が豊かであるため、基幹産業（採炭）の衰退にもかかわらず、一貫して人口増加傾向にある。この点では、事業対象都市の条件としては一見異質であるように思われるが、新住民はルール地域内の大都市から持家取得のために転入する者が中心で、これまで同市はホーエマルク（Hohe Mark）自然公園周辺やミュンスターラント（Münsterland）に接続する縁辺部での戸建て住宅用地の開発・提供によって、その需要に対応してきた。他方、徐々に衰退しつつあった市内中心部の購買・居住の場としての魅力を回復するために、既に 1980 年代末より複合商業施設の建設が開始され、それは中心部の購買・余暇活動の場としての吸引力強化に

かなり貢献した。

　モデル事業の対象である Schillerpark は、中心部のほど近くに位置する1970年代建設の社会賃貸住宅団地（総数221戸、うち66戸は高齢者向け）で、内側9～12階建て、外側2～4階建てのブロックを組み合わせた3住棟からなる。中心商店街の徒歩圏内にあり、近隣には各種公共施設も立地しているため生活上の利便性は高いが、高層集合住宅にしばしばみられるように、その外観は小規模都市にとっては異質であるうえ、幹線道路に面しており、植栽が不十分なことから騒音が激しいなど、様々な問題を抱えていた。そのため、比較的安定した世帯の転出が進んだ結果、空家率は20%に達し、特に高層階に空き住戸が目立っていた。また、社会保障受給者、難民、多様な国籍を持つ外国人が団地に集中することにより、社会問題の焦点となっている。一方、10年以上居住している世帯も全体の35%を占め、中でも高齢者の間では居住満足度が高いため、こうした安定した住民層を引き続き確保しながら、居住の質を向上させる方法が模索されてきた。

　2002年よりはじまった市当局と所有者である住宅企業（Vestisch-Märkische Baugesellschaft mbH）との協議の結果、仮移転先の確保など管理面での配慮が必要にはなるが、合計120戸の部分除却と設備改善による団地再生案が採択された。これは、今日のニーズに適合したサスティナブルで安定した住環境を整備し、それにより居住の場としての中心部の魅力を向上させることを目的に実施された住宅団地の再生プロジェクトであり、「空家率の高い住宅地区」の事例（前掲図4-2）に該当する。

　住宅部分については、高層部分を除却し4～5階へ減築（Teilrückbau）するとともに、セントラルヒーティングの設置、ファサード部分の断熱強化、エレベーター・階段・バルコニー・給排水設備の改修等の設備改善が計画されている[16]。また、住環境の向上については、多機能で共同利用可能な休憩の場の整備に加えて、駐車場の透水舗装など環境に配慮した外構部分の改修が予定されている。更に、住棟改修に際しての代替住宅の確保はもとより、開発過程における情報公開と住民参加の推進など、地区マネージメントに関しても配慮がなさ

れている。

(3) プログラムの評価

　本節で考察してきた "Stadtumbau West" による事業は、1980年代までの都市更新プログラムと比較した場合、以下の点で異なっている。まず、かつての再開発による成長、増価は今日では期待できないものの、縮退プロセスを改善のまたとないチャンスととらえ、むしろ積極的にこれをマネージメントする姿勢が不可欠となっている。そこでは、従来以上に住民参加を強化するとともに、民間投資を誘導しうるような明確な目標設定、すなわち価値回復と負担とのバランスシートの提示が求められている。特に、稠密な既成市街地では個人の零細家屋・土地所有者を、いかにして事業に動員するかが重要な課題となる。
　第二に、継続利用、再利用、転用といった従来の施策に加えて、保留や暫定利用といった補完的手法を採用することが、未来を見据えたサスティナブルな都市戦略にとって重要となっている。更に、形成間もない核家族の住宅需要は、今日では全体の四分の一～三分の一程度にすぎず、高齢者を含む単独世帯やひとり親世帯の占める割合が増加している事実を、開発計画に組み込む必要がある。すなわち、今後の住宅供給に関しては、多様な目的集団に対応した新たな供給モデルが必要となるが、こうした需要の多様化した住宅市場にはインフラ整備が進んだ都心（周辺）部がむしろ適していることを認識すべきである (von der Mühlen, 2004)。

6. 今後の展望

　以上のように、都市改造プログラムはドイツにおける都市開発政策の新たな挑戦として展開されている。東部においては、施策は急激な市街地の荒廃に対する対症療法的なものであるとはいえ、住宅市場（需要サイド）の動向に応じて都市空間を改造する事業は有効である。人口の転出プロセスが選択的であるだけに、施策も都市内部のセグメント化を前提として特定地区類型に絞られた

ものとなるが、住宅経営上の利害と都市計画上の目標とが一致さえすれば、さらなる効果が期待できよう。

　もっとも、果たして改造事業が地域の実情に適合した形でコントロールされうるかどうかは別問題である。現実には、都市計画上、社会政策上の観点から大きな成果が期待できるエリアではなく、利害関係者の合意が整った場所から順次事業が進められている。それゆえ、特定の旧公益住宅企業が大量のストックを所有しているために事業計画の調整が比較的容易な高層集合住宅団地での減築が国内外でクローズアップされる一方で、零細規模の個人家主が多く、所有関係が複雑なインナーシティでの事業が遅れがちになることも首肯できる。また、資金調達上の問題も無視できない。自治体財政が窮乏化している旧東ドイツ地域では、連邦・州による都市改造助成のみで事業を継続的に実施するのは困難である。したがって、雇用創出、起業支援など社会・経済的施策を含む統合近隣地区開発プログラム（URBAN や「社会都市」他）もあわせて動員する努力が個々の都市に求められている。

　しかしながら、住宅需給のバランスが大きく崩れている旧東ドイツ地域における「問題地区」の再生に関しては、ストック・コントロールによる物的環境の改善こそが、むしろ当該地区のポテンシャルを生かした「再生」策として優先されるべきではなかろうか。

　一方、西部ドイツでは、当初の事業対象都市が少数であったことからも明らかなように、まずは東部ドイツでの経験を参考としたパイロット事業を市街地荒廃に対する予防措置として開始し、実践にもとづく情報の共有を目指すものであった。しかしながら、外国人移民や長期失業者など多様な住民層が滞留する衰退地区においては、ハードな改造のみではフラグメント化した住民ポテンシャルを動員できず、隣接するコミュニティ間での成長格差の縮小は期待できない。このような地区では、むしろ「社会都市」の方が都市更新の中心施策としてふさわしいのではないかと思われる。

　その後、2016 年に二つの都市改造プログラムは統合され、東部・西部の区別はなくなった。この間にプログラムの対象地域は増加し、2016 年現在では

東部ドイツ 1,193 地区（490 自治体）、西部ドイツ 588 地区（529 自治体）に達している。

なお、インナーシティ衰退地区の改造については、ライプツィヒで計画されている "perforierte Stadt"（隙間のある都市）事業が注目されている。未改修住宅地区の密度軽減、緑化を通じて、低密でオープンな構造を持つ都市を構築し、生活・居住の質を向上させるという事業内容は、都市改造プログラムが単なる住宅経営の安定化を越えて、持続可能な都市社会の開発を目指す施策であることの可能性を示す意味で重要である。[17] この点にこそ、縮退による需要減退（地価低下、未利用地増加など）を地域のポテンシャルとして、都市発展のチャンスへと転化させる新たな都市開発の意義がみとめられよう。

注

1 ドイツでは、旧東ドイツ地域全域（1,645 万人；総人口の 20.7%）と西部の衰退産業地域（700 万人；同 8.8%）も構造基金による支援（Objective1, 2）の対象に含まれるため、全人口の約三分の一がカバーされることになる（European Commission, 1999）。

2 EU 地域政策においても、2000～2006 年予算では衰退産業地域（Objective 2）や都市を対象とした支援の相対的比重は 1994～99 年に比べて低下している（岡部，2003; Bundesamt für Bauwesen und Raumordnung, 1998）。

3 ノルトライン＝ヴェストファーレン州（1993 年～）など、1990 年代前半に一部の州で開始され、1999 年より対象地域が全国に拡大された。

4 旧東ドイツ地域は、当然のことながら「社会都市」ならびに URBAN の対象地域にも含まれている。たとえば、"Stadtumbau Ost" 事業対象地区の一つである Leipziger Osten 地区（本章第 4 節 (2) a 参照）には、「社会都市」プログラムならびにヨーロッパ地域開発基金（ERDF；EU 構造基金の一つ）からも公的資金が投下されている（Leipziger Osten 地区 HP による）。

5 その内訳は、第 1 席：10 市（賞金 5 万 €）、第 2 席：10 市（賞金 2.5 万 €）、第 3 席：14 市（賞金 1 万 €）である。賞金は、プロジェクトの策定等の経費に充当される。

6 前述のコンペにおいて、両市とも第 2 席に選出されている。

7 製造業雇用は、1989 年の約 10 万人から 1996 年の 1.1 万人へと激減したが、信

用・保険業をはじめとするサービス業へのシフトが進んだため、都心近くで質の高い住宅を求める専門職住民層の需要は高まっている（Wiest, 1998, S.34-35）。
8 戦間期建設地域、既存の小団地地域は「緊急な問題なし」として、事前調査の対象外とされた。
9 いずれも、隣接の Bahnhofvorstadt 区を含む戸数である（BVBW, 2003, S.72-73）。
10 アルトバウ地区の住宅は民間小口所有が中心であるが、特に市場から離れた所有者（しばしば旧西ドイツ地域在住）は、「市場が好転したら売却する」という非現実的な期待を抱いている。そのため、価格は収益性の低下に十分に反応せず、容易に下がらない傾向にある。
11 ただし、2年以内に改修がなされない場合、購入者は流通価格と購入価格との差額を支払わなければならない。
12 競合者多数の場合においてのみ、「子供のいる世帯」、「賃貸住宅居住者」が優先された。
13 旧西ドイツ地域の自治体の平均規模（1988年）が面積29km²、人口7,255人であるのに対し、旧東ドイツ地域（1989年）では14km²、2,172人にすぎず、ほぼ半数の自治体が人口500人未満となっている（大場, 1993, pp.122-123）。
14 とりわけ、集合住宅団地や未改修の老朽化住宅地区では、社会経済的に問題を抱えた世帯の集中がみられた。これは、社会住宅制度における割当て拘束（Belegungsbindung）や不適正入居負担金（Fehlbelegungsabgabe）の徴収がソーシャル・ミックスを妨げたことによるものである（第3章参照）。
15 ExWoSt は、過去15年にわたり学術的に裏打ちされたモデル計画の形で、都市計画・都市政策分野で革新的な計画と施策を助成・支援している。その研究・モデル事業の成果は、連邦交通・建設・住宅省により定期的に公表されている。
16 筆者が同地を訪れた2004年8月には、既に高層部分の除却工事が進行中であった。なお、同事業は2007年に完了した。
17 たとえば、Daldrup（2003）ならびに岡部（2007）は、「東部ドイツ都市改造プログラム」による助成を地区内の特定ブロックに集中的投入することを通じて、既成市街地の環境改善を行ったライプツィヒの事例を紹介している。

第5章
統合近隣地区開発の支援

1. はじめに

　インナーシティ問題とは、一般に1970年代以降に先進工業国で顕在化した都心周辺地区における社会・経済的諸問題の集積と、それにともなう市街地の物的荒廃を指す。これに対しては、既に70年代半ばより英語圏諸国を中心に、老朽化住宅地区のクリアランスなど、物理的環境の改善を主とする数々の施策が進められてきた。しかしながら、90年代以降、グローバル化の進展にともなう都市間・地域間競争がいっそう激化する過程で、都市内部のセグリゲーションはむしろ強まる傾向にある。また、先進工業国の大都市における縮退現象への対応や、サスティナブルな開発施策の推進において、都心とその周辺部が持つポテンシャルはきわめて重要であり、その再生が強く求められている。

　特にヨーロッパでは、インナーシティの衰退は社会的に排除された人々が集積するコミュニティにおける下方スパイラル現象としてとらえられ、これに対処すべく社会・経済的プログラムを加味した新たな取り組みが、各地で行われている。加えて、こうした再生事業にはEUの共通都市政策の動向が大きく影響を及ぼしているに点も留意が必要である。

　そこで本章では、ヨーロッパにおけるインナーシティの特徴と問題を概観するとともに、EUの共通都市政策の目標であるサスティナブルな都市の実現という観点から、ドイツにおけるインナーシティ再生の取り組みを分析する。

2. ヨーロッパにおけるインナーシティ施策の動向

(1) インナーシティ問題の概要

　現在のインナーシティでは、良質の住宅ストックは商業目的への転用やジェントリフィケーションの受け皿として活用されている。他方、持家・民間賃貸の小ユニットを中心とする最古かつ劣悪なストックが集中する高密な市街地は、都心近くに位置しながら、公共サービス水準の低さと環境汚染ゆえに居住地としての魅力に乏しい。こうした地域では、担税力の高い住民層が住宅事情や子供の教育環境の改善を求めて郊外へ流出することにより、選択的な人口減少が進行している。特に近年では、経済リストラクチャリングの過程で労働市場から排除された失業者や高齢者等が地区内に滞留する中で、安価な住宅を求めてエスニック・マイノリティが集積する傾向がみられる。また、荒廃が著しい地区では、空家・空き店舗が増加するなど、土地の高度利用やブラウンフィールド（既成市街地内の低・未利用地）の活用において、そのポテンシャルを十分に活かしているとはいえない（前掲第 4 章・図 4-1 参照）。このように、本来は地域経済の駆動力である都市の内部においても、社会的不平等は特定空間（マージナル化された社会集団の比率の高い地区）に集中しているため、地区レベルでの施策が不可欠となっている（BBR, 2001, S.263）。

　各国のインナーシティをめぐる事情には差違があるため、問題の様相も一律ではなく、対策の開始にもタイムラグがあることはいうまでもない。既に 1960 年代にインナーシティ概念が登場した英国においても、地区再生において社会・経済的課題が注目されはじめたのは、不況が深刻化した 70 年代に入ってからである。これに対して、他のヨーロッパ地域では、政策の開始は英国より少なくとも 10 年ほど遅れた上、地中海諸国を中心として建造環境の物理的改善に事業が限定される傾向があった。しかしながら、第二次大戦後の政策上の展開はほぼ共通しており、①応急的戦後復興から大量除却・再建期（〜 1960 年代後半）、②既存ストックの物理的修復期（主に 70 年代〜）を経て、③社会・経済的アプローチを含む総合的な再生戦略段階（90 年代〜）へと移行

している (Mangen, 2004, pp.4-7)。

確かに1990年代には、グローバリゼーションにともなう都市間競争の激化を反映して、大規模複合商業施設の建設等に代表されるフラッグシップ・プロジェクトへの回帰が、一部の大都市を中心に追求されたこともあった。しかしながら、その後は地域経済の振興を目的とする再投資誘導や、地区イメージの改善を含むコミュニティ開発へと施策の重点がシフトした背景には、フラッグシップ型開発が地区住民に対するポジティヴな波及効果がなく、むしろ都市内格差を更に増幅しかねないとの反省とともに、以下に述べるEU共通都市政策に主導された側面があった。

(2) EUの共通都市政策——構造基金とURBAN

1980年代末より都市への取り組みを強めたEUでは、サスティナブルな都市社会の実現が共通都市政策の中心的テーマにも据えられている。1990年代初頭から欧州委員会（EUの執行機関）においても、社会・経済的結束を阻害する要因である地域間格差の是正には都市開発が有効であり、各国の政策を補完する形でEUレベルでの各分野を横断した包括的な都市政策を提案すべきとの認識が深まった（国土交通政策研究所, 2002, pp.1-2)。

都市における競争・成長・雇用・サスティナビリティ・社会的包摂を結合する一致可能な政策プログラム開発に言及した『EU都市アジェンダに向けて (*Toward an Urban Agenda in the EU*)』（1997年）を受けて、翌98年に発表された『EUにおける持続可能な都市開発——行動に向けた枠組み (*Sustainable Urban Development in the EU: A Framework for Action*)』は、①経済競争力と雇用の確保、②都市地域における平等、社会統合、都市再生の促進、③都市環境の保全と改善、④適切な都市統治とローカル・エンパワーメントへの寄与、という四つの目標を掲げ、持続可能な都市の実現に向けた行動指針を提示した (European Commission, 1998)。

域内経済格差を是正する目的で1989年に設置された構造基金は、その後数次にわたる制度改革を経てもなお、EU共通地域政策を推進するための強力な

手段となっている。構造基金の実施スキームは、加盟国から提出されたプログラムにもとづく優先目的別助成枠（Priority Objective；加盟国主導枠）と共同体主導枠（Community Initiative）とに大別される。優先目的別助成枠については、域内縁辺部の後進地域向け助成（Objective 1）が総額の三分の二を占める。これに対して、産業衰退地域を対象とする助成（Objective 2；総額の約 11%）は、石炭・鉄鋼・造船などの基幹産業が競争力を失い、産業構造の転換に直面している中核部（英・独・仏他）の工業地域をもカバーするものであり、工業用地やドックランドの転用などの事業支援にあてられた。加えて、①EU 平均を上回る長期失業率、②貧困世帯の集中、③深刻な環境破壊の進行、④高い犯罪率、⑤住民の低い教育水準のいずれかに該当する地域も、「問題の多い都市地域」として 2000 年より新たな助成対象となったが、これらの指標はしばしば、劣悪なインナーシティの生活環境と重なっている。

一方、共同体主導枠のイニシアティヴの一つである URBAN は、1989～99 年の都市パイロット事業（UPP）を経て、1994 年に新設された。これは、都市地域の社会的排除問題に明示的に取り組んだ最初の事業プログラムとして、都市生活の質を改善する斬新な計画を財政的に支援するもので、第Ⅰ期（1994～99 年）には総額 9 億€ が投資され、118 地区、320 万人を対象とする事業が展開された[1]。

URBAN は一種のブロック・グラント（block grant）[2]であるため、その事業内容は加盟国によって特色がみられる。ドイツの場合は、フランス、オランダなどと同様に、第一期に引き続き第二期（URBAN Ⅱ）においても起業支援・雇用創出を中心とする経済振興策（予算総額の約 49%）、物的環境の改善（建造物の修復と利用転換など；同 23%）、社会的包摂（エスニック・マイノリティ向けの社会統合ならびに労働市場への編入；同 19%）に重点が置かれた（GHK, 2003）。ただし、EU 共同体イニシアティヴにおいては、住宅政策を加盟国政府の責任とみなす立場（補完性の原則）から住宅建設・改修そのものに対する助成は対象外であるため、居住関連プロジェクトに関しては、住宅供給ではなく、居住サービスの拡充や住環境改善が中心であった（檜谷ほか，2001）。

ドイツにおける事業地区は、EU 構造基金助成の対象となる Objective 2（港湾地域、旧採炭地域などの衰退産業地域の再生を支援；旧西ドイツ地域）、または Objective 1（後進地域の振興を支援；旧東ドイツ地域）の指定地域と重なっている[3]。対象地区の多くは旧市街地の都心周辺部に位置し、現在は基幹産業の衰退やインフラの老朽化、住宅ストックの荒廃によって長期失業者やマイノリティが集中する「問題地区」となってはいるが、元来発展ポテンシャルの高い地区である。したがって、こうしたプロジェクトは、統合近隣地区開発により衰退した市街地を更新する取り組みであると位置づけることができる。

事業総予算における EU 基金の占めるウェイトは、非常に大きい。ドイツでは、EU 基金比率は事業総額の 35 ～ 75% と地区により格差があるが、とりわけ旧東ドイツ地域での比率が高く、住民一人あたり予算額も 1,000€ 以上と高額である。これは、インフラ整備や環境改善などに多額の予算が投下されていることによるものである。比較的人口規模の小さい市区単位で適用されることが多く、たとえば、ツヴィカウ（Zwickau）では人口わずか 826 人（市人口の 0.8%）の地区でプロジェクトが実施されている。

マッチング・ファンドの構成比をみると、ドイツでは、民間資金の投入は比較的少額であり政府主導といえるが、州の比重が最も大きい。これは、州のイニシアティブにより統合近隣地区開発支援プログラムがスタートしたことと関係があるものと考えられる。もっとも、政府間の分担比率は事業地区によって大きく異なっている。

URBAN は個別事業に対してではなく、プログラム・パッケージ全体への支援の形で配分されるブロック・グラントであるため、その事業内容は加盟国によって特色がみられる。しかしながら、事業地区の英・独・仏三ヶ国比較（**表5-1**）によれば、いずれも経済振興、雇用創出を最も重視しており、費目構成において両者で 40 ～ 60% を占めている。この点では、事業地区が直面している問題ならびに事業メニューには共通性が認められる（檜谷ほか、2001、pp. 188-189）[4]。

ドイツでは、いずれも国（連邦）と州・自治体ならびに民間とのパートナー

表 5-1　英独仏三ヶ国における事業領域別にみた助成プロジェクト（URBAN I 事業地区）

EU 共通都市政策の目標	事業領域	イギリス	ドイツ	フランス
経済競争力と雇用の確保	インフラ整備	◎	◎	●
	経済振興・職業訓練・雇用創出	●	●	●
都市域における平等・社会統合・都市再生の促進	新規社会住宅供給		△	△
	社会サービスの拡充	○	●	◎
都市環境の保全と改善	住宅ストックの保全・活用		○	△
	住環境改善		△	△
適切な都市ガバナンスとローカル・エンパワーメント	住民参加を促す事業・手法の開発			△
	地元団体の育成・支援		△	○
	パートナーシップにもとづく事業の計画・実施	○	●	●

注：各国 10 地区が対象。表中の記号は各事業領域に該当する地区数
　　（●‥10　◎‥7〜9　○‥4〜6　△‥1〜3　空欄‥0）
出典：檜谷ほか (2001) 表 3-3 を一部加筆修正

シップによって事業が計画・実施されており、以下のような特色がみられる。第一に、プログラムは経済開発・雇用創出が中心であるが、職業訓練やドイツ語習得など長期失業者、エスニック・マイノリティ向けの社会統合ならびに労働市場への編入施策に重点が置かれている。特に若年層の失業率が高い地区では、青少年センターの設置など若者向け支援事業も積極的に展開されている。第二に、地区アイデンティティの確立・回復のために、地元のシンボルとなる建物の修復と地区センター等への利用転換がはかられている。第三に、居住関連プロジェクトに関しては、住宅供給よりも居住サービスの拡充や住環境改善に重点が置かれている。加えて、市場経済への移行にともなう起業推進施策を重視する旧東ドイツ地域では、地元中小建設業の振興、雇用創出、自助活動への支援、家主への資金助成を通じて、地区再生をはかる事業が注目される。

　以上のように、これまでの数次にわたる改革を経て、構造基金は徐々に都市

重視へと収斂してきた。こうした EU レベルでの動向を反映して、加盟国における近年の都市政策も、社会・経済・教育・居住・環境など、複数の政策領域間の連携をますます強めつつある。

3. ドイツにおける統合近隣地区開発支援プログラム

(1) 都市更新事業の推移

1970 年代までのドイツにおける都市更新は、インナーシティの面的クリアランスが中心であった。これが既存のネットワークの破壊をもたらしたことから、80 年代初頭には、ネットワークの維持に配慮した「穏やかな都市更新」プロジェクトが縁辺部の住宅団地を中心に実施されるようになった。しかし、その制度上の枠組みである「都市建設促進法 (Städtebauförderungsgesetz；1971 年)」の対象が物的環境の再生に限定されていたため、80 年代半ばまでの施策の重点はインフラ、住宅の改善にあり、社会・経済再生はマージナルな位置づけにとどまっていた。

しかしながら、産業構造の転換にともなって特定の社会集団のマージナル化や空間的セグリゲーションが深刻化した結果、1990 年代初頭には他のヨーロッパ諸国と同様に、「都市計画上あるいは社会・経済的な問題事象はしばしば相互に関連しあっており、都市計画、社会政策などといった単一の専門領域では衰退の進んだ地区特有の問題は解決できない」との認識が、政策担当者の間で次第に高まっていった。

こうした背景の下に登場したのが、本節で対象とする総合市区開発 (Integrierte Handlungskonzepte für Stadtteile) の理念である。Sauter の定義によれば、総合市区開発とは、特定市域で全ての住民の社会的統合を保証し、その際特に個々の住民集団の社会的・空間的排除を防止するという目標を有する、長期にわたり計画された公益指向の民主的なプロセスを意味する (Sauter, 2002, S.168)。この理念においては、住民を施策の長期的な担い手として位置づけることが都市更新戦略の重要な構成要素となっているとともに、事業の重点

を不利益を被っている住民グループ及び資源に乏しい社会空間に振り向けることに対して政策上の合意がなされたことが注目される（Hanhörster, 2001, S.11）。一般に、更新事業における住民参加は、都市ガバナンスにおけるエンパワーメント（Empowerment；権限譲与）として大きな意義を持つが、とりわけ衰退地区では、フラグメント化しているとはいえ、一定のポテンシャルを有する地元関係者や住民グループの利害・関心を、いかにくみ上げ、地区再生事業に持続的に関与させるかが課題となる。

この統合市区開発理念のもとで、80年代後半から90年代初頭にかけて、都市更新は従来の物的側面重視から統合アプローチへと転換され、住環境改善・社会サービスの拡充、経済開発などの施策が事業に組み込まれた。こうして、雇用・職業訓練・教育・住民の資質向上に配慮するとともに、地区住民の生活条件の改善を目的とした社会統合プロジェクトが州レベルで実施されるようになった。ドイツにおいて総合市区開発を初めて施策として具体化したのは、ノルトライン＝ヴェストファーレン州の「特に更新の必要性を有する市区（Stadtteile mit besonderem Erneuerungsbedarf）」プログラム（1993年〜）であった。[6]

州レベルでの先行的な取り組みに対して、ドイツでは都市開発と住宅政策、社会政策とを統合する近隣地区レベルでの更新事業を助成する全国プログラムは存在しなかったが、1998年の政権交替以降、連邦・州共同イニシアティヴ「特別な開発需要をもつ市区―社会都市（Bund-Länder-Programm "Stadtteile mit besonderem Entwicklungsbedarf – die soziale Stadt"）」（以下、「社会都市」と略）に引き継がれ、対象地区が全国に拡大された。このように、州、連邦段階において、EU助成プログラムと適合性の高いプログラムが時期的に相前後して登場している。

「社会都市」の枠組みは、その理念を特徴づける戦略的事業領域群（Strategische Handlungsfelder）と、実施される個別事業領域群（Inhaltliche Handlungsfelder）とに大別される。前者については、①複数の事業領域を包括する分野横断的（ressortübergreifend）な施策統合アプローチの

採用[7]、②近隣レベルにおける事業実施の基盤となる地区マネージメント（Quartiermanagement）、③ネットワークとエンパワーメントにもとづく住民・企業・各種団体の参加と協働などが掲げられた。後者については、就業支援、社会サービスの拡充、地元経済の振興、教育、異なる社会・エスニック集団の共生など、当該地区における住民の生活条件を改善するための 13 の事業領域が組み込まれた[8]。プログラムの事業地区は年々増加しており、当初（1999 年）は全国で 123 自治体（161 地区）で実施されたが、2007 年 8 月には、447 地区（285 自治体）が対象となった。事業地区は、①産業構造転換の途上にある「工業都市のインナーシティ地区」、② 1960 〜 70 年代に建設された「郊外集合住宅団地地区」に大別される。

「工業都市のインナーシティ地区」では、基幹産業（採炭・製鉄・造船など）の衰退にともなう雇用の喪失と、それを補完するポテンシャルが地元に不足していることが問題である。こうした不利な労働市場の状況は、担税力の高い住民層を中心とした域外への選択的な転出を招く一方、高齢者や低所得層が既成市街地に滞留し、これが空家、空き店舗増加の要因となっている。特に老朽化住宅地区では空家率が上昇する傾向にあり、同時に基幹産業の衰退は多くの低・未利用地を生みだしている。

他方、1960 年代には都市労働力人口の多くを収容し、70 年代のクリアランス型再開発によって立退きを余儀なくされた住民の受け皿ともなった「郊外集合住宅団地地区」において問題が顕在化した背景には、住宅市場の緩和と居住要求の多様化がある。特定の住宅地における住民の社会的構成の偏りが、さらなる需要減退、空家の増加、社会問題の悪化を生むこととなる。こうした地区では、住宅地の安定化が重要であり、場合によっては住棟の除却も施策の選択肢となる。両類型とも比較的裕福な住民層が住宅事情や子供の教育環境の改善を求めて流出する一方で、「問題世帯」が滞留するセグリゲーションの進行、それにともなう購買力の低下、地元小売業の衰退などのため、ますます地区が荒廃していくという、いわば下方スパイラル現象が深刻化している点に共通性がみとめられる。

表 5-2 「社会都市」事業地区における 1999 年以降の変化（外部専門家評価による）

事業領域	大幅に改善	やや改善	不変	やや悪化	大幅に悪化
住宅の質	13.2%	38.2%	36.2%	9.4%	3.0%
住環境・公共空間の状態	12.8%	47.5%	25.0%	10.3%	4.5%
子供・若者向け施策	11.1%	41.2%	36.7%	7.8%	3.2%
社会施設	9.6%	37.6%	41.3%	9.4%	2.1%
学校の質	6.6%	22.3%	62.5%	7.1%	1.6%
住民の雰囲気	6.5%	36.5%	28.4%	18.9%	9.8%
地域イメージ	5.6%	28.3%	44.9%	11.7%	9.5%
共生	4.3%	40.4%	38.1%	11.9%	5.3%
公共空間の安全性	2.3%	25.4%	53.5%	14.1%	4.7%
ドイツ人／非ドイツ人の関係	2.1%	31.7%	46.0%	12.3%	7.8%
小売業の状況	1.4%	8.5%	42.5%	26.9%	20.7%
雇用・職業訓練	0.3%	5.2%	51.3%	24.8%	18.4%
貧困	0.2%	4.9%	47.2%	31.5%	16.2%
失業	0.0%	3.2%	40.6%	31.7%	24.5%

注：表中の網掛けは筆者による。
出典：IfS (2004)

　全国140地区（112自治体）を対象に、外部専門家が行った「社会都市」事業の中間評価（IfS, 2004）によれば、一般に住環境整備など、物的改善が先行しており、教育、住民の共生、地元経済活性化といった社会・経済的施策の効果はあまり上がっていない地区が多いという結果となった（**表 5-2**）。ただし、実際には地区の実情や事業の進展度にもとづく地区間の格差が大きいため、こうした集計的な数値が直ちに「社会都市」プログラムの評価を示すものではない点には留意する必要がある。
　そこで本章では、ルール地域に位置するデュースブルク市マルクスロー地

区（Duisburg-Marxloh）における URBAN ならびに「社会都市」事業を例にとり、施策の総合性が意味するものと、それが地区再生にもたらした効果について考察していく。なお、本章で着目する住民参加とは、都市更新事業におけるガバナンスならびにネットワークの組織形態というよりも、フラグメント化した人々、なかでも従来の都市政策では問題集団として排除されてきた人々をどう統合するのか、すなわち彼らの地区内での共生、あるいはコミュニティへの包摂のあり方を指す。

4．マルクスローにおける統合近隣地区開発の展開

(1) 地区のプロフィール

　デュースブルク市は、ルール地域西部、ノルトライン＝ヴェストファーレン州に位置する人口約50万人（2017年現在）の工業都市である。総面積（757.7ha）の46％を産業用地が占める同市のマルクスロー地区は、炭鉱・製鉄工場の立地を基盤とする典型的な労働者住宅地区として19世紀末から20世紀初めにかけて急速な発展を遂げた。しかし、1970年代半ば以降の産業構造の転換にともなう鉱工業施設の閉鎖や生産縮小により、1990年代の10年間に限っても約6,000人分の職場が減少し、多くの生産労働力人口が流出した。また、図5-1にみられるように、周囲を工場やアウトバーン等に囲まれ空間的に孤立しているため居住上の魅力を欠くこの地区では、その多くを1880～1910年に建設された共同住宅が占める住宅ストックの更新も遅れていた。この地区は、70年代初頭までは基幹産業の繁栄に支えられたデュースブルク市北部有数の商業中心地でもあったが、その後雇用の縮小や比較的裕福な住民層の転出により購買力が大幅に低下したために地区の衰退が進み、居住上の魅力を欠いたネガティヴなイメージが地区の内外で定着した。このように、その盛衰を採炭・製鋼とともにした点で、まさにマルクスローは、ルール地域にしばしばみられる典型的な「工業都市のインナーシティ地区」の一つといえる。

　地区の人口構成については、外国人と若年層の比率が高いのが特徴である。

図 5-1　マルクスローの「社会都市」事業地域（太枠線内）

出典：Austermann u. Zimmer-Hegemann (2001)

表 5-3　マルクスロー地区の概要

	マルクスロー地区	デュースブルク市
面積	757.7 ha	23,282.2 ha
人口	19,808 ***	522,449 ***
世帯数	9,563 ***	256,225 ***
失業率	18.3% ****	16.1% ****
社会扶助受給率	13.2% **	8.0% ***
持ち家率	5.1% *	15.2% *
一人あたり居住面積	31.9㎡ ***	34.0㎡ ***
外国人比率	36.5% ***	16.2% ***
60 歳以上人口比	19% ***	25% ***
18 歳以下人口比	23% **	18% ***

注：* は 1987 年、** は 1994 年、*** は 1998 年、**** は 1999 年の数値
出典：Austermann u. Zimmer-Hegemann (2001)

約2万人の住民（1998年当時）のうち外国人比率は36.5%に及んでおり、その約7割をトルコ人住民が占めていた。失業率も約18%に達し、1年以上の長期失業者も数多くみられた。また、社会扶助受給者の割合も、デュースブルク市の平均を大きく上回っていた（**表5-3**）。

以下では、事業の主たる担い手組織の改編が行われた時期を境に「第一期」（1985～98年）と「第二期」（1999年～）とに分けて、事業展開の特徴と地元関係者の参加状況（地区内ポテンシャルの動員）との両面から検討していくこととする。

(2)「プロジェクト・マルクスロー」による物的環境の整備（第一期）
a. 事業の担い手

表5-4にみられるように、マルクスローでは既に1985年にデュースブルク市の主導による「マルクスロー都市更新プログラム」ならびに「住環境改善プログラム」がスタートし、93年にはノルトライン＝ヴェストファーレン州「特に更新の必要性を有する市区」プログラムに採択されるなど、都市更新事業が継続して行われてきた。しかしながら、90年代半ばまでは、道路改修、緑地・子供の遊び場の整備、民間所有者による住棟中庭の改修支援など、い

表5-4 マルクスローにおける都市更新プロセス

1985年	マルクスロー都市更新プログラム開始
	住環境改善プログラム開始
1993年	州プログラム「特に更新の必要性を有する市区」対象地区に採択
1994年	プロジェクト・マルクスローの開始
1995年	EU-URBAN事業地域に採択（～99年）
1999年	EG DU(デュースブルク開発公社)設立
2001年	シュヴェルゲルン公園整備事業("Schwelgern lebt")開始
2002年	カイザー・ヴィルヘルム通り活性化プロジェクト開始
2004年	「モスク＝多文化交流センター」建設プロジェクト開始
2006年	国際商業センター(IHZ)プロジェクト開始

資料：Projekt Marxloh (1996) ほかより筆者作成

ずれも物的改善を中心とする従来型の都市更新事業であった（Projekt Marxloh, 1996, S. 5）。

　1994年6月、上記の州プログラムにもとづく「プロジェクト・マルクスロー」のスタートにより、居住・就業環境改善のための分野横断的な事業のモデル地区として総合市区開発事業が本格化することとなった。この事業は、次の二つの組織によって実施された。一つは、デュースブルク市の100%出資企業「デュースブルク市マルクスロー地区開発公社（Entwicklungsgesellschaft Duisburg-Marxloh mbH; 以下EGMと略）」であり、インフラ整備、住宅建設助成、産業用地開発など、物的更新事業を実施した。第二のものは、「市区プロジェクト・マルクスロー（Stadtteilprojekt Marxloh）」であり、若年層、長期失業者、社会扶助受給者に対する就業（Beschäftigung）・職業訓練（Qualifizierung）など、人への支援施策を担当していた。この両組織が連携して事業のコントロールを担っており、市の行政ヒエラルヒーに包摂される「市区プロジェクト・マルクスロー」はもとより、EGMも市当局との結びつきが密接であった（Austermann u. Zimmer-Hegemann, 2001, S. 148-156）。

　更に1995年末には、マルクスロー地区はEU共同体イニシアティヴURBAN第I期（1994～99年）事業に採択された。これにより、事業は新たに多額の資金を獲得したのみならず、URBAN予算の内訳[10]にもみられるように、新規経済活動への支援、地元雇用促進など、プロジェクトの中心は物的整備から社会・経済施策へとシフトしていくことになった。

b. 事業の成果

　第一期の主要な成果として、既存建造物の社会・文化施設への転用、ファサードの修復と美化ならびに住環境の改善などがあげられる。たとえば、かつて地区アイデンティティのシンボルであったシュヴェルゲルン・スタジアム（Schwelgern Stadion、1925年建設のサッカー競技場）は、管理棟の修復（1994年～）によって、EGM、スポーツクラブ、研修室、レストランなどの施設が付設され、コミュニティ・センターとしての機能が新たに加えられた（**写真5-1**）。

写真 5-1　修復された地区のシンボル、シュヴェルゲルン・スタジアム管理棟

（2006 年 8 月筆者撮影）

こうした施策は、ネットワークの拠点としてのみならず、地区イメージを改善し、地区の居住地としての魅力の回復・向上をはかるものとして評価できる。

一方、就業支援に関しては、主に臨時雇用の創出施策である ABM （Arbeitsbeschaffungsmaßnahme；雇用創出措置）[11]を通じて、1994 ～ 98 年の間に年平均 250 ～ 300 人が各プロジェクトにおいて雇用された。その多くは地区内居住者であり、うち外国人及び長期失業者が各々 30 ～ 40% を占めた。彼らは各種の協会や団体で勤務し、隣人・同僚・友人とのコンタクトを通じてプロジェクトの目標や事業内容等に関する情報を提供するとともに、問題点や要望を事業主体に伝える役割も担っていた。EGM と「市区プロジェクト・マルクスロー」との間には事業目標や施策優先順位の相違から多少の摩擦はあったものの（Austermann u. Zimmer-Hegemann, 2001, S.155）、たとえばシュヴェルゲルン・スタジアム改修、建物ファサードの美化事業などの都市更新施策には就業・職業訓練施策による雇用者が従事しており、二つの組織は互いに連携し合って事業を展開していた。

以上のように、第一期では「プロジェクト・マルクスロー」が、住民参加とネットワーク（水平的パートナーシップ）、地区（Ortsteil）－行政区（Bezirk）

−市 (Stadt) といった各レベルの行政組織の協働をその特徴として謳っていた (Projekt Marxloh, 1996, S. 5) とはいえ、プロジェクトやイニシアティヴはデュースブルク市当局からトップダウンで発起されるなど、プログラムの初動段階では行政主導の要素が極めて強かった。これに対して、住民参加については、地区内を定期的に巡回する移動情宣車 (Infomobil) が用意され、住民への各種情報 (プロジェクトの周知、ABM 求人情報、催し物案内など) の提供に利用された他、地区事務所 (Ortsteilsbüro) が開設され、住民からの要望・提案・苦情の窓口となったものの、非常に限定されたものであった。

(3) EGDU による経済振興と多文化共生（第二期）
a. 組織の改編

これに対して、第二期では、事業を主導する組織の改編が行われるとともに、多様な住民組織、地元経営者組織が相次いで結成されていった。これらによって、地元関係者・住民からの提案と実践が活発化するとともに、教育・職業訓練を含む人への投資を重視する施策に事業の重点がシフトされた。[12]

まず、組織改編については、それまで分業体制にあった EGM と「市区プロジェクト・マルクスロー」とが 1999 年に「デュースブルク開発公社 (Entwicklungsgesellschaft Duisburg mbH; 以下 EGDU と略)」（市の 100% 出資企業）へと統合されることにより、地元経済活性化事業と社会的施策とを総合的にコーディネートできる体制が整った。また、EGDU は市内全域の都市更新事業を担当することとなった。マルクスローでの経験を市域全体へ還元し、他の地区での都市更新事業に活かすという点でも、その役割は重要である。[13]

個々のプロジェクトは EGDU 本部に設けられた各専門領域の主導によって実施されるが、あわせて EGDU は市区事務所 (Stadtteilbüro) を通じて地区マネージメント (Ortsteilmanagement) をコントロールする。市区事務所は、地元住民が気軽に訪れ、直接相談や提案を持ちかける場、いわば「立寄り地点 (Anlaufstelle)」として機能している。その一方、EGDU の業務は市長（代理者）と市議会議員 6 名で構成される役員会 (Aufsichtsrat) によって監視される

図5-2 マルクスローにおける事業組織

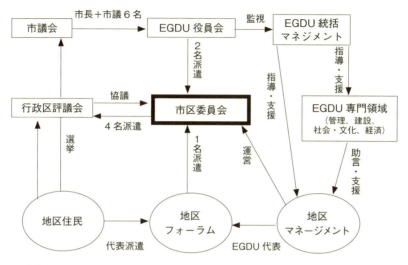

出典：Gorres, 2004.

(図5-2)。

　また、住民参加の基盤となる地区内のネットワークに関しては、住民はテーマ別に組織された多様な住民団体[14]あるいは地元経営者組織[15]への参加を通じて、それらの代表者で構成される地区フォーラム（Ortsteilforum、メンバーは120名）に自らの意見を反映させることができる[16]。更に、地区フォーラムの代表者（1名）は、市区委員会（Stadtteilausschuss、行政区評議会代表・EGDU役員会メンバー・住民で構成される市区の政治的委員会）に参加し、ここで市民にとっての重要な関心事が地元政治へと取り次がれる。こうした仕組みを通じて、総合市区開発の目標の一つである住民参加と決定プロセスの透明化が保証されている（Gorres, 2004）。

　なお、マルクスローでの事業はきわめて多岐にわたるので、以下では2005年10月及び2006年8～9月に行った現地調査により詳細を知り得た経済振興と多文化共生に絞って、その成果を検討していく。

写真 5-2　トルコ人の経営するレストラン店内

利用者は、ドイツ人、外国人がほぼ半数ずつである。
（2006 年 9 月筆者撮影）

b. 地元経済の振興

　ここでいう地元経済（lokale Ökonomie）とは、「主に地元需要をカバーするか、あるいは地元労働力を一定程度採用する経済活動」を指す（Rommelspacher, 1997, S. 11）。1990 年代末の調査によれば、マルクスローの地元経済は、地区内事業所の 85% が従業員 9 名以下と零細規模の企業に依存しているものの、音楽教室やマルチメディア関連など、サービス業を中心に全事業所の 46% が過去 5 年以内に創業されている。特にトルコ人が経営する企業は、その 8 割が新規に開業され、若い経営者（18 〜 29 歳）が 31.5% を占めている（Weck & Zimmer-Hegemann, 1999, pp.61-65）。これは、彼らが労働市場で不利を被ることが多いことを反映しているが、他方で起業者（Existenzgründer）としてのポテンシャルの高さを示している。ただし、経営のノウハウがなかったり、法律上の知識が乏しかったことから短期間で廃業せざるを得なかった店舗も、かつては相次ぐ状態にあった。[17]

　これに対して、全国初の地元経済開発支援組織として 1996 年に設立された「経済開発事務所（Büro für Wirtschaftsentwicklung; 以下 BfW と略）」（現在

はEGDU内に設置)は、ドイツ人2名、トルコ人1名の専従職員(経済専門家)を配置し、経営者向けセミナーの開催、地区内経営者ネットワークの強化、中小企業向け産業用地の提供などの業務を行っている。なかでも注目されるのが小売業の新規立地促進事業であり、地区の主要街路(ヴェーゼラー通りWeselerstraße, カイザー・ヴイルヘルム通りKaiser-Wilhelm-Straße)沿いの延べ7,000㎡以上の店舗用地を対象に、96年の活動開始以来、数百万DMにのぼる民間投資を仲介し、トルコ系企業を中心に100店舗以上を誘致に成功した(**写真5-2**)[18]。その結果、高級店と大衆向けの店舗とが混在しているとはいえ、中心商店街には地元コミュニティを顧客の中心とする商店・オフィスが軒を連ね、かつての賑わいをとり戻しつつある(**写真5-3**、**写真5-4**)。

また、1996年にEGDUの仲介により設立されたトルコ人経営者協会(TIAD；会員数80名)も、トルコ人起業家向けセミナーの開催、経営支援などを独自に行っているが、2006年より国際商業センター(Internationales HandelsZentrum; 以下IHZと略)プロジェクトに取り組んでいる[19]。これは、多くのエスニック企業を地区発展のために結集・利用し、当地をルール地域、ひいてはドイツにおけるトルコ系企業の中心地へするための「灯台プロジェクト(Leuchtturmprojekt)」で、トルコ本国からの企業誘致[20]を通じて、①地元経済の強化、②新たな雇用の創出、③既存企業の安定化を目的としている。TIADは、同プロジェクトではトルコ国内中堅企業向けに立地決定、顧客紹介、マーケティングなどのサービスを提供する(**写真5-5**)。

このように、外国人比率の高いマルクスローのような地区では、中等教育修了率が低く[21]、将来へのパースペクティヴを持てない移民出自の若者達が社会的に排除されていく状態は深刻であるが、BfWならびにTIADの活動は、エスニック・エコノミーのポテンシャルを生かしていることにとどまらず、マイノリティ若年層への雇用提供、更には地元児童・生徒にも将来への展望を与えている点に大きな意義がみとめられる。また、デュースブルクは、ヨーロッパ屈指の港湾を擁するロジスティクス産業の拠点として、立地上の優位性があることに加えて、新規進出企業にはフレキシブルな地元トルコ人労働力に対する期

写真 5-3　マルクスロー地区の中心、Pollmann-Kreuz

（2006 年 8 月筆者撮影）

写真 5-4　目抜き通り (Weselerstraße) 沿いに立地するブライダル店舗

（2008 年 8 月筆者撮影）

待が大きいため、今後の IHZ プロジェクトの成果が地区にもポジティヴな影響をもたらすものと予測される。

写真 5-5　Weselerstraße に新たに進出した宝飾店
（本店はイスタンブール）

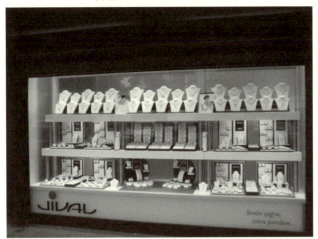

（2008 年 8 月筆者撮影）

　以上のように、マルクスローでは、経済振興と社会的施策とは密接に関連しており、これを地区レベルでマネージメントできる点で、「社会都市」プログラムの持つ「総合性」は意義があると評価できる。

c. 住民の多文化共生
　次に、住民の多文化共生の事例として「モスク＝多文化交流センター（Begegnungsstätte und Moschee）」の建設（2008 年秋竣工）があげられる（**写真 5-6**）。これは、ムスリム住民のみならず、キリスト教教会、政党、商業者、EGDU など、地元の多様な組織から構成される顧問委員会（Beirat）による 3 年間にわたる議論を経て着工されたもので、合計 6.5 万人にのぼる市内ムスリム住民のアイデンティティ・シンボルとしてのみならず、移民女性の教育、高齢者向けサービス機能を補完し、非ムスリム住民との文化交流の場としての役割も担っている。こうした社会的・文化的コンセプトを備えた国内初の試みであるがゆえに、事業は EU、州の公的資金援助を受けている。[22]

写真 5-6 建設中の「モスク＝多文化交流センター」

（2006 年 8 月筆者撮影）

　なお、上記以外にも、住民が主体となった多文化共生プロジェクトが地区内では進められている。たとえば、地元商店主らで組織される「カイザー・ヴィルヘルム通り活性化プロジェクト」（2002 年～）では、ドイツ、トルコ、イタリア、ロシアなど、様々な国籍を持つ人々が共同で、飲食店街 "Piazza"、アトリエを無償貸与する「芸術・文化街」の設立などが構想されている[23]。

5. おわりに——今後の展望

　ドイツでは、行政組織の改編や垂直的・水平的パートナーシップの構築を通じて、地元住民も参加しうる分野横断的な都市再生事業が進行している。また、EU も綱領的文書と構造基金改革を通じて、90 年代以降は都市政策重視にシフトし、事業への助成を行っている。

　本章では、デュースブルク市マルクスロー地区を事例にとりあげ、住民参加ならびに施策の総合性という観点から統合近隣地区開発支援プログラム（URBAN,「社会都市」）の事業評価を行った。BfW や TIAD の活動に代表される第二期（1999 年～）の取り組みからは、地区ポテンシャルの活かし方次第で

は、総合市区開発における「総合」性が単なる分野横断的な補助金の寄せ集めに止まることなく、施策群の相乗効果が期待できるものであることが明らかとなった。

とはいえ、「社会都市」の事業対象地区では、地区内部でも住民層がフラグメント化しており、そもそも住民一般を想定することができないところに問題がある。したがって、言語や交友関係などから情報へのアクセスそのものを制限されている住民グループ（被排除層）のポテンシャルをいかに動員するか、そのためのネットワーク構築にあたっても格段の工夫が必要となる。マルクスローの事業では、自治体当局の強力な主導に支えられた組織形態をとっている点で他地区とは大きく異なっているが、EGDUのトルコ人スタッフがネットワークのキー・パーソンとしての役割を果たしている。このことが、従来型の都市政策では「問題集団」の一つと位置づけられ、隔離の対象とされていた移民層のポテンシャルを動員することにつながっているといえよう。

一方、「社会都市」プログラム自体の評価をめぐっては、その理念で謳われている分野横断性は、行政にとって未知の領域であり、新たな挑戦を意味するものの、現実にはそれらにまだ十分に応えられていないとの批判がなされている。すなわち、助成資金を束ね合わせるとしながらも、「助成期間や申請手続きが様々で、事業実施に支障がある」、「個々の施策の条件が厳しく、プログラムに柔軟性がない」、「分野横断的な発想を担当者に定着させ、自明のこととするのは難しい」、「州・連邦・EUは美辞麗句で全体的・総合的な試みの意義を強調するが、具体的なコーディネート業務はプロジェクトレベルに委ねられ、事業に対して過大な要求をされたり、それが事業実施の妨げとなっている」などといった様々な問題点が既に指摘されている（Oppolzer, 2000, S.16-17）。

また、プログラムの成否は場のポテンシャル、すなわち地区の実状に依存せざるを得ないため、当然のことながらその効果は一律ではない。郊外集合住宅団地地区では産業誘致は非現実的であり、たとえば住宅設備・住環境改善の際に住宅企業が就業機会を提供できるとはいえ、それは長期的・継続的雇用に直接結びつくものではない。また、インナーシティ地区でも、一般に地元中心商

店街への小売店誘致はある程度期待できるものの、デュースブルクのIHZプロジェクトのように、外国（移民送り出し国）からの投資を前提とするような事業展開は容易ではない。

いずれにせよ、中央政府・地方政府を取り巻く厳しい財政事情の下で、地元のポテンシャルを活かしながら長期的・持続的な取り組みをいかに進めるかが、今後のドイツにおける都市更新事業の鍵を握っているといえよう。

注
1 事業地区の内訳は、その4割がインナーシティ、2割が歴史的中心市街地であり、縁辺部の高層集合住宅団地も全体の三分の一を占めている（Mangen, 2004, pp.185-187）。事業予算には、EUからの助成に加えて、中央・地方政府の公的資金（マッチング・ファンド）が組み込まれる。なお、URBANの詳細については、岡部（2003）を参照のこと。
2 使途を細かく指定して交付するのではなく、補助金の総額だけを決め、使途については自治体の自由裁量に求める助成方式。地域全体の総合的な開発を支援するために適用される包括補助金制度。
3 ここでは、ドイツで展開されているURBANプロジェクト（合計12地区）のなかから、事業計画書に住宅ならびに団地生活の改善に関する具体的な記述がある10地区を選定し、事業地区の特徴、EU基金とマッチング・ファンドの特性、事業の費目構成、居住分野におけるEU都市政策の戦略分析を行った。
4 欧州議会の強い意向で存続することとなった第Ⅱ期事業（URBAN Ⅱ：2000～06年）では、地区数は70に削減されたが、ドイツ、フランス、オランダなどの場合、第Ⅰ期に引き続き、起業支援・雇用創出を中心とする経済振興策、物的環境の改善（建造物の修復と利用転換など）、社会的包摂（エスニック・マイノリティ向けの社会統合ならびに労働市場への編入）に重点が置かれている（GHK, 2003）。
5 こうしたコミュニティ開発プログラムの例として、イギリスにおける統一再生予算（Single Regeneration Budget, SRB：1993年～）、フランスの地区社会開発（Développement Social des Quartiers, DSQ：1982年～）があげられる（檜谷ほか、2001, pp. 185-186）。なお、ドイツのプログラムについては本章3節ならびに大場（2007）を参照のこと。
6 この支援プログラムは、1999年6月時点で、22の自治体（26地区）に資金助成

を行った。

7 「社会都市」プログラムに対しては、連邦、州、自治体が三分の一ずつの公的資金を負担することとなっており、EU 構造基金より補助金があった場合は、残額をこの三者が同比率で案分する。ただし、「社会都市」には独自の予算枠が予め設けられているわけではなく、各々の事業領域を担当する行政庁が管轄する各種の助成金を束ね合わせるプラットフォームを、このプログラムは形成しているのである（ARGEBAU, 2005）。

8 「社会都市」公式 HP（Soziale Stadt Transferstelle, 2007）による。

9 当地にトルコ人が居住しはじめたのは 1960 年代半ばで、現在居住しているのは、隣接するテュッセン（Thyssen）社などの工場にかつて勤務していたガストアルバイターとその後継世代が大半である。

10 URBAN からの補助金は、EU 構造基金（地域開発基金 ERDF、社会基金 ESF）、ノルトライン=ヴェストファーレン州、民間資金で構成される。予算の施策別内訳は、新規経済活動への支援（URBAN 予算総額の 20.6％）、地元雇用の促進（同 21.9％）、社会・コミュニティ開発（同 18.3％）が中心であるが、住宅関連事業を含む都市整備にも全体の 13.3％ が支出されている（檜谷ほか , 2001, p. 191）。

11 長期失業者、若年失業者を公共の利益に資する就労のために雇用する地方自治体や企業などに対して連邦政府が必要な助成を行う制度。利用者が少ないため、2012 年の社会法典改正によって廃止された。

12 EGDU・Helga Gebel 氏へのインタビュー（2005 年 10 月 25 日）による。

13 マルクスロー以外の市内 3 地区（ブルックハウゼン Bruckhausen、ホーホフェルト Hochfeld、ベーク Beeck）にも市区事務所（Stadtteilbüro）が設けられ、事業が実施されている。

14 たとえば社会・文化活動を担う Förderverein Marxloh e.V. や、市区フェスティバル（Stadtteilfest）の組織主体である Stammtisch der Verein などがあげられる。

15 ドイツ人小売業者を代表する Werbering Marxloh とトルコ人自営業者団体 TIAD がこれにあたり、両者は地元活性化において密接な協力関係にある。

16 そこでは、地元政治家や専門家を交えて「テュッセン社コークス工場新規建設とそのマルクスローへの影響」、「中心商店街の改修」、「シュヴェルゲルン公園内プールの閉鎖」などのテーマについて話し合いが行われた（Grandt, 2000）。

17 TIAD でのインタビュー（2005 年 10 月 25 日）による。

18 Idik（1997）ならびに BfW 担当者 Ercan Idik 氏へのインタビュー（2006 年 8

月23日）によれば、資金力に乏しい新規起業者に対しては、BfW が開業資金借入れ保証等の便宜を図っている。

19　TIAD の IHZ プロジェクト担当者 Aykut Yildirim 氏へのインタビュー（2006年9月1日）による。なお、このプロジェクトの資金総額40万€の9割は州及びEUの支援を受けており、残りの10%を TIAD が負担する。

20　既にイスタンブールに本店を置く宝飾店などが進出している他、同地区にはブライダル産業の店舗が集積し、ドイツ国内のみならず、ベルギー、オランダなど周辺国からも集客している。

21　TIAD でのインタビューによれば、地区内における外国人の企業経営者の36.6%は、中等学校未修了者である。

22　DITIB-Merkez-Moscheeverein（地元ムスリム団体）関係者へのインタビュー（2005年10月25日）による。

23　Ideenwerkstatt Kaiser-Wilhelm-Straße でのインタビュー（2005年10月25日）による。なお、TIAD の担当者からは、空き店舗の所有者の多くは地元居住者ではないので、再生事業に関心が薄い点が、活性化事業に関わる問題点としてあわせて指摘された。

第6章

環境共生型都市居住の推進

1. はじめに

　従来の郊外への拡散を前提とした都市開発のあり方は、「環境との共生」という側面からも見直しを迫られている。既に、EU 諸国では持続可能（sustainable）な都市の空間形態として、コンパクトシティ（compact city）政策が提起され、推進されている。これは、ポスト成長主義型都市政策のモデルであり、新たな都市空間の概念である（海道, 2002, p.24）。そこでは、従来の「分散」型の住宅開発による都市拡張を抑制して、用途混合、建築密度の増加、公共交通機関の整備等を通じて、高密な集落構造を実現し、環境に対する負荷の小さい環境共生型都市を建設する都市計画・社会政策上の施策が実施される（Häußermann u. Siebel, 1996, S.303-305）。開発に際しては、環境に対する負荷の大きいグリーンフィールド（新規開発用地）ではなく、ブラウンフィールド（既成市街地内の用地）の開発を優先するところに特徴がある。

　ドイツでも、EU の共通都市政策を受けて連邦建設省が独自のレポート "Siedlungsentwicklung und Siedlungspolitik" を作成し、持続可能な都市戦略に取り組んでいる。このレポートでは、サスティナブルな都市政策におけるテーマとして、①資源を大切にする、環境共生的な集落・都市開発の促進、②社会に調和した集落・都市開発の保証、③適切な住宅供給、④将来にわたって利用可能な都市インフラの整備・確保、⑤魅力的で、将来性のある経済活動に適した都市建設があげられている（Bundesministerium für Raumordnung, Bauwesen und Städtebau, 1996, S.3-8）。

「持続的な都市発展」にとって重要な理念は「既成市街地内開発（Innenentwicklung）」である。既成市街地内開発とはストック指向、資源節約型の都市開発戦略であり、ストックの維持と設備近代化により既成市街地の魅力を向上させれば、住民がその地区に引き続き居住することが可能となる。こうしたストックの改善に重点を置いた「穏やかな都市更新」は、空間的拡大なき構造転換として、環境共生型都市建設にも貢献をなしうる。なぜならば、Innenbereich（建築が許される地区）の徹底的利用により市街地の外延化を防止し、Außenbereich（原則的に建築行為が許されない地区）でのオープンスペースを確保することができるからである（Budesministerium für Raumordnung, Bauwesen und Städtebau, 1996, S.63-64）。すなわち、利用の高密化（密度増）、低・未利用地の活用を通じて、生活関連施設やアフォーダブルな住宅を供給することによって、用地の集約的・効率的利用を図ると同時に、用途混合のチャンスを提供することが可能となる。

本章でとりあげるIBAエムシャーパーク（Internationale Bauausstellung Emscher Park；エムシャーパーク国際建築博覧会）は、かつてヨーロッパ最大の工業地域であったルール地域の北部にあたるエムシャー川流域（図6-1参照）において推進されている産業構造の転換（環境共生型産業の新規誘致）、地域資源の活用、雇用創出、アイデンティティとアメニティの向上を目指した総合型地域開発計画である。そこには、自然環境との共生、公民パートナーシップなど、今日世界的に注目されている多くの開発パラダイムが盛り込まれている。それゆえに、既に建築・土木・都市計画・生態学・地方財政など、様々な分野から注目を集め、数多くの文献において紹介がなされている。その多くは、IBAのユニークな運営形態と、環境共生型地域開発の具体例としての緑地整備（エムシャー・ランドシャフト・パーク Emscher Landschaftpark）や河川改修などの取り組みの紹介に重点が置かれている。しかしながら、先進工業国における持続型地域開発のもう一つの重要な側面である都市居住については十分に言及されているとはいえない。そこで本章では、多岐にわたるIBAエムシャーパークのプログラムの中から居住系のプロジェクトを取り上げ、既成市

図6-1 IBA エムシャーパーク計画地域における都市の分布

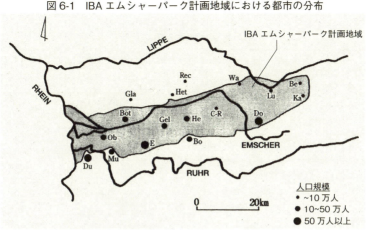

注：人口規模は1999年現在、都市名の略記については下記の通り。
Du: Duisburg, Ob: Oberhausen, Mu: Mülheim, Bot: Bottrop, Gla: Gladbeck, E: Essen, Gel: Gelsenkirchen, Het: Herten, Rec: Recklinghausen, He: Herne, Bo: Bochum, C-R: Castrop-Rauxel, Wa: Waltrop, Do: Dortmund, Lu: Lünen, Be: Bergkamen, Ka: Kamen
出典：筆者作成

街地内での開発が都市再生に及ぼすインパクトを検証する。

ルール地域には、市街地形成プロセスにおいて鉱工業企業の果たした役割がきわめて大きかったことから、産業構造の転換以降、既成市街地内、それも都心近くの開発ポテンシャルの高い地区に大量の未利用地・低利用地が残されている。この点から、「既成市街地内開発」戦略の可能性を評価する上で、当該地域は適切な対象地域といえよう。

以下では、ルール地域の工業化と衰退の過程について概観する（第2節）とともに、IBA エムシャーパークの理念・目的について言及した上で、事業の特色を整理し（第3節）、居住系のプロジェクトについて検討していくこととする（第4節）。

2. ルール地域の工業化と衰退

ルール地域は、元来は都市的な集落の発展が遅れた農業地域であったが、19

世紀初頭にコークス原料である瀝青炭（れきせいたん）の採掘が開始されるとともに、本格的かつ急激な工業化がはじまった。英国からの技術移転による技術革新、域外資本の流入、鉄道・運河網の建設は、採炭及び製鉄業を基盤とする鉱工業コンプレックスの形成と内外販路の拡大をもたらした。

　この地域の都市化は、主たる資源である石炭の採掘及びそれに関連した諸工業の立地と、それにともなう労働者の流入という形で、大規模かつ無秩序・無計画に行われた点に特徴がある。そこでは、土地所有者、土地投機家（Bodenspekulant）による都市の土地の私経済的利用が市街地形成の方向を決定づけ、彼らが近代的大都市の組織者となっていった。ルール地域の諸都市においては、鉱工業企業が広大な土地を保有しており、1910年時点のデータによれば、ボトロップ（Bottrop）やゲルゼンキルヒェンなど、エムシャー地域の都市では市域面積の30%を超えるケースもあった。しかも、注目すべきことには、そうした工業の所有地の中には、かなりの割合で住宅及び将来の工場拡張用地等に充当される可能性のある未利用地が含まれている。その比率は、都市によっては、鉱工業企業の所有地の6割を超える場合もあった（大場, 1992, pp.10-12）。

　19世紀前半において南部のルール河谷を中心に行われていた石炭採掘は、1900年にはエムシャー川を越え、北部のレックリングハウゼン（Recklinghausen）付近にまで進出した。ルール地域では炭層が南から北へと傾斜していたために、採炭の北進とともに、その採掘には大規模なたて坑施設（Schachtanlage）が必要となり、吸収・合併による各炭鉱会社の大企業への発展を促した。この間、各都市の経済的発展により住民の就業機会は増大かつ多様化したため、採炭業にとっては労働力の不足が重要な問題となった。各炭鉱会社が、労働力確保のために「労働者向け住宅地」（Kolonie）を各地で建設し、プロイセン東部諸州（現在のポーランド及びロシアの一部）から労働者の募集を積極的に行った背景には、こうした事情があった。Kolonieは、通常は炭鉱たて坑施設のすぐそばに建設されたため、多くの地区（Gemeinde）では大炭鉱の成長とともに住民は急増した。特にゲルゼンキルヒェン、ヘルネ（Herne）、

ヴァンネ＝アイケル（Wanne-Eickel；現ヘルネ市の一部）といったエムシャー地域の諸都市では相次いで炭鉱が開設され、それに付随する住宅地建設を含めて用地の徹底的な利用がはかられたため、1895～1905年の10年間に人口は約4倍に急増した。今日"エムシャー都市型"といわれる、大工業施設と、それに付設されたKolonieとで構成された風景はこの地域の市街地景観の典型ともなった。こうして、ドイツ国内で最も人口密度の高い、多核（polycentric）型都市圏が形成されていったのである。

　ルール地域は、第二次大戦後の復興過程においても大きな役割を果たしたが、1960年代以降、次第に活力を失っていくことになる。衰退の理由としては、外部要因と地域に内在する要因があげられる。最大の外部要因とはエネルギー革命であり、石油への移行が急激に進むとともに、ドル安による輸入炭の価格低下もあいまって、生産コストの高いドイツ国内の炭鉱は相次いで閉山されていった。1957年当時、ルール地域内で操業していた140の炭鉱は、1996年には15鉱にまで減少している。国際競争力を失ったルール採炭業は、その後も補助金の引き上げなどを通じて政策的に維持されたものの、それは同時に伝統的工業地域における産業構造上の偏りを固定化し、構造転換を困難にする一因ともなった。採炭業とともに地域の基幹産業であった製鉄業も、世界的な需要減少と過剰生産によって技術革新・人員削減による生産性向上の追求を余儀なくされた。その結果、1978年に20.6万人を数えた製鉄業従業者は1987年には14.6万人に減少した。こうして、かつて地域内全就業者の70％（1957年）を占めた採炭・製造業部門の就業者比率は、その後37％（1987年）、35％（1994年）と低下していった。

　一方、ルール地域は依然としてドイツ最大の人口稠密地域（人口約512万人、2016年現在）であり、豊富で質の高い労働力と購買ポテンシャルが存在し、鉄道・アウトバーンが地域内を縦横に走っているため、内外との交通アクセスもきわめて良好である。更に、6つの総合大学をはじめ、多くの高等教育機関が集積し、活発な文化活動が展開されているうえ、他の大都市圏に比べて地価が安いなど、新たな産業の立地に際して、多くの恵まれた条件を有してい

る（Ganser, 2001, S.18-19）。しかしながら、地域に内在する以下のような要因が、イノベーションを妨げ、産業構造の転換を遅らせている。

第一に、既成市街地内の商工業用地のうち、かなりの部分が依然として大企業によって所有され、長期間にわたり売買されることがなかったため、土地市場が硬直化している。しかも、こうした用地（炭鉱・工場跡地）の利用転換は容易ではない。なぜならば、地盤沈下、土壌汚染などの鉱害により、土壌改良には多額の費用を必要とするためである。また、工業化時代に職住近接の必要から形成された労働者住宅地区周辺では、居住・就業の場が混在しており、住環境や余暇活動の可能性など「生活の質」が見劣りしている。とりわけ問題であるのは、過去150年にわたる環境汚染の進行と大企業・行政・労働組合間の密接な「内的連関」を原因とする閉鎖性である[8]。これらの要因は、地域イメージの悪さや政策的に高く維持された賃金水準とあいまって、新規産業の立地、専門労働者の居住にとってはネガティヴな影響を及ぼしている。以上は、いずれもAltlasten（歴史的発展過程にともなう負の遺産）であり、かつての開発プロセス、すなわち、上述したような鉱工業企業の用地先行取得にともなう弊害によるところが大きい。その結果、ルール地域の失業率は旧西ドイツ地域ではきわめて高く[9]、それは地元購買力の低下、更には地域活力の低下へとつながっていった。

3. IBAエムシャーパークの概要

(1) 事業の特徴

1960年代末から80年代半ばまでのルール地域を対象とした構造政策は、地元ノルトライン＝ヴェストファーレン州政府により主導された近代化プログラムであった[10]。こうした事業においては、ドイツのエネルギー供給中心地としてのルール地域の役割を維持し、鉱工業コンプレックスの機能を一層強化することに重点が置かれた。その目的のためには、自然資源の浪費を顧みず、今後とも量的な成長を追求することについて、当時は広く社会的なコンセンサスが

あった。

　1980年代後半、地元の二大鉱工業コンツェルンであったティッセン（Thyssen）、クルップ（Krupp）両社の生産大幅削減計画の発表（1987年）とともに、「もはやルール炭は将来のエネルギーの担い手とはならず」、「鉄鋼業のリストラクチャリングは、その国際競争力を強化した一方で、失業者の増大などにより地域の社会的安定を危機に陥れた」との認識が州政府にも生まれた。そして、従来のモノストラクチャー型産業構造を転換するために、新たな方法が模索されることとなったのである。また、鉱工業企業の側も、地域内に所有する大量の不動産を有効利用し、利潤を得たいとの意向を持っていた（Wissen, 2001, S.3-8）。こうした地域に関わる主体間の思惑が一致したことが、IBAの開催につながっていったといえる。

　表6-1は、IBAエムシャーパーク事業の歩みを示したものである。1988年に開催が決定された同事業は、1989〜99年の10年間を事業期間として、東

表6-1　IBA エムシャーパーク事業の歩み

1987年9月	都市建設相（当時）C.Zöpel 及び IBA Berlin 専門家グループがエムシャー地域を訪問
1988年5月	州首相が IBA エムシャーパーク開催を表明（記者会見）
11月	IBA エムシャーパークプログラムの閣議決定、「州政府覚え書Ⅰ」公示
12月	IBA 運営のための州出資企業として IBA Emscher Park 社設立（本社：ゲルゼンキルヒェン市）
1989年5月	IBA エムシャーパークが州構造プログラムとして設立される　地域内の自治体、企業、その他団体に対して公式にプロジェクト募集を呼びかけ（400以上の提案が寄せられる）
1990〜94年	60以上のコンペを通じて選ばれたプロジェクトの計画作業に重点
1994/95年	事業計画とこの間に実現された事業の中間プレゼンテーション
1995〜99年	個々のプロジェクトの実現に重点
1996年	第二期事業（〜1999年）発表（「州政府覚え書Ⅱ」）　ベネチア建築ビエンナーレにて IBA エムシャーパークを紹介
1998/99年	IBA 終結後の組織上、テーマ上の調整に関する各種会議開催
1999年夏	終結プレゼンテーション（IBA Finale '99）開催

出典：IBA Emscher Park GmbH, 1999.

西70km、南北15kmにわたる面積約800km²の広大な地域を対象に実施された。計画地域には約250万人が住む17市が含まれており、100年余に及ぶIBAの歴史において、過去例をみない大規模プロジェクトとなった。1989年（事業開始年）にはプロジェクトの公募が行われ、自治体、企業、市民グループなどから合計400以上の提案が寄せられた。計画期間の前半（1990～94年）は、コンペにより選ばれた123プロジェクトの計画作業に重点が置かれ、後半（1995～99年）は、個々のプロジェクトの実現に力が注がれた。

IBAエムシャーパークは、以下の点で従来の地域計画とは大きく異なっている。第一に、従来のように、発展プログラムの形で地域の全体計画（ゴールの見取り図）を示すのを意図的に避けている。経済開発一辺倒ではなく、地域のネガティヴなイメージを修正し、高付加価値の生産・サービス部門の立地拠点、ツーリズムの目的地として明確なイメージを打ち出すことを重視している点で、純然たる経済開発というよりも、イメージ戦略としての側面が強い（Wissen, 2001, S.10-11）。

第二に、この事業が総数123の個別プロジェクトから成る「総合型地域開発」である点があげられる。個々のプロジェクトは大規模なものではないが、いずれも自然環境との共生、既成市街地内開発などに関連する特定のテーマにもとづいて構想されたものである。また、それぞれがモデルプロジェクトとしての性格を有しており、特定市区の環境改善などの直接的効果もさることながら、周辺への宣伝・波及効果をともなうものである。

第三に、事業の実施にあたっては、従来の強固な「内的連関」にもとづいて州政府がヘゲモニーを握るのではなく、運営主体として新たに設立されたIBAエムシャーパーク社[11]に全面的に委ねられている。同社は、プロジェクトの採否を決定するとともに、各種の助成資金に関する情報を提供したり、プロジェクトの内容を地域内外に発信するなど、コーディネーターの役割に徹している。これは、ルール地域では地域としての一体性を有しながら、組織（行政体）としては各都市間に相互対抗意識が伝統的に存在している点に配慮したものと考えられる。

IBA エムシャーパークに対する総投資額は約 500 億 DM であり、うち三分の二を州、EU、地元自治体による公的資金が占めている。これらの資金は、36 に及ぶ連邦助成プログラム、ならびに州、EU 構造基金[12]による助成で構成され、その内容は、都市更新、経済振興、住宅建設など「古典的」なものから、職業訓練（資質向上）プログラム、エコロジープログラム・エムシャー＝リッペ[13]、炭鉱振興プログラムなど、非常に多岐に渡っている（IBA Emscher Park GmbH, 1999, S.6-7）。プロジェクトの担い手は、公的機関のみならず、民間企業、NPO、住民団体（Bürgerinitiativ）など多様であり、各プロジェクトの内容に応じて、適切な補助金が配分された。また、民間部門は事業の担い手であると同時に出資者でもあるので、官民パートナーシップ型の公共事業としての性格も有している。

(2) 都市開発における主要テーマ

　IBA エムシャーパークの課題は、州政府覚え書Ⅰ（1988 年 12 月）に、「計画対象地域（17 市、人口 250 万人）に、エコロジー的、経済的、社会的、文化的再生（Umbau）に対する概念的・実践的な推進力を与える」ことと明記されている。IBA 戦略の原則は「持続的発展」という今日のグローバルな要求を具体化したものであり、①これ以上土地を消費するのではなく、土地利用のリサイクルへと移行し、②修復・近代化（設備改善）、利用転換により建造物、生産施設の使用期間を延長するとともに、③地域の生産構造を[14]、エコロジカルで協調性のある生産工程へと転換することにある。

　プロジェクトの中心テーマは都市開発とエコロジーであるが、特にエコロジーを「更なる経済発展の基盤」と位置づけている。環境汚染というイメージが最も顕著な地域が、それを逆手にとって、それまでのエコロジー面における欠陥を取り除くことに重点を置いた地域更新を推進しているところが注目される（IBA Emscher Park GmbH, 1999, S.7）。

　IBA エムシャーパーク社のコンペによって採択された各プロジェクトは、事業期間・地区・担い手と出資者の構成において非常に多様であるが、これは

エムシャー地域の構造転換には様々な課題が山積していたことを反映している。合計 123 のプロジェクトは、次のような5つのカテゴリーに大別される。

①エムシャー・ランドシャフト・パークによる景観の再生（Wiederaufbau）
　都市間に存在する広大な遊休地を利用し、都市近郊に合計 300km²にわたる大規模なレクリエーション・保護地域「7つの緑の回廊」を建設する。

②エムシャー水系（Emscher-System）のエコロジー的改修（Umbau）
　エムシャー地域の総延長 350km に及ぶ開渠型(かいきょ)排水路を段階的に改善し、環境保全に優れた分流式排水システムを建設する。

③産業文化とツーリズムの振興
　産業史上の歴史的建造物を維持・保存することにより、地域の歴史を後世に伝え、また、既存の建物を再利用し、地域の構造改革に寄与する。あわせて、産業化遺産を文化の担い手として新たに位置づける。

④新規産業の立地：ワーク・イン・ザ・パーク（Arbeiten im Park）
　エムシャー地区の工場跡地に「公園の中のオフィス」をコンセプトとした高水準の事業拠点（インキュベーション・センターを含む）を築く。

⑤住宅建設と総合型市区開発：新規建設とストック更新
　「新しい居住と暮らし」の基本テーマにもとづき、従来の炭鉱・鉄鋼業関係の専用住宅地（社宅）を改善し、環境に配慮した住みやすい新たな住宅地域を創出し、市区開発のための都市計画的・社会的推進力とする。

　なお、IBA プロジェクトは疲弊・衰退した旧工業地域の再生計画ではあるが、決して突如出現したものではなく、既に先行的に実施されていたプロジェクトも含まれている。ルール地域は、ドイツはもとよりヨーロッパでも他に例をみない多核型大都市圏として発展したが、1920 年代にベルリン首都圏とならんで、広域自治体連合 SVR（Siedlungsverband Ruhrkohlenbezirk；ルール炭鉱地域集落組合、1920 年設立）が設立されたところでもある。SVR[15] は、ルール地域の自治体が共同で設立した地域開発計画の立案のための組合であり、本格的なドイツ独自の、しかも市町村自治にもとづく地域計画の原点と評価されるものである（祖田，1984, pp.23-26）。なかでも、主要都市間を南北に走る緑地（グ

リーンベルト）の設置計画は著名である。これらは、今日でも工業景観の中の貴重なオープンスペースとして開発が制限され、近隣レクリエーションの場として活用されている。それゆえ、上記の「エムシャー・ランドシャフト・パーク」プロジェクトは、かつてのストックを生かしつつ、新たに東西間にも緑地帯を付加することで、「緑の回廊」を整備するものといえよう。

4. 都市居住プログラムの展開

(1) ドイツにおける環境共生型都市開発の動向

　本節では、IBAエムシャーパークの事業内容の中から居住系の代表的なプロジェクトを取り上げ、その特色と市街地形成に対する効果について検討を加えていく。

　環境と共生（調和）する居住とは、断熱性の改善、再生エネルギーの使用、節水器具の導入など、単にエネルギー節約型の住宅を建設することではない。なぜならば、これらは現状では高コストであるため、消費者にとっては可処分所得の配分を変更する必要が生じるのみならず、生産段階での環境負荷も問題となるからである。むしろ、近年進行している世帯構造の変化を前提とした質の高い居住を追求することが重要である。

　「高い居住の質」を実現するには、都市計画や社会政策にも配慮した住宅開発が追求されねばならない。それは、第一に、これまでの都市の空間構造を見直し、「コンパクトシティ」の実現を図ることである。そのためには、従来の「分散」型の住宅開発による都市拡張を抑制して、いかに高密な集落構造を実現するかが問題となる。ここでは、道路面積を最小化し、用途混合を計る都市計画上の施策が、環境に対する負荷の小さい都市の建設につながっていく。そうした都市形態にも増して、コンパクトな市街地での居住に相応しいのは誰かも問われるべきであろう。そこでは、時空間の消費において不利な立場に置かれた人々、たとえば、後述するように「ひとり親世帯」などに配慮がなされる必要がある。

第二には、「環境共生型建築」(ökologisches Bauen) に積極的に取り組むと同時に、「環境共生型行動」への意識を高めることである。ゴミの分別やコンポスト (compost) 処理システム[16]の採用、自家用車利用の断念は、いずれも不便さと家庭での労働増加を甘受せねばならないが、こうした生活様式を根本的に変えてこそ、当初の目的が達成されるのである (Haußermann u. Siebel, 1996, S.303-305)。

　ドイツ各州で実施されている建設助成プログラムにおいても、近年では「負担可能なコストで高い居住の質」の実現を図ることも、社会住宅建設助成の目標として認知されつつある。たとえば、ノルトライン＝ヴェストファーレン州では 1997 年より「未来指向の住宅建設計画 (Wohnungen in zukunftsweisenden Bauvorhaben)」と呼ばれる助成プログラムがスタートし、同年には計 1,700 戸 (新規建設 1,500 戸、ストックの増改築 200 戸) に対して社会住宅助成 (第一助成及び第二助成) を行っている (表6-2)。省エネルギー住宅もこのプログラムの対象となっており、ソーラー・エネルギーやリサイクル可能な建築資材 (地元産の木材、粘土、その他) を利用する住宅建設申請に対して、その内容にもとづき個別に助成を与えている (Ministerium für Bauen und Wohnen des Landes Nordrhein-Westfalen, 1997a, S.34-35)。

　また、公共交通 (特に鉄道・軌道) 沿線での住宅開発プロジェクトや敷地を節約する住宅建設 (flächensparende Bauweise) も、環境共生型住宅助成の対象となっている。[17] 1960 年代以降のモータリゼーションの進行は、道路沿いでの集落発展を助長し、分散型の市街地形成をもたらした。公共交通 (特に鉄道・軌道) 沿線での住宅開発プロジェクトのねらいは、通勤流を環境負荷の少ない交通手段に集中させると同時に、集落の分散を抑制することにある。プロジェクト実現にあたっては、用地をどこで取得できるかがポイントである。この点に関しては、インフラ施設が既に十分に整備された既成市街地内の地区、たとえば旧鉄道施設や沿線の工場跡地などの再利用が注目されている (Ministerium für Bauen und Wohnen des Landes Nordrhein-Westfalen, 1997c)。こうした開発は、既成市街地内に残る空閑地 (Baulücke) を充填することで「コンパクトシ

表 6-2 ノルトライン＝ヴェストファーレン州の住宅建設助成プログラム（1997年）

	助成戸数 （戸）	助成額 （100万DM）
1. 州住宅建設資金による一般助成	20,830	2,271
1.1　低所得層向け助成	18,030	2,108
うち賃貸住宅（第一助成）	7,845	977
同（不適正入居負担金）	1,535	190
同（多子世帯向け）	450	84
持家	8,200	857
1.2　中間所得層向け助成	2,800	163
うち賃貸住宅（第二助成）	2,350	161
持家	450	2
2. エコロジー・社会改革プログラム	3,200	334
うち未来志向の住宅建設プログラム	1,500	161
新住宅地開発プログラム	1,700	173
3. ストック助成（増改築等）	2,250	183
4. その他	1,150	128
合計	27,430	2,916

出典：Wohnungsbauprogramm. 1997. S.164 を簡略化

ティ」の形成を促進する試みとしても評価できよう。

(2) IBA 居住プロジェクトの特徴

　ルール地域では、1980年代末まで住宅新規建設にはあまり重点が置かれていなかった。なぜならば、鉱工業の衰退、人口減少とそれにともなう空家の増加のため、住宅事情が他の大都市圏ほど逼迫していなかったからである。しかし、その間に急速に進んだ経済構造の転換は、基幹産業における職場の減少と、低収入で不確実な職場（各種の対個人サービス業）の新たな出現につながった (Budesministerium für Raumordnung, Bauwesen und Städtebau, 1996, S.3-8)。また、既成市街地の一部で進められた住宅ストックの設備近代化が、市区間の格差拡大や社会的セグリゲーションをもたらした一方で、地域縁辺部では、都市でも農村でもない低密な郊外住宅地（Zwischenstadt）が徐々に拡大していった

(Sieverts, 1997)。

　IBA エムシャーパークでは、居住プロジェクトは「住宅建設と総合型市区開発」というテーマの下で、全プロジェクト数の約四分の一を占めている。計画地域全体で、3,000 戸が新規に建設され、3,000 戸のストックを対象として設備改善が実施された。新規建設住宅は、既成市街地内の未利用地に対して内部充塡（インフィル）型開発を実施し、市区開発に新たな推進力を与えるのが目的である。したがって、それは既成市街地内における住宅地建設のリバイバルであるとともに、ソーシャル・ミックスを意図した住宅供給でなければならない。それゆえ、新規建設戸数の 75% を社会賃貸住宅が占めていることから明らかなように、比較的所得の低い階層に対するアフォーダビリティの確保が図られている。

　一方、ストック更新の対象となるのは、エムシャー地域における住宅・集落の伝統であると同時に、世紀転換期〜 1920 年代の社会住宅建設の成果でもある田園都市風労働者住宅地である。こうした住宅地が重視されたのは、将来の市区（近隣）にとってのモデルとなるような建築・都市計画上の質の高さを保っているからである。実施されるプロジェクトは、いずれも比較的小規模の住宅地を対象としているが、土地利用や建築物の形態・構造において様々な環境共生型住宅理念を具体化したモデル住宅地であり、開発地区を既成市街地に組み込むことを目的とした総合型市区開発における中心的役割を担うものである（IBA Emscher Park GmbH, 1996a, S.26-30）。

　IBA の居住プロジェクトには、次の 4 つの主要な領域がある[18]。

　第一に、田園都市風労働者住宅地を、文化財保護ならびに社会との調和という観点から更新することである。ここでは、特に価値の高い労働者住宅地をルール地域の文化遺産として保全することに意義がある。

　第二に、100 〜 250 戸程度の規模を有する閉鎖型団地を、旧炭鉱・工場跡地の再生プロジェクトの一環として新規建設することである。これは、既成市街地におけるインフィル（内部充塡）型再開発の好例であると同時に、近隣商業施設などの関連施設を配置することによって利用混合理念にもとづく集落コン

第 6 章　環境共生型都市居住の推進　173

セプトを実現し、既存の市区と景観的にも結合するのが目的である。

　第三に、市区開発の構成要素として 30 ～ 60 戸程度の規模で「モデル住宅地」を建設することである。こうしたプロジェクトは、都市居住というテーマにアクセントを付けるだけでなく、参加と協働など実験的な試みの場でもある。

　第四は、一連の自助建設プロジェクト "Einfach und selber Bauen" である。ここでは、社会住宅供給と集団相互扶助の試みが結合され、自力では持家取得が不可能な世帯に対する支援が行われた。

　以下では、各プロジェクトの実例を紹介しながら、施策の背景、既成市街地内での開発行為がもたらす効果を検討していく。

a. 田園都市型労働者住宅地の保全と更新（Siedlung Teutoburgia, ヘルネ市）

　ルール地域では、かつて世紀転換期頃に田園都市運動の影響を受けて建設された労働者住宅地（Kolonie）が各所に残っている。それらは、産業化遺産（文化財）として保全するにふさわしい建築上の価値を備えている。同時に、住環境についても、各戸が菜園・家畜小屋を備え、現在ではオープンスペースや緑の多い住宅地として高い居住・生活の質を有している。それゆえ、かつての鉱工業企業による用地の先行取得の結果、はからずも都心周辺部に位置することになったこれらの住宅地を保全することは、既成市街地内で新たな住宅建設のモデルを提供することになる（IBA Emscher Park GmbH, 1996a, S.26-30）。

　同プロジェクト実施地区の一つである Siedlung Teutoburgia は、Teutoburgia 鉱（1909 年採炭開始）に隣接する炭鉱従業員（職員・労働者）向け社宅（合計 136 棟、475 戸）として、1909 ～ 23 年に当時ルール地域を代表する採炭・製鉄企業であった Bochumer Verein により建設された。1925 年に Teutoburgia 鉱が閉山となって以降も、従業員は近隣の炭鉱において引き続き就業したため、社宅としての性格は維持された。1983 年には公益住宅企業である VEBA Wohnen の所有となったが、建設当時の田園都市型労働者住宅地としての形態はほぼ完全に保たれていた（**写真 6-1**）。住棟のデザインは 21 タイプとバラエティに富んでいるため、統一的な印象の中にも個々の建物には

写真 6-1　設備近代化前の Teutoburgia 住宅地

（1995 年 3 月筆者撮影）

個性がみられる。また、各住戸の広い前庭には垣根がないので、コミュニケーション・スペースともなっている。今日では 21.6ha の敷地に 583 戸、約 1,400 人が居住する住宅地である[19]。

既に、VEBA Wohnen と住民との間の住棟保全に関する協議を経て、1988 年より住宅改修がはじまっていたが、1989 年に IBA プロジェクト（公的予算：約 30 Mio. DM）に採用されたことで、事業は単なる住宅の設備近代化から住環境の改善へと拡大していった。このプロジェクトの目的は、産業化遺産として価値の高い同住宅地の質[20]を今後とも保全することにあった。事業実施にあたっては、建物の外観の細部にわたる忠実な復原、建築資材選択に際しての環境への配慮、バックヤードの庭としての利用確保、公共スペースの創出に重点が置かれている（**写真 6-2**）。更に、炭鉱跡地は「文化の森」（Kunstwald Teutoburgia）として整備され、旧機械ホール（Maschinehalle）は展示施設に転用された。住宅地とともに、こうした施設も地区のアイデンティティのよりどころとなっている。また、同住宅地縁辺部ではあわせて社会賃貸住宅の新規建設（19 戸）も行われた。これは、近隣の労働者住宅地の除却にともなう代替住宅であるが、周辺の未利用地を活用した内部充填型の開発に相当する。同様の事業は、Schüngelberg 住宅地（ゲルゼンキルヒェン市）などでも実施されてい

写真 6-2 設備近代化後の Teutoburgia 住宅地

(1995 年 3 月筆者撮影)

る（IBA Emscher Park GmbH, 1999, S.290-291）。

b. 旧炭鉱・工場跡地の再生プロジェクト（新市区 Prosper Ⅲ、ボトロップ市）

「新市区（Neuer Stadtteil）Prosper Ⅲ」は、ボトロップ市都心よりわずか 1.4km に位置する、Prosper Ⅲ鉱（1986 年閉山）跡地（26ha）の再開発プロジェクトである。これは、稠密市街地内に残された広大かつ貴重な未利用地を、都市開発の数少ないチャンスとして利用したプロジェクトである。事業の目的は、単に住宅・商工業用地を提供するだけではなく、市区全体を対象とした社会的インフラの拡充によって、この再開発用地を既存の都市構造へ統合し、将来のさらなる都市開発に対する推進力を与えることにある。総投資額は約 300Mio. DM であり、地元ボトロップ市と Montan- und Grundstückgesellshaft（鉱業土地会社）による共同プロジェクトである。ただし、再開発用地が炭鉱跡地であるため、事業に際しては、あらかじめ汚染された土壌を除去する必要があった。この土壌リサイクルの取り組み自体も、ドイツ国内では先駆的事例である。

開発総面積 26ha の内訳は、公園用地 11ha、住宅用地 9ha、商工業・サービス業用地 6ha となっている。地区の中央には広大な公園（Prosper Park）が設置され、周囲の稠密市街地に対して貴重なリクリエーションの場を提供してい

る。また、商工業・サービス業用地における中核施設はインキュベーション・センターであり、10〜15企業を対象として作業場・倉庫・オフィススペースを提供している。

　住宅用地では、133戸の分譲住宅と246戸の賃貸住宅が供給された（計画総人口1,000人以上）。このうち分譲住宅（Gartensiedlung Beckheide）は、庭付きの2階建の連棟もしくは2戸一建（平均床面積98㎡）で、道路面積を最小限に抑え、緑地やオープンスペースを広く確保している。また、従来ドイツの住宅に不可欠であった地下室（Keller）の代わりに、敷地内に物置を設置することで建設コストを低減させている（**写真6-3**）。一方、賃貸住宅（Rheinstahlstraße）は3〜4階建の集合住宅であり、住宅地内に共同利用緑地を併設するなど、前者と同様に緑地やオープンスペースの確保を重視している（**写真6-4**）。住宅建設に際しては、分譲・賃貸いずれの場合も、敷地節約型モデル（後述）の採用による土地被覆面積の削減、汚水と雨水との分離、ソーラー・エネルギーの利用、建築資材の選択など、エコロジーへの配慮もなされている。

　また、高齢者介護モデル事業として、介護ステーションを付設した高齢者向け住宅43戸の他、日帰り介護施設（24名分）、短期滞在型介護施設（18名分）が設置され、高齢者向け総合施設として整備が進められた。この他、多世代同居家族及びWohngemeinschaft（居住共同体）向け大規模住宅（10戸）の供給によるソーシャル・ミックスの実現、働く女性に配慮した昼間託児所（125名分）など、都市の持続的発展に資する施設が付設されている。開発に際しては、市区全体を対象とした生活関連施設として、近隣商業センター（小売店、医院、飲食店）の設置、コミュニケーションスペースの提供もなされている。

　以上のように、このプロジェクトの意義は、利用価値の高い用地に大量の建築物を実現させると同時に、既成市街地内での開発モデルを提供したことにある。

第 6 章　環境共生型都市居住の推進　177

写真 6-3　Prosper Ⅲ の分譲住宅地

ガラスを大胆に使用したデザインが特徴である。敷地手前に物置が見える。
（1997 年 7 月筆者撮影）

写真 6-4　Prosper Ⅲ の賃貸集合住宅地

敷地左手に物置が見える。
（1997 年 7 月筆者撮影）

c. 女性の視点に立った住宅開発（Alternatives Wohnen, レックリングハウゼン市）

　近年、女性の側からもこれまでの都市居住のあり方に対して異議申し立てがなされ、自らのイニシアティヴによる住宅開発が提案されるようになってきた。電化製品の普及や家事の外部化（幼稚園・病院・レストランの整備や家事サービス業の出現など）の進展は、女性にとって家事負担の軽減をもたらした。しかしながら、「ひとり親世帯」（Alleinerziehende）において典型的にみられるように、就業による経済的自立を目指す女性の場合は、家事労働との両立のために、郊外ではなく都心近くの既成市街地での居住を希望する傾向が強い。現実

には、女性のこうした需要に応える住宅は民間市場ではほとんど供給されていないため、住宅供給を自らの手で行う取り組みが各地ではじまっている[22]。ノルトライン＝ヴェストファーレン州でも 1996 年にワークショップを設立し、こうした活動の支援を開始した（Ministerium für Bauen und Wohnen des Landes Nordrhein-Westfalen, 1997b, S.16-17）。

　エムシャー地域においても、女性の視点に立った住宅開発（"Frauen Planen und Bauen"）が IBA プロジェクトとして採択され、数ヶ所で実施されている。その一つであるレックリングハウゼン市のプロジェクトでは、都心近くで交通・買物の便のよい既成市街地内で、1994 年より 36 戸の社会賃貸住宅建設プログラム "Alternatives Wohnen" をスタートさせた（**写真 6-5**）。ここでいう "Alternativ" とは、計画プロセスと借家人構成の点で一般の住宅建設とは異なる新たな試みであることを意味している。まず、計画プロセスについては、建築コンペ審査委員会への参加、特定の借家人層からの提案の予備審査など、非常に早い段階から将来の居住者を住宅建設計画に関与させている。また、借家人構成については、ひとり親世帯をはじめ、Wohngemeinschaft、非婚同居カップルなどを対象としている。こうした「新たな世帯型」と総称される世帯形態は、いずれも 80 年代以降大都市において急増したもので、核家族向け供給を中心とした民間市場では、これまで著しく不利を被ってきた。彼らの世帯人員やスペース需要は多様であるため、住宅規模は 1 室住宅（居住面積 46 ㎡）から 5 室住宅（同 102 ㎡）まで幅広い。あわせて、住宅地の中庭には集会所とならんで子供の遊び場や昼間託児所が併設されている（**写真 6-6**）。なお、1997 年より第二期建設（14 戸）も行われた（Stadt Recklinghausen, 1996）。

　こうしたプロジェクトが、郊外ではなく都心近くの既成市街地で実現された意義は大きい。なぜならば、既成市街地での住宅建設は女性の要望に応えるのみならず、中心市街地の活性化にとっても資するところが大きいからである。特に、一人で子供を養育している母親たちはこうした試みを高く評価している。参加メンバーの一人で、現在同住宅に入居している女性も、負担可能で、解約されることのない住宅を得たことで、子供への好影響と自分自身の就業選

写真 6-5 "Alternatives Wohnen" 住宅の外観

(1997年7月筆者撮影)

写真 6-6 "Alternatives Wohnen" 住宅の中庭

子供や高齢者にとって安全で静かな環境を提供している。
(1997年7月筆者撮影)

択の可能性や安心感が増大したことをメリットとしてあげている（Ministerium für Bauen und Wohnen des Landes Nordrhein-Westfalen, 1997b, S.18-21)。また、孤立性と匿名性が打破された市内での居住の実現は、働く女性にとって家事負担を軽減するとともに、より親密なコミュニケーションへの関心を生み、隣人間での意識的な社会的ネットワークの構築も期待できる（Häußermann u. Siebel, 1996, S.320)。

d. 自助建設による持家形成（Gelsenkirchen-Bismarck Laarstraße, ゲルゼンキルヒェン市）

　近年の少人数世帯の増大は、彼らの豊かさの向上にともなう居住面積の増大要求ともあいまって、建造物による土地被覆率の急激な上昇をもたらした。なかでも、一戸建・2戸一建住宅は、郊外における建築用地需要の約6割を占めており、こうした傾向を一層強めている（前掲第1章・**表1-1** 参照）。

　敷地節約型住宅（flächensparende Bauweise）のねらいは、建造物による地表の被覆が水循環に与える影響を最小限にとどめるとともに、連棟（Reihenhaus）二階建のシンプルな建築プランを採用して外壁面積を減らすことで暖房効率を向上させることにある。また、敷地面積を縮小することで建設コストの15〜20%を占める土地コストを節約し、総コストの抑制をももたらすため、収入の限られた世帯（必ずしも低所得層ではない）に対する持家形成（"Eigenheim für kleine Leute"）を促進する効果もあわせて期待される（Ministerium für Bauen und Wohnen des Landes Nordrhein-Westfalen, 1997d, S.6）。こうした敷地節約型住宅建設助成の一環として、IBAでは自助建設支援プロジェクト "Einfach und selber bauen" が導入された。

　自助建設プロジェクトの目的は、コンパクト（床面積は社会賃貸住宅と同規模）ではあるが質の高い住宅を、現在社会賃貸住宅に居住する、自力では持家取得が不可能な核家族世帯に提供することにある。この事業では、子供の成長にとっても理想的な庭付きの低層住居の建設が原則である（**写真6-7**、**写真6-8**）。また、建築資材の選択をはじめ、省エネルギー住宅（通常より30%減）、ソーラー・エネルギーによる給湯システムや雨水の自然循環システムの採用など、環境にも配慮がなされている。1992/93年よりスタートしたこの事業は、IBAプロジェクトにも採用され、ノルトライン＝ヴェストファーレン州、自治体をはじめとする各種団体の支援を受けて、8地区で計約300戸（一地区あたり30〜50戸）の建設が進められた（IBA Emscher Park GmbH, 1996b）。

　このうち、Gelsenkirchen-Bismarck Laarstraße のプロジェクトでは、ゲルゼンキルヒェン市とTHS（Treuhandstelle GmbH）によって事業が推進された。

第 6 章　環境共生型都市居住の推進　　181

写真 6-7　自助建設支援プロジェクトの建設現場 (Laarstraße)

連棟 2 階建てのシンプルなデザインが特徴である。
(1997 年 7 月筆者撮影)

写真 6-8　自助建設支援プロジェクト完成後の住宅地 (Laarstraße)

(2006 年 8 月筆者撮影)

このプロジェクトでは、①良質かつ安価な住宅の供給、②集合型建築の採用、③将来の持ち主による自助という三つの原則が採用されている。建設戸数は 28 戸であり、敷地面積は 180 〜 250 ㎡、居住床面積は 77 〜 104 ㎡である。ま

た、駐車スペースは団地周辺にまとめて設置されるため、住宅地内の道路は自動車の運行が制限され（"autofrei"）、子供の遊び場や高齢者の憩いの場としても活用することができる（Stadt Gelsenkirchen, 1997）。

　資金調達に関しては、州の持家助成制度ならびに環境共生型住宅助成制度を利用するとともに、住宅建設に際して、居住者自らが労働力を提供することで自己資金の不足分を補うという仕組みがとられている[23]。これにより、3～4万DMの節約（総コスト25～30万DM）が図られる。その結果、住宅費負担は賃貸住宅居住の場合とほぼ同程度に抑えられるので、家賃並みの返済額で持家を取得することができる。土地は、自治体から地上権の供与、もしくは安価での譲渡により提供される。資材・建設機械の調達、自助建設の指導と住宅建設にともなう登記等の事務手続きについては、専門家の支援の下に進められるので、地元建設業の振興にもつながる。IBAエムシャーパーク社は、建設コンペを主催するとともに、グループ内で組織上の問題が生じた場合に支援を行う。

　同プロジェクトの問題は、建設に適した土地の入手と労働力の提供である。前者に関しては、入居者に負担可能な価格で一定の広さ（最低約5,000㎡）の土地を入手できるかどうかが、今後の発展の鍵を握っている。後者については、約一年間にわたって、長期休暇も返上したうえで週25時間の労働が求められるため、参加者のモチベーションの低下が懸念される点がある。

　一方、建設作業においては、自分の家だけではなく、互いに労働力を提供し合う組織的な相互扶助制度が実施されている。提供した労働は一時間あたり20DMとして評価され、清算される。この共同作業を通じて、参加者相互のコミュニケーションが図られ、後に住宅地における強固な近隣関係の形成へとつながっていくうえ、中間所得層の新たな流入によって地元（市区）経済の振興効果が期待できるというメリットもある。

5. おわりに

　1999年度の『ノルトライン＝ヴェストファーレン州地域開発報告書』

(Landesentwicklungsbericht Nordrhein-Westfalen)によれば、10年間に及ぶIBAエムシャーパークプロジェクトの結果、旧工業地域の包括的で持続可能な構造転換に対する数々の措置が、多様な経済・労働市場地域の形成に貢献したと評価されている (Landesregierung Nordrhein-Westfalen, 2000)。

既存の都市核がなく、産業構造転換以降においては既成市街地内（ブラウンフィールド）に大量の遊休地を抱えることとなったエムシャー地域であるがゆえに、内部充填型開発は意味のあるものとなったと考えられる。特に、居住系のプロジェクトの場合は、工業化時代における開発過程に由来する負の遺産（Altlasten）として、従来は一括してその価値が否定されていた要素（旧Kolonie、炭鉱・工場跡地など）を再活用し、持続的な市街地開発のモデルとして積極的な意義を見いだしていこうとしている。確かに、量的なインパクトはさほどではないが、質が高く、様々な生活状況にある人々の居住要求を考慮した住宅地を建設する試みは、人々の郊外への流出に対する抑止力となり、中心市街地の活性化にも資するものである。これにより、単なる地域イメージの改善にとどまらず、起業や新規産業の立地に対する波及効果も十分に期待される。また、事業実施にあたって、従来の州政府主導型ではなく、官民パートナーシップ方式を採用したことは、多くの民間企業や市民グループのネットワークに支えられるとともに、それまで互いに牽制しあうことの多かった各自治体に、地域内での協働の深化に対するインセンティブを与えた点でも意義が認められる。

以上のように、IBAは10年間に及ぶ「工業地域の将来にとってのアトリエ」(IBA Emscher Park GmbH, 1999, S.8-9) であったが、その成果はエムシャー地域にとどまらず、その後のドイツにおける環境共生型都市開発のモデルを提供したといえよう。

注
1　この中には、地域を代表する歴史的な建造物や産業化遺産の保全（Denkmalpflege）も含まれる。こうした事業により、地域アイデンティティの向

上も期待できる。
2　ルール地域は、その自然環境、産業・集落の発展過程にしたがって、5つの地帯に区分される。エムシャー川流域は、一般にエムシャー地域（地帯）と称され、人口稠密なルール地域の中でも最も人口密度の高いエリアである。地帯区分の詳細については、大場（1985, pp.3-4）を参照のこと。
3　IBA（Internationale Bauausstellung）は、社会改革理念をその時代の建築形態で提示するという理念から、国際コンペで募集した建物を建設・展示し、これを従来の町並みに組み込んで都市のストックにしようとするコンセプトに則って、1901年にダルムシュタット（Darmstadt）市にて第1回が開催されて以降、ドイツ各地で開催されている。たとえば、ベルリン（IBA Berlin 1987）では、ポストモダン建築による都市の「批判的な建設」（Neubau IBA）とともに、「穏やかな都市更新」、マージナルな集団の社会的統合の試み（Altbau IBA）がテーマとされ、注目を集めた。IBAエムシャーパークは、このIBAベルリンの理念を継承したものではあるが、より都市計画、社会政策上の問題を重視し、エコロジーを中心テーマに据えた点に特徴がある（IBA Emscher Park GmbH, 1996a, S.37）。
4　IBAエムシャーパークは、1996年の連邦建設省報告書では、ドイツのサスティナブルな都市政策における5つの主要のテーマのうち、「資源を大切にする、環境共生的な集落・都市開発の促進」に該当する、「稠密地域のエコロジー的、経済的、社会的改造計画」として取り上げられている（Bundesministerium für Raumordnung, Bauwesen und Städtebau, 1996a, S.49）。しかしながら、本章で詳しくみるように、事業の総合性に照らせば、いずれのテーマとも関わりを持っているといえよう。
5　IBAエムシャーパークの事業は、日本でも飯田（1995）、春日井（1999）、永松編（2006）などにより紹介されている。
6　1トンあたりの価格は、輸入炭90DMに対して、ルール炭は400DMと4倍以上であった。
7　ルール地域からは、3時間以内で合計3,000万人が居住する地域に到達可能である。
8　第一次大戦前のクルップ社と地元エッセン（Essen）市行政、労働者層との密接な「内的連関」関係を扱った文献として、Bajohr（1988）があげられる。
9　1999年時点で約15％であったルール地域の失業率は、2002年4月現在、11.3％に低下している。この数値は、旧西ドイツ地域平均7.8％はもとより、全国平均9.7％をも上回っている（ルール地域自治体組合KVR資料による）。

10 Entwicklungsprogramm Ruhr (1968年)、Aktionsprogramm Ruhr (1979年) がその例である。

11 正式名称はInternationale Bauausstellung Emscher Park GmbHという、1989年に設立されたノルトライン＝ヴェストファーレン州の100％出資会社。資本金50万DM、社員数は35名であるが、その約半数は広報スタッフである（春日井, 1999, p.164）。なお、同社は1999年の事業期間終了の後、解散した。

12 都市部においては、URBANプログラム（1994年～）による助成が代表的なものである。EU構造基金にもとづく助成事業の詳細については、檜谷ほか（2001）を参照のこと。

13 リッペ（Lippe）川はルール地域北部を流れる河川であり、上水道用水が取水されている（図6-1参照）。

14 これは、地域特有の建築文化の軌跡を保存し、それをアイデンティティの拠り所とする施策である。なお、新規建設は、エコロジー型建設原理にもとづく場合のみに認められる。エコロジー型建設原理の詳細については、本章4節を参照のこと。

15 SVRは1979年にKVR（Kommunalverband Ruhrgebiet；ルール地域自治体組合）へと改組され、その権限は大幅に縮小された。なお、ベルリンでは、「大ベルリン広域目的組合」（Zweckverband Groß-Berlin）が1910年に設立された。これは、ドイツにおける近代的な地域計画成立への足掛かりであり、1920年の大ベルリン市の成立につながった（祖田, 1984, p.24）。

16 有機物を微生物の働きで分解させて堆肥にする処理方法。生ゴミ、下水の汚泥などを処理する際に用いられる。

17 なお、ノルトライン＝ヴェストファーレン州では1998年以降、持家形成助成は原則として敷地面積400㎡未満の住宅に限るとの方針を打ち出している。

18 これ以外にも、EU構造基金助成（URBAN）による統合近隣地区開発支援プログラム「特に開発の必要性を有する市区」（Stadtteile mit besonderem Entwicklungsbedarf）がIBAプロジェクトとして採択されている。ただし、これはEUの補完性原則にもとづく制約により、住宅そのものの新規建設・ストック更新には直接資金を適用できず、市区の経済開発や住民に対する雇用創出に重点が置かれているため、本章では考察の対象としない。なお、同プログラムの詳細については、檜谷ほか（2001）を参照のこと。

19 住民構成は、0～17歳が14.0％、18～25歳が14.4％、26～59歳が44.0％、60歳以上が27.6％であり、高齢化が進んでいる。

20 その住宅地としての価値は、クルップ社によって建設された著名なマルガレーテンヘーエ（Margarethenhöhe）住宅地（エッセン市）に匹敵するものとして評価されている。
21 総投資額には民間投資も含まれる。
22 その一例として、ハンブルクで行われているプロジェクトを紹介する。1994年より、ハンブルク市アルトナ（Altona）行政区のインナーシティ住宅地区において、女性によって組織された二つの住宅協同組合（"Haus Arbeit"、"Frauen leben zusammen"）が計19戸、42人が住む集合住宅を建設した。このプロジェクトの実現にあたっては、ハンブルク州政府から支援を受けて、工場跡地を建設用地として有利な条件で取得できたことが重要である。また、内装や庭づくりなど、コストの一部は、メンバー自らが労働力を提供することによってカバーしている。こうしたコスト削減努力にもかかわらず、全コストの20%は自己資金（友人・親族からの借り入れを含む）で賄わなければならなかった（住宅協同組合 "Wohnungsbaugenossenschaft Ottensener Dreieck eG" 内の自助グループ "Frauen leben zusammen" のHPによる）。
23 シンプルな建築デザインの採用により、未経験者であっても自助建設が可能となるうえに、コスト削減効果もあわせて期待される。

第Ⅱ部

公的介入の新たな挑戦

(2010年代)

ハンブルク・アルトナ駅跡地で建設の進む "Mitte-Altona"
(2018年9月筆者撮影)

第7章
再都市化時代におけるドイツ住宅政策の可能性

1. はじめに

　1990年代における都市縮退と既成市街地更新事業の時期を経て、再都市化やジェントリフィケーションが進行する現代ドイツでは、住宅政策が新たな展開をみせている。すなわち、拘束条件を緩和して社会住宅への民間投資を促進する「柔軟で残余化された住宅政策」から、新たに生じた住宅不足を背景として、フロー、ストック両面において再び住宅市場のコントロールへと舵を切ったといえる。

　かつての公的介入は、需給のバランスが大きく崩れ、アフォーダブル住宅が大幅に不足する住宅窮乏に対して、全国一律の制度のもとで実施される傾向にあった。これに対して、現代の住宅問題は、特定集団（18～29歳の学生・新規就業者や高所得世帯）が、一部の成長都市圏の都心周辺地区に転入するという選択的な人口移動（再都市化）を背景に顕在化している。2018年上半期のデータによれば、市場が緊張状態（＝需要過剰）にある地域は稠密地域の中心都市（ミュンヘン München、シュツットガルト、ベルリン、ハンブルク、ライン軸[1]、ライン＝マイン[2]とその周辺部）、ならびに一部の大学都市（ミュンスター Münster、ダルムシュタットほか）に集中している（BBSR, 2018）。

　域内のセグリゲーションが進み、市場のセグメント化が進む大都市圏の場合、アフォーダブル住宅の需要は依然として大きく、都心周辺部など特定のエリアに集中している。成長都市圏においては、この需要増に対応した住宅の不足や家賃上昇が中間所得層をも巻き込んだものとなっているがために、2010年代

に至って積極的な公的介入が求められたのである。

　そこで本章では、近年の再都市化が住宅政策に如何なる影響を及ぼしたのか、また翻って再都市化時代の住宅政策には何が求められているのかを、住宅問題が深刻化している大都市圏を中心に、都市居住の変化と、それにともなう社会的・空間的な部分市場の動向と関連づけて考察する。

2. 住宅政策の分権化と地域差の拡大

　もともとドイツでは、各級政府による分業と協調が住宅政策の推進における重要な要素であった。従来の全国一律の規定では、地域の市場特性や経済条件に合わせた助成は期待できないことから、単に助成資金の分担や連邦政府からの委任業務の遂行にとどまらず、州・自治体はこれまでも独自の施策を展開してきた。

　たとえば、財政に対する負担緩和を図りつつ、効率的な助成を行うために、拘束期間を短縮した新たな助成方式の創設などを通じて、既に1980年代末に地域の市場動向に応じた柔軟な助成が州単位で認められるようになった。そのため、社会住宅建設に対する各種助成方式の構成においても、州による差異がみられた（大場, 1999, pp.140-142）。

　各級政府による分業関係の変化において近年重要なのは、2006年に連邦制度改革の枠内で「社会的居住空間助成法（soziale Wohnraumförderungsgesetz）」（2002年施行）にもとづく権限が連邦から州へ委譲された点である。このことにより、連邦と州との分業関係に新たな変化が生じた。「社会的居住空間助成法」によれば、連邦政府は助成の一般原則や目標を設定し、同法の実施にあたって必要な全国一律の規則を示すとともに、各州の実施する助成に対して財政上の支援を行うこととなっていた。制度改革以降は、住宅建設助成予算・建設計画とも完全に州政府へと移管され、この分野での立法と社会居住空間助成に対する資金調達も州の責務となったのである。

　こうした権限委譲は、特に「住宅需要が地域的に非常に異なって展

開している」ことを考慮したものである。既に、ザールラント州を除く西部ドイツ各州とチューリンゲン州（東部ドイツ）は、独自の「居住空間助成法（Wohnraumförderungsgesetz）」、ないしは「住宅拘束法（Wohnungsbindungsgesetz）」を公布している。州は、自ら建設事業を行うのではなく、建築申請者（住宅企業、協同組合、個人の建築施主など）に対して直接対物助成を行う。具体的助成内容は、①有利な条件での貸付金や補助金の準備、②担保・保証の引き受け、③安価な建築用地の提供であり、これまでの施策と同様である。

　また、2019年までは連邦政府より一定の財政補填が行われるものの、2013年以降はその資金を社会住宅建設に使用することは義務付けられなくなった。そのため、独自の建設助成を全く行わず、社会住宅プログラムによってもたらされた長期負債の返済に充てる州（東部ドイツ・ザクセン州など）も出現している（Eichener, 2012）。人口10万人あたりの州別社会住宅建設認可戸数（**図7-1**）をみても、社会住宅建設に積極的なハンブルク州やノルトライン＝ヴェストファーレン州と東部ドイツ諸州との格差は明らかである。

　更に、州毎の助成プログラムを個別に検討すると、施策には大きな違いがみられる。旧東ドイツで唯一独自の「居住空間助成法」を制定しているチューリンゲン州では、引き続き設備改善（ストック更新）に重点をおいた特別プログラム「都心エリア（Innenstadt）安定化プログラム」が実施されている。もともと旧東ドイツ地域では、住宅地の荒廃を防止するために、統合直後よりストックの修理・設備改善に施策の重点を置く傾向があったが、都市縮退現象が深刻化する中で、老朽化のため不要となった空家を除却して、市街地の空洞化を防止する施策も「東部ドイツ都市改造（Stadtumbau Ost）」（連邦・州共同プログラム）による助成対象となった。

　一方、典型的な再都市化地域であるハンブルク州でも、同様に既成市街地の更新と内部充填型の住宅開発を指向しているが、ここでは統合や公正を重視し、社会構造の維持をフローとストックの双方で追求する施策を展開している。年間1万戸（うち3,000戸は社会住宅）の住宅新規建設計画もさることなが

第 7 章　再都市化時代におけるドイツ住宅政策の可能性

図 7-1　州別社会住宅建設認可戸数（人口 10 万人あたり、2015 年）

出典：ハンブルク州資料

ら、「一定期間（3 年間）以内のストック家賃の値上げを、最大 20% から 15% に引き下げる可能性」を諸州に付与した「改正賃貸借法」（2013 年）の規定を、州条例により最大 5 年間に延長するなど、独自の施策を進めている（第 10 章参照）。

また、5 年間にわたって、賃貸契約（新規・更新）時の家賃額を地元標準家賃の 10% 増しまでに制限する「家賃ブレーキ制度」（2015 年〜）についても、その適用と地域の選定は州の判断に委ねられた。同制度は、都市州（ベルリン、ハンブルク）では全域に適用されたが、国内最多の人口を擁するノルトライン＝ヴェストファーレン州では、ライン軸の成長都市（デュッセルドルフ、ケルン Köln、ボン Bonn）、近年学生数が大幅に増加したため、住宅市場が慢性的に緊張状態にある大学都市（ミュンスター、アーヘン Aachen）を中心に、合計 22 都市に限定して適用されている。

3. 施策重点の個別化と多様化

　人口移動動向が大きく変化して一時的な住宅窮乏が生じたドイツ統合直後を例外として、1960年代以降の住宅市場は大量建設によって徐々に沈静化し、2000年代に至るまで、全国レベルではほぼ一貫して緩和傾向にあった。この間、政策の重点も貧困層援助を目的とした住宅手当（低所得層向け対人助成）と、持家形成・設備改善（中間所得層向け対物助成）とに分化していった。

　既存の社会保障制度（失業扶助と社会扶助）を統合するハルツⅣ法改革（2005年）により、求職者基礎保障給付（失業手当Ⅱ、Arbeitslosengeld Ⅱ）に含まれる家賃補助支出として、「住居費（Unterkunftskosten）」が新たに導入された。受給有資格者は、住居費（自治体負担）と住宅手当のいずれか、有利な方を選択することが可能である。住居費の方が住宅手当よりも受給に対する所得上限額が高く設定されているため、ハルツⅣ法改革当初は住居費に切り替える低所得層が多くみられた。その結果、住宅手当受給者は352万世帯（2004年；全世帯の9%）から81万世帯（2005年；同2%）へと激減した。その後の数度にわたる住宅手当制度改革のため、再び住居費から住宅手当に切り替える世帯も生じているが、2016年末現在、59.5万世帯が住宅手当を、320万世帯が住居費を受給している。

　ただし、世帯人員、居住面積にもとづき査定される住居費支給額は、多くの自治体では下位市場セグメントを基準として全域一律で算出されたため、住環境な良好で家賃水準の高い地区に住む受給者は転出を余儀なくされる。このことは、セグリゲーションの拡大を招いた点で、ソーシャル・ミックスの理念に反するものとなった（Oettgen u. Degener, 2018, S. 4-6）。

　このように、対人助成が各種社会保障制度との組み合わせで残余化していったのに対して、対物助成は都心周辺部で展開される市街地更新事業との連携により、社会的にバランスの取れた住民構成による地区形成を促進するものと期待された。前述の「社会的居住空間助成法」において、社会住宅への入居資格上限を上回る不適正入居者に対する調整負担金の徴収が免除されたのも、この

趣旨にもとづくものである。しかしながら、従来「賃貸借法（Mietrecht）」により設備改善コストを家賃に転嫁することが認められていたため、この制度は家賃上昇の要因ともなった。実際に、需要が再び増加した今日でも住宅投資の75〜80%はストックに流れているが、それが住宅市場の分裂、社会的セグリゲーションを助長している。すなわち、ストックへの投資は新規流入者に対して質の高い高価格セグメントを受け皿として準備した一方、増価にともなう家賃急騰や住民追い立てなど、特定エリアの特定セグメントに市場の緊張問題が集積していく原因となった（Hunger, 2013）。

　既存の各種助成制度や高所得世帯の実需に支えられて、収益指向のストックへの投資は自ずと進んで行く。空家が生じても、設備改善を通じて家賃急騰や持家への転換が行われるため、ベルリンやハンブルクなどの成長都市では、近年「社会維持条例」や「家賃ブレーキ制度」など、適用地域を限定した上で、ジェントリフィケーションの進行や家賃上昇に対する新たな介入施策が導入されている。しかし、こうしたストックに対する規制は、過度の設備改善や賃貸住宅から持家への転換を抑制することはできるものの、アフォーダブル住宅の供給増加に直接繋がるものではない。そもそも、新たな流入者は値頃なセグメントを選好する傾向にあるうえ、世帯規模の縮小により成長地域でなくとも従来よりも多くの住宅が用意されねばならない。確かに市場は需要増加に敏感に反応しており、2009年に16万戸と低調であった新規住宅建設は、2011年以降完成数、認可数とも大きく伸長し、2013年には全国で約27万戸の住宅建設が認可された。また、投資先も大都市郊外や村落部での持家建設から、都市部の集合住宅へとシフトしているため、一部の成長都市圏ではある程度の市場緩和も期待される。

　一方、この間に社会住宅の総数は、250万戸（2002年）から122.3万戸（2017年）へとわずか15年間でほぼ半減した。Pestel Institute（2012）の試算によれば、社会住宅に対する需要は約565万戸に達しており、現状ではその20%程度しかニーズをカバーできていないことになる。こうした社会住宅ストック減少の背景としては、以下の点があげられる。第一に、全国で38,911戸（2002

年）から 22,176 戸（2010 年）へと大きく減少した新規建設量の減少があげられる。1990 年代以降、財政難と縮退地域での需要減退を理由に、連邦政府は建設助成から徐々に撤退していった。また、2006 年より所得税法により認められた減価償却方式（AfA 条項）が逓減型から線形型へと変更された。これにより住宅完成直後における減価償却の増額措置は廃止され、資金の回収に長期間を要する賃貸住宅の建設は投資家にとって魅力の乏しいものとなった（Eichener, 2012, S.13-14）。

　第二に、毎年 10 万戸を超えるストックの拘束解除があげられる。これは大量建設期（1950 〜 60 年代）のストックが解除される時期を迎えたことに加えて、民間投資を活性化するために 1980 年代末より拘束期間の短い助成制度が新設されたことが原因である。加えて、この間に自治体住宅企業ストックの民間住宅企業への売却が進んだこともあげられる。

　この間、世帯所得に占める家賃の割合（Mietbelastung）は、全世帯平均では約 25%（2003 年）〜 29%（2015 年）と大きな変化はみられないが、低所得層（1,300€／月未満）の場合は 46%（2015 年）に達しており、特に新規建設が減少する中で需要が増加しつつある西部ドイツ地域の大都市では、更に上昇する傾向にある。

　以上のように、アフォーダブル住宅は明らかに不足傾向にあるため、成長都市では新規住宅建設（フロー政策）が喫緊の課題になっている。もっとも、特に追加需要が大きい規制市街地内での住宅供給については、高い地価水準や建築用地の不足により相応の施策が必要になる。

　そこでは、ブラウン・フィールドの再利用による大規模再開発と、既成市街地内での充填型の小規模プロジェクトが特徴的であり、外方への発展よりも内部開発が優先された。あわせて、ソーシャル・ミックスの追求による空間的セグリゲーションの回避という目標は、フロー政策では非常に重要である。具体的な数値目標（新規住宅建設 6,000 戸／年）のみならず、一定規模（30 戸）以上の住宅建設計画に対して、その三分の一を社会賃貸住宅に割当てる（Drittelmix）というルールを課したハンブルクの取り組みはその代表的なもの

である。更に、住宅地開発にあたって社会住宅 20 〜 30%、中間所得層向け低家賃住宅 10 〜 20%（両者合計で 40% 以上）の構成比を定めたデュッセルドルフ、新規住宅建設の 30% を公的助成住宅に割当てたミュンヘンの「社会公正的土地利用（SoBoN）」など、成長都市では独自の開発モデルが策定されている。市有地の譲渡に際しても、従来のような価格を優先した単純な入札ルールではなく、建設計画にどの程度アフォーダブル住宅供給が含まれているかなど、社会政策上の指標が重要な判断基準となっている。このように、近年では住宅地開発に際して一定の割合で社会住宅建設を義務づける制度が各地で導入されているものの、それは除却や拘束解除による減少分をカバーするには至っていないとの問題点も指摘されている。

　このように、現代ドイツの住宅政策では、各級政府の分業・協調枠組みの変化が地域毎に特徴のある施策の策定を可能とし、地域住宅市場における需要動向に応じたアフォーダブル住宅の供給を目的とする施策の個別化・多様化への道を拓いたといえよう。
　そこで本書では、そうした施策の個別化・多様化の分析にあたって、欧州における典型的な成長都市の一つであるハンブルク大都市圏をとりあげる。対象地域としてハンブルクを選んだのは、第一にドイツ統合以降一貫して人口増加傾向にある大都市であることによる。第二に、2002 年に策定された「成長都市構想（Metropole Hamburg – Wachsende Stadt）」以来の都市開発が分極化を加速した一方、持続可能で、社会的に均衡の取れた都市形成を目指すハンブルク都市政策の伝統にもとづく各種の施策が全国に先駆けて導入され、2000 年代後半以降においても実施されているためである。たとえば、ドイツの大都市で比較家賃制度が初めて導入された（1976 年）のも、2010 年代に見舞われた住宅不足に際して、民間住宅企業との協働のもと、他州に先駆けて新規建設戸数を大々的に増加させたのもハンブルクであり、その点では現代ドイツにおける主要な居住施策をその構想を含めて分析するにあたって、最適であるといえる。
　以下では、選択的な人口移動にともなう都市空間のモザイク化やジェントリ

フィケーションが進行しているインナーシティを事例に、かつての衰退地区がトレンディ・エリアとして再生する過程（第8章）、成長指向の「都市開発ベクトル」と域内格差是正を目指す「地区改善ベクトル」とのせめぎ合い（第9章）、社会維持条例・家賃ブレーキ制度・新規住宅地開発における社会住宅附置義務など地方政府（州）独自の居住施策（第10章）の展開を分析する。こうした分析を通じて、公的介入の新たな挑戦がもたらす現代ドイツの住宅政策の可能性を考えていきたい。

注

1 ノルトライン＝ヴェストファーレン州、ライン川沿岸に位置するデュッセルドルフ、ケルン、ボンの諸都市を指す。
2 ライン川とマイン川との合流地域で、フランクフルト（マイン）をはじめ、ヴィスバーデン（Wiesbaden）、マインツ（Mainz）といった大都市が立地する。

第8章

都市再生の新たな試み
衰退地区からトレンディ・エリアへ

1. はじめに

　ベルリン周辺及び一部の大都市圏を除く東部ドイツ地域で過去十数年に著しい人口減少を記録したドイツでは、都市縮退問題の研究が *German Journal of Urban Studies* 誌などによって公表されている他、研究成果の蓄積が進んでいる（Glock & Häußermann, 2004; 大村謙二郎・有田智一，2005など）。

　しかしながら、東部ドイツにおける縮退問題は、ドイツ再統合時における都市計画規制の遅れにともなう住宅地の郊外への無秩序な膨張や、西部ドイツへの労働力人口流出といった地域特有の事情に因るところが大きく、その施策も「東部ドイツ都市改造プログラム（Stadtumbau Ost；2001年～）」に代表されるような減築による住宅経済の回復など、物的更新が中心となっている。これに対して、西部ドイツ地域では産業構造の転換にともなう鉱工業地域の衰退や、長期失業者・外国人といった「問題世帯」の集中による郊外高層集合住宅団地の荒廃など、先進工業国に共通する問題が主たる縮退要因として指摘されている（第4章参照）。

　こうした問題に対処するために、既に1980年代初頭よりドイツでは、それまでの面的な再開発から既存コミュニティの維持にも配慮した、ストック改善中心のきめ細やかな都市更新へと、政策パラダイムを徐々に転換させてきた。既に第4章、第5章で述べたように、住民の生活条件の改善を目指す総合地区開発プログラムである「社会都市（Soziale Stadt）」（1999年～）、あるいは物的整備主体の都市開発事業である「都市改造（Stadtumbau）」（2001年～）が導入

されて以降、国内各地で数多くの地区更新プロジェクトが実施されている。

　あわせて、西部ドイツ地域の縮退現象では、社会的排除を被っている世帯が滞留する特定地区に衰退・荒廃現象が集中し、隣接するコミュニティの成長が周囲に波及せず、近隣地区間の格差がむしろ拡大する傾向が強い点にも留意する必要がある。たとえば、既にルール地域の主要都市ではエスニック・マイノリティや旧ソ連・東欧地域からの流入者（Aussiedler）が地区住民の多数派を構成する街区も出現しており、数十年後にはこの現象が西部ドイツの大都市でも一般的になると予測されている（Strohmeier & Bader, 2004）。この点に関しては、マイノリティの集中によって異質で、周囲とは没交渉の孤立したコミュニティが形成・固定され、社会の分極化状況が極限に達するという「パラレル社会（Parallelgesellschaft）」仮説が今日ドイツ国内で世論の耳目を集めているが、これは都市縮退現象のもう一つの特性であるエスニシティの多様化がもたらした結果でもある。すなわち、こうしたコミュニティでは住民構成が短期間に入れ替わることから、既存の施設では新たに流入した住民のニーズに対応できず、投資も敬遠されるために地区の更新が進まない。そのため、ますますセグリゲーションに拍車がかかることとなる。実際に、西部ドイツ地域の研究事例からは、市内の特定地区における衰退・荒廃現象は、もはや採炭・鉄鋼などを基幹産業としていたザールラント、ルールといった旧工業地域のみにとどまらず、ミュンヘン、フランクフルト（Frankfurt/M）、ハンブルクなどの成長都市にもみられることも指摘されている（Pohl, 2010）。

　このように、ドイツにおける都市縮退問題の認識は、「東の縮退」から「西の縮退」へ、更には「成長地域での地区縮退」へと、その焦点が徐々に移行しつつある。しかも、ミクロレベルでみれば成長と縮退は隣り合わせであり、隣接するコミュニティの成長が周囲に波及せず、近隣地区間の格差がむしろ拡大する傾向が強い。すなわち、上記のような衰退コミュニティが市内の特定地域にモザイク状に出現する一方で、かつての衰退地区がそのイメージを一新し、広告業・IT産業従事者、芸術家、ジャーナリストといったクリエイティヴで所得の安定した若者や学生層が流入することで、再び活き活きとした街の賑わ

いを取り戻したケースも、少数ながら存在している[1]。

こうした地区に関しては、従来の研究ではジェントリフィケーション現象の一環[2]、あるいは近年ではクリエィティヴ・クラスの都心周辺部への集中とその要因といった転入する側の意志決定過程としてとらえられるか、彼らの流入の背景にある「創造的縮小（smart decline）」理念にもとづく誘導施策の成功例として紹介されることが多い（Pohl, 2008）。一方、この現象による地域の変容、ならびにそれが地元住民に及ぼす影響や行政の対応など、変容を被る側の視点から分析した研究はほとんどみられない。

そこで本章では、そうした活性化事例の一つであるハンブルク市、ザンクト・パウリ（St. Pauli）地区を対象にして、典型的なインナーシティの衰退現象がみられたこの地区が、クリエィティヴで所得の安定した若者や学生層に人気の、トレンディで「クール」なエリア（ドイツ語では"Szenenviertel"）として再発見され、蘇生されていく過程の中で、行政や地元関係者（アクター）が行った取り組みを考察していくことを通じて、衰退地区におけるコミュニティ再生のあり方を改めて検討する。ここでは、住民の急激な交替がもたらす地元への影響を受けて、トレンディ・エリアにおけるコミュニティ施策の方向性が問われることとなる。

本章でハンブルクを取り上げたのは、同市が1980年代初頭より広告業や音楽産業などの集積地として発展が著しく（Thiel, 2007）、ドイツ国内ではジェントリフィケーションの進んだ都市とみなされており、研究対象地域に適していると考えられる。

2. ハンブルクにおける都市更新事業の特徴

本章で取り上げるハンブルク（都市州）は、人口約183万人（2018年）を有するドイツ第二の都市であり、ライン＝ルール地域を含む西部ドイツのノルトライン＝ヴェストファーレン州とともに、国内で最も早くから都市更新プログラムに着手しており、既に1990年代以来の豊富な事業経験を有している。

現在ハンブルクでは、次の3類型の「都市更新プログラム」を地区特性に応じて実施している。
　①都市再開発（Sanierung；16地区）
　②都市改造（Stadtumbau；全国版の「西部ドイツ地域都市改造」に相当、2地区）
　③アクティヴな市区開発（Aktive Stadtteilentwicklung, 全国版の「社会都市」に相当、2005年～、29地区）

　このうち、本章では「都市再開発事業」を取り上げる。同事業の対象地域では、基幹産業の衰退にともなう雇用減少が税負担力の大きい住民層を中心とした人口流出を招く一方、高齢者や低所得層が滞留し、これが空家、空き店舗の増加、ひいては活力の減退の要因となっている。表8-1にみられる「インナーシティの旧労働者居住地区」がこうした地区の典型例であり、そこでは、住宅経営が収益性に乏しいことから、アルトバウが大半を占めるストックの更新も滞りがちである。この状態が、さらなる衰退を招くのか、それとも改修によりジェントリフィケーションが進み、ストックの収益性も改善されるのか、あるいは「第三の道」として公共セクターに打つ手があるのか、地区の将来をめぐって各地で議論が続いている。

表8-1　ドイツ都市におけるセグリゲーションの現状と施策の動向

地区類型	立地	所有関係	需要グループ	主たる施策
未改修住宅地区	インナーシティの旧・労働者居住地区	民間所有（持家・賃貸）	低所得層 学生・若者	ストック改修／除却 低・未利用地開発
改修済住宅地区	インナーシティの旧・中間層居住地区	民間所有（持家）不動産企業	中・高所得層（1～3人世帯）	誘導
高層共同住宅団地	都市縁辺部	社会住宅（借家人指名権あり）	高齢者 低所得層	ストック改修／除却 住環境整備
戸建住宅	郊外	民間所有（持家）不動産企業	中・高所得層（核家族）	開発規制

出典：筆者作成

ハンブルクでは、都市再開発事業地域に対して「更新コンセプト」（追加・修正可能な都市計画上の事業計画）を制定し、関与するアクター（州政府、区役所、再開発事業者、住宅企業）の連携と投資の原則、住民への情報提供と住民参加システムの構築（再開発協議会 Sanierungsbeirat の設置、地区集会の開催、活動基金 Verfügungsfonds の提供、パンフレットの作成など）を規定している。

　この「更新コンセプト」において特徴的なのは、次の2点である。

　第一に、個々の建築行為の実施主体を原則として所有者とした点であり、州政府の助成は再開発該当物件に居住する住民・事業所の代替住宅等への移転費用などに限られている。

　第二に、アフォーダブルな居室を確保するために、ハンブルク州は、再開発事業地域において住棟設備改善・修繕に対して公費による特別助成プログラムを実施している。このことはとりもなおさず、当該の物件を「社会住宅」として11〜21年間にわたって拘束することを意味しており、一定の所得水準以下の入居者を借家人として選定しなければならない。[3]

　こうした手法そのものは、いわば住宅政策における古典的・伝統的な手法であり、目新しさはないものの、それを再開発事業地域限定で実施するところに、同施策の要諦がある。すなわち、この施策によって、現住者が引き続き同じ住宅に居住することが可能となり、既存コミュニティを維持することができる。また、それは地区の家賃水準の高騰を抑えることにもつながるため、若者・学生等の流入を促進し、ソーシャル・ミックスの実現による活性化、伝統的建造物の保全といった効果も期待できる。本章で取り上げるザンクト・パウリも、こうした都市再開発事業の対象地域の一つである。

3. ザンクト・パウリの市区再生

(1) 地区の特徴

　旧市街の西側、エルベ河畔に位置するザンクト・パウリは、河港を擁するハンブルクの玄関口として、17世紀より商工住機能が混在する典型的な労働者

図 8-1 ハンブルク市域と研究対象地域

出典：ハンブルク州資料

居住地区として発展を遂げた（**図 8-1** 参照）。その面積は 2.6 km²、2009 年現在の人口は、約 2.1 万人である。ドイツ国内はもとより、世界各地より年間 2,500 万人以上が訪れる歓楽街・レーパーバーン（Reeperbahn）が含まれることから、この地区は観光業をはじめとしてハンブルクの経済活動にとって重要な位置を占めている（**写真 8-1**）。他方では、都心に近い有利な立地にありながら、全体の 2 割にあたる住宅は劣悪な建築状態・設備状況にある上、地区内には緑地に乏しく、駐車場を探す観光客らにより渋滞が慢性化しているなどの問題を抱え、従来は市内でも衰退が進む地区の一つとして、ネガティヴな地域イメージが流布していた。

しかしながら、1980 〜 90 年代にインフラ整備や民間資本によるアルトバウ

写真 8-1　レーパーバーン

(2009年11月筆者撮影)

の改修事業が進んだ結果、この地区は、①港湾・工業地域から事務所地区・サービス業の立地へ、②「夜の街＝歓楽街」から、年間2,500万人以上が訪れる活気ある文化・娯楽地区へ、③クリエーターや学生が流入し、住民層が大幅に交替することで、労働者居住地区から人気あるトレンディ・エリアへ、またこうしたことを通じて、④「起業家の牙城」、「音楽の拠点」、「ドイツのクリエィティヴなホットスポット」、「可能性の街」へと、地区イメージも大きく変化した。

　このように、都心機能の拡大にともなって新たなオフィスビルや本社機能が進出したり、魅力あふれるレストランや文化施設などが存在することにより、同地区は職住近接を指向する比較的所得の安定した世帯に選好される居住地へと変貌しつつある（Oßenbrügge u. a., 2009）。既に2005〜09年には地区外や外国からの投資も増加し、324戸（地区ストックの約2%に相当）が借家から持家へと転換（Umwandelung）されたり、新規契約時の家賃額も16%上昇している（市平均上昇率は1%）。しかしながら、世帯の平均所得や多くの住民の教育水準は低いままにとどまっており、建築物やインフラ改修の必要性は依然とし

て大きい (Kreutz, 2004)。ザンクト・パウリは、いわば相反する「二つの顔」が同居する地区なのである。

　本節では、ザンクト・パウリの南部に位置し、再開発事業地域の一つであるヴォールヴィル・シュトラーセ (Wohlwillstraße) 周辺地区（面積26 ha；事業期間1997～2014年）を事例として、こうした変化をもたらした背景、再開発事業の特徴にふれていくこととする（**図 8-2** 参照）。このエリアも、元来はアルトバウの集合住宅が建ち並ぶ典型的な労働者居住地区として発展を遂げた地域である。[5]

　同地区の人口は約7,500人（2007年末現在）であり、このうちドイツ国籍のない者が29%を占める。人口構成上の特徴については、「25～34歳」層が全体の27.4%（全市平均は15.5%）を占める一方で、15歳未満人口は市の平均を下回っている。65歳以上の高齢者もわずか9.5%（全市平均19.0%）と、非常に低い割合にとどまっている (QN St. Pauli, Nr. 45, 2009)[6]。

　また、住民、就業者とも2005～09年の間に増加しているが、住民の四分の一が居住年数2年未満であるのに対して、20年以上住んでいるのはわずか11%と、流動性の大きいこの地区の特徴があらわれている。特に地区南部（2008統計区）では、18歳未満の子供がいる世帯はわずか5.7%にすぎない（市平均は17.9%）。これは、独身の学生・若者世代がこの地域、なかでも歓楽街レーパーバーンの北側に接する古い市街地に好んで居住することを意味しており、衰退地区でしばしばみられるような高齢者や子供の比率が高い住民構成とは明らかに異なっている。

　こうしたアルトバウの中に住宅、商店、オフィス、文化施設などが混在し、多様な社会階層の市民が暮らしている地区は、ドイツでは"Kiez"と呼ばれている。元来この語句は「売春」などを連想させるような、退廃的でネガティヴなニュアンスを持っていたが、近年の若者たちの間では「大都市に点在する住み心地の良い小地域」の意味で使われている。

　また、地区内には385事業所（2009年）があり、1,100人あまりが就業している。その多くは従業員3名以下の零細規模であり、「飲食店・ホテル業」、

図8-2 再開発事業地域ヴォールヴィル・シュトラーセ
（太枠内、2007年現在）

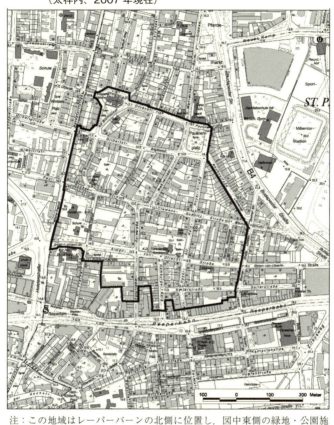

注：この地域はレーパーバーンの北側に位置し，図中東側の緑地・公園施設を挟んでハンブルク旧市街に接続するエリアである。
出典：ハンブルク州資料

「サービス業」、「小売業」の3業種が上位を占めている。特に近年では、「居酒屋・カフェ・バー」、「その他の小売業（ファッション・装飾品・工芸品）」の増加が顕著である。なかには地元住民を対象とした店舗が外来者向けに転換される事例もみられ、その分空き店舗は26店（全体の約6%）と急減傾向にある。こうしたことからも、若者層をターゲットにした事業展開の特徴がうかがえる（QN St. Pauli, Nr. 48, 2009）。ただし、事業所の約三分の一が3年以内に転廃業

しており、頻発する店舗交替が持続的な雇用確保を妨げる点や、需要増大や新規契約にともなう賃料上昇が懸念されている。

(2) 再開発事業の展開

再開発実施にあたっての基本的な考え方は、地区内で居住・就業する人々に対する情報公開と住民参加にもとづき都市計画上の欠陥を除去・軽減することにより、地区を居住・営業の場として、長期間にわたり維持・更新することにある。事業の実施にあたっては、EU地域開発基金（ERDF）とハンブルク州政府から2001年末〜2006年までに1240万€が準備・投入され、多様な施策が実施されている。

たとえば、当該事業を通じて公的助成の枠内で実施されたストックの修理・設備改善は230戸の住宅と20店舗、新規建設は180戸の住宅と6店舗にのぼっており、その数は同期間の民間新規建設（住宅30戸、2店舗）を上回っている（2009年末現在）。住宅の修理・設備改善については、設備の更新に加えて、バルコニーや断熱設備は裏庭側に設置するなど、グリュンダーツァイト（Gründerzeit）期に建設された歴史的建造物のファサード保全にも配慮が

写真8-2　修復の進むアルトバウ

（2009年11月筆者撮影）

なされた（**写真 8-2**）。事業地域内では、住棟の設備近代化や修繕に対する特別助成プログラムや家主に対する大幅な税制優遇措置が実施された。ただし、特別助成プログラムの適用を受けた住宅は、その後社会住宅として拘束を受けることとなる。なお、ヴォールヴィル・シュトラーセ地区では、住宅総数10,738戸のうち約1,900戸をSAGA（ハンブルク州公益住宅企業）またはsteg（Stadterneuerungs- und Stadtentwicklungsgesellschaft Hamburg mbH；ハンブルク都市更新・都市開発会社、後述）が保有・管理しているため、改修事業を比較的円滑に実施しやすい側面もあった。

また、フィルム上映や市区フェスティバルの開催など、地元団体・住民による自主的な取り組みに対して地区レベルで自由に支出可能な「活動基金」（2万€／年）が州から提供されている（QN St. Pauli, Nr. 49, 2009）。

この地区では、地区内の各種利害関係者（住民、事業経営者、土地所有者、学校・教会・市民組織など地元団体、ハンブルク・ミッテ区議会政党関係者）からなる再開発協議会（Sanierungsbeirat；定数16名、任期4年）が設置されている（図8-3参照）。月1回開催される再開発協議会では、地区内におけるあらゆる更新プロジェクトの審議が行われる。同協議会は、市の都市計画委員会に議決

図8-3　ザンクト・パウリ地区における再開発事業組織

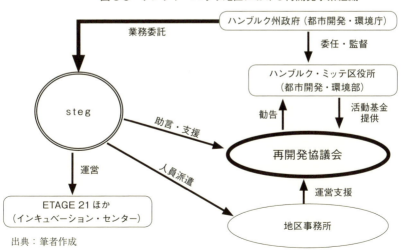

出典：筆者作成

を委ねるような勧告を行う権限を持っている他、「活動基金」の支出決定を行う（QN St. Pauli, Nr. 43, 2008）。

「更新コンセプト」（1997年公表）についても、協議会の勧告にもとづいて既に3回（2000, 2003, 2008年）にわたり補足・修正が行われている。2008年には広場改修事業の追加が行われる一方で、予定されていた住棟保全・改修計画の一部は断念されている。

(3) stegの活動

こうした保全・改修業務の受託者としてのみならず、地区事務所の運営やイベントの開催、再開発協議会や住民に再開発関連の情報を提供し、この地区に住み働く人々のネットワーク作りを支援しているsteg（ハンブルク都市更新・都市開発会社）の活動は特筆に値する。stegは、地区再開発と市内1,500戸の住宅・事業所（信託財産）の管理を行う企業体であり、ハンブルク州政府が実施する事業の80％を受注する地域密接型再開発の担い手となっている[9]。ザンクト・パウリにおいては、1990年にカロリーネンフィアテル（Karolinenviertel、ヴォールヴィル・シュトラーセ地区の北側に隣接）で再開発プログラムがはじまって以降、stegは今日まで継続的に活動している。

たとえば、前述した公的助成によるストックの修理・設備改善においては、stegは施工のみならず借家人への説明、代替住宅への一時移転なども担当している。ドイツでは、既に多くの州で拘束期間の短期化や戸数の急減など、社会住宅制度は住宅政策の主流から次第に外れていく存在になっている（大場, 1999）。これに対して、ハンブルクでは依然として同制度が、過度のジェントリフィケーションを抑制し、それまでの住民構成を維持するための都市更新の手法として十分に機能しているといえる。

また、stegは1990年代半ばより経済振興にも取り組んでおり、ザンクト・パウリでも四ヶ所のインキュベーション・センターを運営し、積極的な起業支援を行っている。たとえば、公的資金により1999年に開設された"ETAGE 21"の賃貸スペース（21室）の入居率は90％を超え、そこからは60社が起業

写真 8-3　旧食肉加工場（1911 年建設）を転用した "KaroStar"

（2009 年 11 月筆者撮影）

し、合計約 150 名の雇用が創出された。このうち 25 社は地区内もしくは近隣で、20 社が市内で引き続き営業している（2009 年現在）。また、2004 年には旧食肉加工場（1911 年建設）跡地を再開発して、音楽産業に特化したユニークなインキュベーション・センターである "KaroStar（Musikhaus St. Pauli）" を開設した（Kreutz, 2004）（**写真 8-3**）。音楽産業は、かつてはハンブルクの主要産業の一つであり、無名時代のビートルズ（The Beatles）もこの地で活躍の場を広げた。"KaroStar" はそうした音楽産業の復活を目指す取り組みでもある。このように、ザンクト・パウリを、「社会問題の焦点」から「ハンブルクにおける起業者の牙城」、あるいは「人気のある魅力的な居住・労働の場」へと変貌させたという点で、steg による起業支援は一般に高い評価を得ている。

　以上、ザンクト・パウリにおける事業内容を概観すると、起業支援による地元経済の活性化を促す一方で、公的資金による住宅保全を通じて前住者の居住権を保護している steg の役割をどう評価するかが改めて問題となる。その多くが地区外からやってくる起業者たちは、職住近接を志向し、その生活圏が狭いことから（Oßenbrügge u. a., 2009, S.257）、ジェントリフィケーションのさら

なる進行につながる可能性もあるのに対して、住宅保全は過度の住民交替を抑制するという点では「逆ベクトル」の施策とみなされる。両施策が同時に進行された結果、住民構成については、統計上はソーシャル・ミックスが維持されているとみなされたとしても、実際には社会的不均衡状態が依然として解消されていない場合もあることに留意すべきであろう。

4．おわりに——都市再生事業の評価と今後の課題

今回取り上げたザンクト・パウリ地区では、広義の住宅企業であり、公益事業体でもある steg の活動を通じて、社会住宅制度という伝統的・古典的な手法を活用しつつ、既存コミュニティの維持、地区家賃水準の高騰防止、伝統的建造物の保全といった側面で、事業成果をあげることができた。この施策は、社会住宅入居資格である所得上限を上回る世帯の継続居住を例外的に認め、社会的にバランスのとれた住民構成による居住地区の形成を図る「社会的居住空間助成法」（2002年制定、第3章参照）とは正反対の発想のもとで、現住者の住居（地元居住権）を守ることを通じてソーシャル・ミックスを維持する取り組みとして評価される。

ただし、目下ハンブルクでは、近年の人口流入による需要圧力の高まる中、新規建設戸数が少ないこともあって、空家率はわずか1.7%と住宅市場は逼迫した状況にある。当該地区においても2020年までに現有ストックの三分の一以上に相当する63棟の社会住宅としての拘束が解除され、自由市場賃貸へと移行する予定となっている。したがって、再開発事業終了後には、家賃上昇によって旧住民が地区外へ排除され、ジェントリフィケーションがいっそう進むことが危惧されている（Bezirksamt Hamburg-Mitte, 2010）。

また、地区によって都市再生事業の担い手はそれぞれ多様であり、特徴があって然るべきであるが、事業が一定の成果をあげるには、steg のようなコーディネーターの存在が不可欠といえよう。本章での考察を通じて、ドイツ型都市更新事業におけるメニューの多様性と、それらが地区の特性に応じて行

政レベルで使い分けられていることの一端が明らかになったが、その効果を検証するためには他の事業プログラムとの比較分析が不可欠となろう。

注

1　ハンブルクにみられる小地域間の差異を分析した Pohl（2010）は、このように再生した地域を "Gewinnerregion"（勝ち組地域）と表現している。
2　ドイツ語圏においては、たとえば Blasius u. Dangschat（1990）が代表的な先行研究としてあげられる。
3　ドイツの社会住宅制度では、これを「割当て拘束」と称する。なお、社会住宅制度の詳細については、大場（1999）を参照のこと。
4　平成 21 〜 23 年度大阪市立大学都市問題研究採択プロジェクト「『住みごたえのある町』をつくる－大阪・ハンブルクにおける市民文化にもとづくエリアマネジメント－」（研究代表者：大場茂明）・国際シンポジウム（2010 年 8 月 22 日開催）でのクルト・ラインケン氏（Kurt Reinken, steg 不動産部門責任者）の報告資料による。
5　この再開発事業地域は、ハンブルク市統計区 2006, 2007, 2008 の範囲にほぼ相当するので、本章ではその集計結果の一部を参照した（Bezirksamt Hamburg-Mitte, 2010）。
6　"QN St. Pauli" は、当地区の事業担当者である steg が発行する情報誌 *Quartiersnachrichten St. Pauli* の略称で、地区内の全住民・経営者、ならびに土地所有者に無償配布される。
7　1870 年代〜 20 世紀初頭の時期を指す用語で、この時期に建設された建物は、立地条件に恵まれている割には相対的に家賃が安いこと、また天井が高く、気積が大きいことから、特にクリエイティヴ・クラスや学生の人気が高い。
8　ザンクト・パウリが属するハンブルクの行政区で、都心を含む市の中央部を管轄する。なお、一都市でありながら州と同格の地位（都市州 Stadtstaat）にあるハンブルクの行政区（Bezirk）は、直接公選される議員からなる区議会ならびに区長（議員から互選）を持つ（東京市政調査会, 1983）。
9　steg 社は、ハンブルク州参事会（Senat；執行機関）と州議会の決議により、1990 年に州政府の 100％ 出資による公企業として設立された。発足当初より同社は有限会社（GmbH）組織であるが、こうした私法上の法人形態はドイツの公企業では一般的なものである（亀井, 1995）。2003 年に、マネージャー・バイア

ウト（MBO；経営者買収）により民営化された（2010年の従業員数は約70名）。現在では、EU、連邦、州の資金による地区再開発、個別建造物の改修の他、コミュニティのネットワーク作りなどのソフトな事業にも積極的に関わっている。2010年代においては、いったんオフィスビル建設目的で外国投資家に譲渡されたものの、その後芸術家グループの占拠運動を経て、州政府が土地を買い戻したGängeviertel（都心周辺部ノイシュタット区）の再開発事業を委託されたことで、ドイツ国内でも注目を集めた。また、民営化以降はルール地域のドルトムント（Dortmund）にも系列企業を設置するなど、業務エリアは市外にも拡大しているが、収入総額の85％をハンブルク州からの委託業務が占め、市内8ヶ所で地区マネージメント事務所を設置・運営するなど、州政府との関係は依然として大きい（同社代表ハンス＝ヨアヒム・レスナー Hans-Joachim Rösner 氏からの2011年2月23日付回答による）。なお、steg社の事業等の詳細については、同社HP（http://www.steg-hamburg.de）を参照のこと。

第9章

グローカル時代における成長都市圏の地区更新

1. はじめに

　1990年代以降、政治・経済両面において「グローカル化」過程が進行しつつある。これは、企業の経済活動や制度・政策が国家を越えて上方に展開する「グローバル化」と、一部の経済活動（エスニック・ビジネスによる起業と雇用創出など）や、ガバナンス（市区協議会の設立など）がよりミクロなスケールへと下降する「ローカル化」とが、同時に進行する現象である（宮町, 2008）。とりわけ、「多様性における統合（United in diversity）」が進むEUにおいては、国家の役割がますます限定されたものとなり、地域経済活性化とエンパワーメントの両面で、都市、更には市区といったローカルレベルでこうしたプロセスに対応する新たな政策パラダイムが求められている。

　これまでEUの深化と拡大を牽引してきたドイツにおいても、脱工業化、グローバル化経済の下での包摂と排除のプロセスが顕在化している。このことは、ルール地域をはじめとする旧鉱工業地域の衰退や、長期失業者・外国人といった「問題世帯」が集中するインナーシティや都市縁辺部の社会住宅団地の荒廃など、先進工業国に共通する問題が累積していることからも明らかである[1]。

　ハンブルク、フランクフルト、シュツットガルト、ミュンヘンなど、経済的に成功を収めた西部ドイツ地域（旧西ドイツ）の大都市においても、活発な人口流動によりエスニシティや生活様式の多様化・個別化が進んだことから、こうした現象は同様に看過できないものとなっている。しかしながら、人口減少や高齢化の進む東部ドイツや、旧工業地域の衰退問題とは異なり、上記のよう

な大都市圏は縮退現象とは無縁の豊かな成長地域とみなされていた。そのため、都市の成長要因の探究は進んでいるものの、成長の影響を直接被るコミュニティにおける包摂と排除のプロセスが研究対象となることは稀であった。

そこで、本章ではドイツ統合以降一貫して人口増加傾向にありながら、特定地区に衰退現象が集中し、地区間格差の拡大が顕在化しているハンブルク大都市圏を対象として、成長都市政策が都市の空間構造に及ぼす影響を検討する。あわせて、「グローカル化」時代における地区更新事業の課題と可能性を明らかにすることとする。

以下では、2節でハンブルクにおける成長都市政策と、それにともなうジェントリフィケーションの動向を概観する。次に3節では、2009年以降にハンブルクで行われた地区更新事業の再編過程を、ドイツにおける都市更新事業の歩みの中に位置づけ、その特徴を明らかにする。4節では、近年変容の著しい都心周辺部のザンクト・パウリ地区を事例として、新たな更新施策が地区の問題解決にいかに寄与しうるかについて検討を行うこととする。

2. 成長都市とジェントリフィケーション

ハンブルクは、第二次大戦前に既に100万人以上の人口を擁し、港湾の荷物取扱量ではロンドン、ニューヨークに次ぐ世界第三の規模を誇る大都市であった。その発展の過程で、地下鉄や大学、更には今日でもハンブルクの市民生活に潤いを与えているハーゲンベック（Hagenbeck）動物園など、各種文化施設の建設が進んだ。しかしながら、戦後の東西ドイツ分割によってそれまでの広大な後背地を喪失したハンブルクの人口は、約190万人（1960年代半ば）から約157万人（1980年代）へと縮退した。更に、1994年以降は子供のいる若い家族や中・高所得層を中心に年間約9,000人が郊外に転出（Fortzüge）し、市内の社会問題や財政状態も次第に悪化していった。他の大都市と同様、1960年代後半から1980年代にかけて住民の郊外流出にともなう人口減少にさらされていたハンブルクは、ドイツ統合を機に人口増加に転じた。1985年時点の

158.0万人から、1995年には140万人前後へ減少すると当時予測されていた人口は、2015年末には178万7,408人（1,014,313世帯、住宅総数931,236戸）へと増加している。

このドイツ統合以来の比較的高い成長は、旧東ドイツ地域からの大量の人口流入によるものである。こうした地域間移動の主体は、新たな職場・教育の場を求めて転入する若年層である。一方、都市圏内の移動、特に中心都市から郊外への転出は、ライフステージの変化とそれにともなう広い居住スペースの需要、持家形成過程と関係している。

上記のような人口動態と順調な経済活動を背景に、ハンブルク州は2002年に新たな成長戦略として「大都市ハンブルク－成長都市」（Metropole Hamburg – Wachsende Stadt）を策定した。周辺地域が縮退する中で成長政策を公言する市長フォン・ボイスト（Ole von Beust, CDU：キリスト教民主同盟所属）の下で制定されたこの構想の目標は、ハンブルクを開発によって再び国際的な影響力を持った活気ある大都市へと発展させる基盤を構築することであった。そこでは、「成長都市の中心的目標は、ハンブルク人口の増加である」としながらも、「家族・子供・若くクリエイティヴな人々・専門労働力・社会における意思決定の担い手の比率を高めることによってのみ、この都市は国際的大都市としてのダイナミズム、魅力、影響力を発展させることができる」とし、上記の「ターゲットグループ」に焦点を当てた戦略の必要性が言及されている。

具体的な戦略目標は、①人口の更なる増加、②経済・雇用の成長、③交通インフラの改善、④住宅建設・業務用地の提供増大、⑤家族助成、⑥ハンブルクの国際的魅力と名声の向上となっている。ここで注目されるのは、人口増加と企業進出によって期待される追加税収2,500万€／年が、構想に明記されている点である。

これは、経済活動の主導権をめぐる熾烈な都市間競争を背景として、経済成長と人口増加に重点をおいたものであった。しかしながら、計画の中央集権化、規制緩和、住民や地区の分極化・フラグメント化をいっそう助長するものとして、この構想には、多くの批判がなされた（Thaler u. Winkler, 2005）。

写真 9-1　建設の進むハーフェンシティ

（2009 年 11 月筆者撮影）

写真 9-2　燻製工場跡地に新規建設された高所得層向け住宅（オッテンゼン地区）

出典：Stadtteilarchiv Ottensen 資料

　これと前後してハンブルクでは、都心の南側に隣接するハーフェンシティ（Hafencity）の建設（1997 年～）や、エルベ川中洲（Elbeinsel）の開発（2003 年～）に代表される大型プロジェクトが「特別地域（Sondergebiet）」に指定され、相次いで始動している（**写真 9-1**、前掲第 8 章・**図 8-1** 参照）。前者は都心の

南側に隣接する港湾部を新たに開発して、都心部の面積を40%拡張するプロジェクトである。一方後者は、長年エルベ川の氾濫に悩まされていた広範な低利用地ヴィルヘルムスブルク（Wilhelmsburg）を、ハンブルク国際建築博覧会（IBA Hamburg）事業によって副都心として整備していこうとするものである。

　また、同時に都心周辺部では、創造産業（特に、広告・宣伝・デザイン・IT・映像制作など）の担い手である専門技術者によるジェントリフィケーション現象も進行している（**写真9-2**）。ハンブルクを事例に、地区類型別の人口増加動向を分析したポール（Pohl, T.）によれば、若い成年層のハンブルクへの転入は、その空間選好に顕著な特徴がみられるという。すなわち、都市縁辺部の住宅地区では持家率が高く、住宅の規模からも家族世帯向け住戸の供給が中心であることから、家族形成期にある比較的所得の高い世帯が縁辺部へ転出する一方、独身の若年転入者は利便性の高い都心近くの市区を指向している（Pohl, 2010）[5]。ただし、住宅需給においては、稠密市街地内では開発可能な用地が限られているため、新築よりも既存建造物の活用が中心となるが、現地では新規流入層の居住ニーズと老朽化したストック群との間にはミスマッチがみられた。世帯人員の減少傾向の中で、適切な規模の住宅ストック（平均80㎡以下、単身者の場合は40〜50㎡）が不足しているためである。経済活動における土地需要（**表9-1**）と住宅需要（**表9-2**）の動向を比較すれば明らかなように、都心周辺部のアルトバウ（Altbau）が集積する地区（**表9-1B及び表9-2②**）こそが、経済の論理による「成長指向のベクトル」と住民統合の理念にもとづく「地区改善ベクトル」[6]との両者がせめぎあう焦点となっていることがわかる。

　1870年代〜19世紀末に建設された物件も数多くみられるアルトバウは、老朽化しているものの、天井が高いために気積が大きく、しかも様々な用途に活用できる。したがって、その立地さえ恵まれていれば、非常に人気がある建造物でもある（**写真9-3**）。そのため、ヨーロッパ金融危機の中で資産の確実な運用先を求める域外やスカンジナビア諸国などからの企業・個人投資家にとって、不動産投資の格好のターゲットとなっている。ハンブルクでも、過剰な設備改善（Luxussanierung）や、「賃貸住宅から持家」、「住宅から事業用スペース」へ

表 9-1　経済活動と企業立地類型

類型	空間利用・土地需要	経済活動	立地上の特徴
A	高層高密、集約的、土地需要は小規模（一部は大規模）	企業向け知識集約型サービス業、金融サービス業	政治的・経済的権力の立地の場としての City
B	高層高密、集約的、土地需要小、敷地規模小	創造的サービス業（例：グラフィック、デザイン、WEB ビジネス）	インナーシティ
C	低層または高層・低密、粗放的、大規模敷地需要	多様な優良品生産	都市縁辺部
D	低層または高層・低密、粗放的、大規模敷地需要	定式化された管理運営サービス業（例：本社管理部、地方支社）	高速道路・空港への近接性
E	低層または高層・低密、集約的または粗放的、小規模または大規模敷地需要	地元経済、日常的・定期的需要に対するサービス業	特に立地上の指向なし

出典：Oßenbrügge et. al., 2002, S.40

表 9-2　世帯類型・立地による住環境に対する要望

類型	住環境に対する要望	世帯類型	立地上の特徴
①	文化・消費・就労の場への近接、安全、デリバリー・サービス、豪華な住宅、集合住宅	グローバル・ノマド（例：国際エリート、都市再回帰者）	中心部
②	大規模住宅、文化・消費・就労の場への近接、選択的利用が可能な住宅様式、堂々とした住宅、集合住宅	高度な専門知識を有するサービス業従事者、高収入、子供なし（例：国際エリート、都市再回帰者）	都心近くのアルトバウ地区、都心への近接性
③	豊かな自然環境、大規模住宅、就労・消費の場、社会施設への近接、集合住宅または戸建	高度な専門知識を有するサービス業従事者、子供あり（例：郊外志向者、都市再回帰者、国際エリート）	都心への近接性、住宅地区
④	多様な居住構造、値頃な住宅、簡素な設備、集合住宅	若年世帯、単身者（例：郊外志向者、新世帯形成者）	中心市区に隣接する地区
⑤	値頃な住宅、簡素な設備、戸建て、豊かな自然環境	平均的労働者、家族志向（例：郊外志向者、移民）	都市縁辺部または都市拡張地域内環、住宅地区
⑥	値頃な住宅、簡素な設備、集合住宅	専門性の低い労働者、低収入（例：移民）	移民：都心近くその他：都市縁辺部

出典：Oßenbrügge et. al., 2002, S.45

写真 9-3　ザンクト・パウリ地区に多数立地するアルトバウ

（2009 年 11 月筆者撮影）

のコンヴァージョンが都心周辺部で進行し、一部の地区では住民層の交替もみられた。

このように、アルトバウが集積する都心周辺部では、地区の評価が向上するにつれて、住宅ストックの価値上昇（Aufwertung）が近年顕在化している。それにともなって、新旧住民間のコンフリクトも高まり、家賃の高騰に耐えられない地元住民が立ち退きを余儀なくされるプロセス（Verdrängung）が進行している。

3. 都市再生戦略の動向

(1) ドイツにおける都市更新事業の歩み

ここで、事業目的や対象地域が多岐にわたる施策の動向を整理するために、

220　第Ⅱ部　公的介入の新たな挑戦

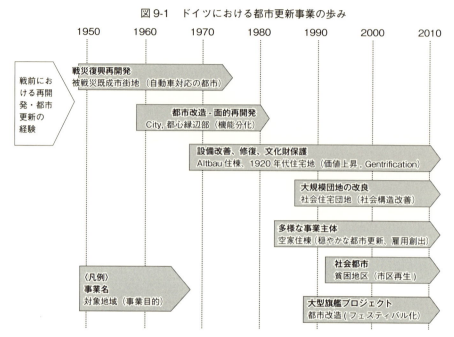

図9-1　ドイツにおける都市更新事業の歩み

出典：Schubert (2010) を一部加筆修正

　図9-1をもとにドイツにおけるこれまでの都市更新事業の歩みを振り返っておくこととする。この図からも明らかなように、1980年前後を境に、それまでの面的な再開発から、既存コミュニティの維持にも配慮した、ストック改善主体の持続可能な都市更新（nachhaltige Stadterneuerung）へと、施策の重点が移行してきたことがわかる。この転換は、郊外の大規模住宅団地やインナーエリアの貧困地区などの衰退地域において、物的更新のみならず、社会統合や雇用創出をも視野に入れた市区再生事業が積極的に取り組まれてきたことのあらわれでもある（第5章参照）。
　しかしながら、1976年に導入された住宅近代化制度では、新規建設だけでなく、アルトバウのような既存住宅の設備改善に対しても、利子補給や税制優遇の形で、公的助成が行われるようになった（大場，1999）。確かに、面的再開発から修復・保全型の「穏やかな都市更新（behutsame Stadterneuerung）」へ

と施策の重点が移行することで、従来のコミュニティの急激な変化を防止する効果はあった。とはいえ、他方ではこうした優遇措置が、実需にそぐわない過剰な住宅投資を招き、結果としてその後のジェントリフィケーションの受け皿を提供した側面も指摘できる。

(2) ハンブルクにおける都市開発と市区再生

　近年の成長戦略を中心に、ハンブルクにおける都市政策の動向を分析したAltrock u. Schubert (2004) によれば、ハンブルクにおける「成長指向」を目指す動きは、既に1980年代にその端緒がみられたという。すなわち、SPD（社会民主党）所属の市長フォン・ドーナニュイ（Klaus von Dohnanyi）は、当時経済の低成長、高い失業率、高額の社会保障費負担に直面していたハンブルクでは「経済成長によってのみ社会的にバランスの取れた政策が可能となる」との主張から、1983年に「ハンブルク株式会社」という言葉を用いて、競争・成長・民営化・規制緩和にもとづく新自由主義的な経済発展戦略を推進し、「国際的・国内的に競争力のあるハンブルク」を追求することを目標にあげた。1990年代の統合ドイツにおいては、こうした成長パラダイムは、東部ドイツ地域における復興支援の必要性から一旦は頓挫したものの、その後の東部ドイツからの流入によって人口増を経験した西部ドイツ諸都市において、再び推進されることとなった。

　一方、ハンブルクには、「持続可能な発展、社会的に均衡の取れた都市」を目標に掲げる、長年にわたる伝統があった。SPDの市長フォルシェラウ（Vorscherau, H.）は、1994年のマニフェストにおいて、市内で顕著となっている地区間の格差拡大を、取り組むべき政策課題として取り上げている（Altrock u. Schubert, 2004, S. 9-22）。

　このように、前述した「成長指向」、「地区改善」という二つのベクトルのせめぎあいには、1980年代にさかのぼる歴史がみられる。政権交替や景気動向を契機に、その優先度が変更されるという経緯を経つつ、両者は並存している状況にあったと考えられる。

住宅政策や都市計画の側面においても、ハンブルクはノルトライン＝ヴェストファーレン州（西部ドイツ）と並んで、①従来より伝統的な社会住宅政策を堅持する地域、②国内で最も早くから市区再生事業に取り組んだ地域として知られる。

　社会住宅制度に関しては、ザンクト・パウリのようなトレンディ・エリアでは、伝統的な住宅建設助成がジェントリフィケーションを抑制する施策として有効であることは、第8章で既に指摘した。ただし、社会的居住空間助成法（2002年）によって、社会住宅入居における所得上限を上回る世帯に対して従来課されていた「不適正入居負担金」の徴収が、地区のソーシャル・ミックスに資する場合は免除されるという新たな制度改正が行われた。このため、同市においても、入居希望者の需要に十分に応えられる量の社会住宅が、「不適正」入居者の退去を通じて今後とも確保される保証はない。

　市区再生事業に関しては、これまでに多くのプログラムが提供されてきた。その重点は、当初の物的更新を中心とする「穏やかな都市更新」、「社会的焦点（soziale Brennpunkt）」（1980年代〜90年代初め）から、施策の総合性を意識した「総合型社会的市区開発」（1990年代半ば〜）、「アクティヴな市区開発2005-2008」へと次第に移行している。特に2000年以降においては、上記のような都市更新を目的とする複数のプログラムが、互いに独立・並行して実施されている状態にあった。

(3) 地区更新事業の再編

　今日のハンブルクにおける都市開発と市区再生をめぐって、以下の二つの問題点を指摘することができる。

　第一に、成長指向の都市開発戦略が見直され、改めて都市更新事業による地区改善の重要性が認識されるようになったことがあげられる。2002年にスタートした「成長都市」構想の目標は、ハンブルクを大都市間の国際的競争に置き、経済開発とそれを支える優秀な労働力の誘致によって長期的成長の基礎を整えることであった。しかしながら、近年の経済危機を背景に、新たな

モーター（創造産業、再生可能エネルギー、健康産業）の推進による恩恵は、全ての市民に及ぶものではないとの認識が支配的となった。ドイツ統合以降の経済発展と市区開発上の努力にもかかわらず、多くの地区では、むしろ住民の分裂（Desintegration）、マージナル化が進行し、それを抑止・逆転するためにさらなる介入が必要となったのである（Bürgerschaft der freien und Hansestadt Hamburg, 2009, S.3）。

　この目標を達成するには、従来の連邦・州による多様なプログラムを、再び一つの包括的な戦略にまとめ、その地区開発や都市全体としての結束に対する作用を強化することが重要となる。こうした認識から、各種の市区再生プログラムは 2009 年に「統合市区開発プログラムによる都市更新（Stadterneuerung mit dem Rahmenprogramm Integrierte Stadtteilentwicklung; 以下 RISE と略）」のもとへと統合された。同年には、それまでの「成長都市」構想に修正が加えられ、人間的・社会的側面を重視する「将来の展望を見据えた成長都市（Hamburg: Wachsende Stadt mit Weitsicht）」がハンブルクが目標とする新たな都市像となった。

　構想が修正された背景には、グローバル経済の変動の中で、ハンブルクの持つ伝統的な強み（港湾、商業など）のみに頼る成長戦略ではもはや不十分であり、創造産業、再生エネルギー、健康産業といった新たな部門を開発する必要性に迫られた点がある。加えて、「無条件の成長には、不足する資源によって自然的限界が設定され」、「純然たる量的成長が、しばしば環境や社会にとって無視できない結果をともなう」との認識が、州政府の連立与党であった緑の党（GAL）から表明されたことがあげられる。新たに付け加えられた「将来の展望を見据えた」成長とは、こうしたエコロジーと経済とのより良き調和を目指す持続可能な開発であるとともに、一部の人々を置き去りにするのではなく、公正性と生活の質とをともなった成長の実現が目標とされた。

　主導プロジェクトには、①教育を重視する「ハンブルク：知のメトロポリス」、②市域南部の開発を目的とする「ハンブルクはエルベ川を越えて」という従来のプロジェクトを継承したものに加えて、③「クリエイティヴなハンブ

ルク」、④「持続可能なハンブルク」、そして⑤社会政策にアクセントを置いた「ハンブルク：故郷の港（Hamburg: Heimathafen）」が新たに加えられた。

RISEは、上記の主要プロジェクトの一つ「ハンブルク：故郷の港」の重要施策として位置づけられている。これは、ハンブルクの伝統的な責任感と連帯意識を基礎として、不利を被る地区とそこに暮らす人々の強化に重点を置くものである（Bürgerschaft der freien und Hansestadt Hamburg, 2009, S.61）。

第二の問題点は、従来の都市更新事業では、プログラムが終了した後には、開発行為に対する防止策が存在しなくなることである。すなわち、事業期間が終了すると各種の開発規制が解除されてしまい、後述するザンクト・パウリの事例からも明らかなように、再び設備近代化やコンヴァージョンが進行するという問題が、絶えずつきまとっていた。

RISEの事業手法の多くは、実際には従来の事業で行われた手法を継承したものであるが、こうした開発行為に対処する施策として、「社会維持条例（soziale Erhaltungsverordnung）」が新たに制定された。

同条例は、「連邦建設法典」（BauGB§172 (1) Nr.2）にもとづくもので、地域の構造と住民の構成を保全するために新たに制定された地区計画法上の手段である。これは、指定されたエリア内で、持家の新規建設や住宅の事業用スペースへのコンヴァージョンなどの特定の行為を審査し、規制する施策として注目される。地区の指定にあたっては、①増価ポテンシャルのある住宅が数多く存在していること、②社会上特別な保護が必要な住民層の存在に加えて、③行政サイドからの設備近代化に対する圧力を証明する事前調査が必要となる。

この条例とともに、賃貸住宅から持家への転換を規制する「コンヴァージョン条例」（2002年）や、社会維持目的に反する開発を制限・防止することを目的とする先買権の行使が合わせて適用されることによって、指定地区内での開発行為に歯止めがかけられることとなる。

RISEの事業対象地区は、市内合計51地区（2011年現在）に及んでいる。その中で、経済活動の中心であり、ハーフェンシティ建設やエルベ川中洲の再開発（IBA Hamburg）といった大規模な開発事業が展開される場として変貌

が著しい一方、他方では衰退が著しい旧労働者居住地区が分布するハンブルク・ミッテ（Hamburg-Mitte）区は、特に地区間の格差が大きいことで知られる。この地域では、RISE プログラムが合計 16 地区で実施されており、行政区別では最も事業数が多い。

以下では、これらの事業地区のうち、RISE 始動後ほどなく 2010 年に社会維持条例が適用されたザンクト・パウリ地区を事例に、「成長指向」と「地区改善」という二つのベクトルが、このエリアでどのように作用しているか、行政文書、地区更新事業担当者からの提供資料等をもとに検討していく。

4. ザンクト・パウリにおける RISE プログラムの展開

(1) 住宅ストックと住民構成の特徴

ここでは、ハンブルク・ミッテ区役所が、事業の実施に先立って実施した調査報告書（2010 年、2011 年）をもとに、同地区の実情をみていく。地区の住宅所有関係については、全体の 94% を賃貸住宅が占める。約 1,900 戸（全ストックの約 20%）を所有する自治体住宅企業 SAGA/GWG が、地区最大の住宅所有者である。これにハンブルク州政府から各種の更新事業を受託する steg（ハンブルク都市更新・都市開発会社）の信託管理住宅（同約 10%）を加えて、三分の一弱の住宅が社会住宅となっており、中・低所得層に対してアフォーダブルな住宅を提供している（Bezirksamt Hamburg-Mitte, 2011）。

次に、住民構成の特徴を概観する。地区の総人口は約 2.2 万人（2012 年末）であり、2003 〜 2005 年で 2.8% 増加している。このうち、65 歳以上は 7% のみで、18 歳以下の子供のいる世帯も 28%（市平均は 17%）あり、非常に若い人口構造となっている。一方、単独世帯は全体の約半数を占めるが、若者層が圧倒的に多い。

区役所が総世帯（1 万 7,300 世帯）の 4.1% にあたる 704 世帯に対して面接法で実施したアンケート（2009 年）によれば、住民には比較的高学歴者が多く、半数の世帯に 1 人以上の大卒者がいる。また、就業率（74%）も市の平均

(56%) を上回っており、自営業者の割合 (32%) も高く、全世帯の52%に地区内で就業する構成員がいるという点で、職住近接の環境にある。更に、64%の世帯には転居の意志がなく、地元スポーツクラブや市民団体の活動も活発で、強固な近隣ネットワークも存在することから、居住満足度の高さがうかがわれる。このように、ネガティヴな地域イメージが依然として完全には払拭されていないものの、地区の実態は活力があり、安定した住民構成であるといえる (Bezirksamt Hamburg-Mitte, 2011)。

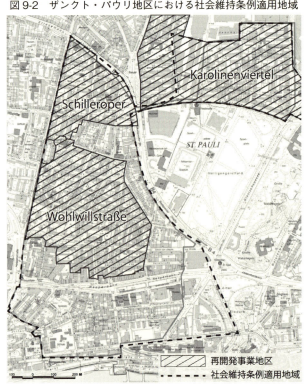

図9-2　ザンクト・パウリ地区における社会維持条例適用地域

出典：Bezirksamt Hamburg-Mitte (2010)

(2) RISE 事業の始動

図9-2 に示したように、ザンクト・パウリでは3つの「再開発事業地区」が指定されているが、2014年までにはいずれの地区の事業も終了し、その後は開発規制が不可能となる[12]。そこで、同地区を管轄するハンブルク・ミッテ区役所は、上記の再開発事業地区を含む広範なエリア（**図9-2**の破線内）を2012年2月に「社会維持条例地域」として指定し、持家の新規建設や住宅の事業用スペースへのコンヴァージョンなどの特定の行為を制限することにより、開発規制を行っている。

しかしながら、この地区は都心に隣接した立地であり、文化施設や飲食店が集積しているなど、居住の場としての魅力が大きいことから住宅需要が引き続き上昇傾向にある。また、住宅ストックの約60%をアルトバウが占め、設備改善投資による「居住の質」の改善も期待できる。このことから、さらなるジェントリフィケーションが進行して、上述したバランスの取れた住民構成が損なわれる可能性がある。実際に、過去20年間に1,200戸以上が設備近代化され、増改築も250戸に及んでいる。また、2005年以降に940戸（民間賃貸の11%）が持家へと転換された。更に、過去5年間で14%の住宅ストックにおいて所有権の移転が行われたが、その多くは地元の個人所有者から域外の投資家や新規転入者の手に渡っている。住民の居住歴をみても、2年未満の世帯が四分の一を占めており、不動産価値の上昇による排除・住民交替のプロセスが進

表9-3 家賃と住宅価格の動向

年次	平均家賃（€/㎡）		平均住宅価格（€/㎡）	
	St. Pauli	Hamburg	St. Pauli	Hamburg
2005	8.58	8.34	2,039	2,015
2006	10.32	8.17	2,026	2,040
2007	11.10	8.25	2,227	2,012
2008	11.40	8.83	2,192	1,965
2009	10.00	8.67	2,350	2,036
2005〜2009年の変動率	16.6%	4.0%	15.3%	1.0%

出典：Bezirksamt Hamburg-Mitte, 2010, S.25.

んでいることを示している。

表9-3 にもみられるように、家賃、持家価格はともに、既にハンブルク全域の平均値を上回り、2005年～2009年の間の上昇率も非常に大きいものとなっている。更に、この地域の住宅ストックの三分の一を占める社会住宅の約3割が、向こう9年間でその法的拘束が解除され、民間（自由）賃貸に移行する予定である。地区内の社会住宅は、1,995戸（2005年）から1,967戸（2013年）へと減少（－1.4%）することとなり、特に中・低所得層にとって、今後の住宅確保は徐々に困難になりつつある。ただし、全市の社会住宅ストックが同期間に130,365戸から92,405戸へと急減（－29.1%）していくことと比較すれば、ザンクト・パウリの減少率は著しく低い（Bezirksamt Hamburg-Mitte, 2010）[13]。この予測からも、自治体住宅企業が多くの住宅を所有している実態は、ザンクト・パウリにおけるアフォーダブル住宅を確保し、ひいては地元住民の生活環境を維持する点で重要な意味を持っていることがわかる。

このように、ストックの過剰な設備近代化にともなう価値上昇やコンヴァージョンが生じている中で、新たに導入された「社会維持条例」の効力次第では、今後とも住民層の交替、社会的弱者向け日常生活インフラの急速な衰退など、地域へのネガティヴな影響がいっそう高まる懸念がある。

5．おわりに

以上のように、本章ではジェントリフィケーションが進むハンブルク都心周辺部の一つであるザンクト・パウリにおける価値上昇と排除プロセスの動向に着目し、RISEが目指す地区更新事業の可能性と問題点を考察した。ジェントリフィケーションにともなう都市周辺部の変容は、国際的都市競争の中で推進されてきたハンブルクの経済成長政策がもたらしたものであった。

これに対して、2010年における「持続可能な発展を視野に入れた成長」を目標に掲げた都市政策への軌道修正は、同市の地区更新事業を伝統的に特徴づけてきた社会統合理念への再回帰といえる。RISEは、まさに「将来の展望を

見据えた成長」ヴィジョンにおける施策の一つとして登場した。それゆえ、ザンクト・パウリのように、「成長都市」ならではのポテンシャルにあふれ、「成長指向」、「地区改善」という二つのベクトルがせめぎ合う場所が、RISE の事業対象地区に選ばれたことも首肯できる。こうした地区では、RISE により新たに導入された「社会維持条例」をはじめとする規制制度を運用することで、過度のジェントリフィケーションを回避し、既存の社会構造を維持する可能性が拓かれたものと考えられる。

　もっとも、「社会維持条例」を中心とする新たな地区更新事業・RISE の効果をめぐっては、関係者によって評価が異なることはいうまでもない。

　ハンブルク・ミッテ区都市地域計画局長・マーテ（Mathe）氏は、「個々の事例で差はあるものの、多くの住宅所有者が借家人の立場に立った計画変更を行う用意があり、住民立ち退きは回避されるであろう」と条例制定の意義を評価している。しかしながら、「特定地区の住民に対して、持続的居住権を保証するものではない」と、条例の限界もあわせて認めている（Bezirksamt Hamburg-Mitte, *NIEDERSCHRIFT über die 10. Ausschusses für Wohnen und Stadtentwicklung am Dienstag, dem 22.05.2012*）。また、ハンブルクにおける市区更新事業の実施と地区マネージメントに長年関わってきた steg は、条例による認可手続きが過剰な設備改善や高額な持家建設による低所得層の立ち退きに対抗するとともに、地区の持続的開発をコントロールする目的をもつものとして、施策に大きな期待を抱いている（QN, Nr.57, 2012, S.12）。あわせて、同社代表ハンス＝ヨアヒム・レスナー（Hans-Joachim Rösner）氏は、「建設費・土地価格が高騰しない限り、SAGA/GWG, steg, 住宅協同組合は家賃を低く維持することができる」と、公的住宅企業が地元住民の生活環境の維持に寄与する役割を強調している。[14]

　一方、地元再開発協議会（Sanierungsbeirat）の一部のメンバーや Die Linke（左翼党）は、SAGA/GWG 賃貸住宅の家賃凍結や、市有地での開発行為に対する社会住宅の付置義務など、さらなる介入手段の必要性を主張している（Bischoff, J. et. al., 2009; Protokoll 03/12 der Sitzung des Sanierungsbeirates

Karolinenviertel am 31 Mai 2012)。このように、社会維持条例は地区の居住環境を維持する万能の手段ではなく、家賃規制など借家人保護施策と組み合わせてこそ、その目標が達せられるものと考えられる。

注
1 この問題に関しては、EU、ドイツ連邦政府、ハンブルク州政府とも、1990 年代より「統合型都市更新」事業として対策に取り組んでいる。本章でも言及するように、これまで多くの施策が実施されてきた。近年の事業報告書として、European Commission Inter-Service Group on Urban Development (2010), Bundesinstitut für Bau-, Stadt- und Raumforschung (2010), Freie und Hansestadt Hamburg, Behörde für Stadtentwicklung und Umwelt (2012) などがあげられる。
2 ハンブルクの経済成長を牽引している創造産業を対象とした研究として、たとえば Soyka u. Soyka (2004)、Pohl (2008)、Oßenbrügge u. a. (2009) などがあげられる。
3 北部に位置し、ハンブルクにも比較的近いブランデンブルク州、メックレンブルク＝フォアポンメルン州縁辺部からの転入が中心である。
4 こうした人口増加傾向はその後も続いており、2012 年 4 ～ 6 月においても 2,510 人増を記録している。転入元はメックレンブルク＝フォアポンメルン州をはじめとする旧東ドイツ地域、転出先についてはハンブルクに隣接するシュレスヴィッヒ＝ホルシュタイン (Schleswig-Holstein) 州、ニーダーザクセン (Niedersachsen) 州が多く、1990 年代以来の人口流動の動向が継続しているといえる (Statistisches Amt für Hamburg und Schleswig-Holstein, 2012)。
5 アルスター湖の西側、エルベ川の北側に位置する都心に近接する地区は、創造産業に従事する所得の安定した若者や学生が好んで転入する地域であり、高齢者比率が著しく低く、1990 年代末以降住民の若年化が急速に進んでいる。こうした「トレンディ・エリア (Szenenviertel)」の例として、本章でとりあげるザンクト・パウリをはじめ、シュテルンシャンツェ (Sternschanze)、オッテンゼン (Ottensen)、ザンクト・ゲオルク (St. Georg) があげられる。
6 経済の「成長指向のベクトル」とは、企業立地の場として地区のポテンシャルを最大限に活用して、経済成長を指向するものである。これに対して、住民統合の「地区改善のベクトル」は、住民の居住・生活環境の改善を通じて既存の社会構造を維持しつつ、地区の持続的な発展を目指すものである。

第 9 章　グローカル時代における成長都市圏の地区更新　　231

7　RISE における合計 12 の分野横断型事業領域（Handlungsfeld）群、再開発協議会（Beirat）の設置による参加と協働、住民提案による各種の取り組みに対する活動基金（Verfügungsfonds）の提供といった事業手法の多くは、実際には従来の事業で既に実施された手法を継承したものである。

8　具体的には、既に売買契約が成立した後、将来の所有者に高額の設備近代化、コンヴァージョン等を行う恐れがある場合に行使され、その土地は信頼できる事業者（SAGA, steg など）に再譲渡される（2015 年 9 月に行ったアルトナ行政区職員 H. エヴァース Hans Evers 氏へのインタビューによる）。この権限は、民間の開発行為に先だって、公共団体による土地の先行取得を認めるもので、連邦建設法典（BauGB§24, Abs.1, Nr.4）にもとづく。

9　たとえば、ハンブルク・ミッテ区内の社会扶助受給率（2010 年末現在）をみても、都心部（アルトシュタット Altstadt、ハーフェンシティ Hafencity）が 11.2% であるのに対して、ザンクト・パウリでは 19.9% となっており、地区間の格差が大きいことは明らかである（Statistisches Amt für Hamburg und Schleswig-Holstein, Statistik informiert SPEZIAL IX/2011, 2011）。

10　ハンブルク州議会報（Bürgerschaft der freien und Hansestadt Hamburg, 各号）、ハンブルク・ミッテ区居住・市区開発委員会議事録（Bezirksamt Hamburg-Mitte, *NIEDERSCHRIFT* 各号）、事業実施に先立って行われた同区役所の調査報告（Bezirksamt Hamburg-Mitte, 2010, 2011）、ザンクト・パウリ地区再開発協議会議事録（Protokoll der Sitzung des Sanierungsbeirates Karolinenviertel, 各号）などのデータ、参加者の発言内容を参照した。

11　SAGA/GWG（Siedlungs-Aktiengesellschaft Altona ／ Gesellschaft für Wohnen und Bauen mbH）は 1922 年に設立された自治体住宅企業で、州政府の 100% 持ち株会社である。2008 年現在で 13 万戸の賃貸住宅と 1,500 ユニットの貸事業所スペースを所有しており、市内最大の住宅所有者である。所有する住宅の多くを社会住宅が占めている点で、自治体行政に対しても影響力が大きい。

12　ザンクト・パウリにおける再開発事業地区は、下記の通りである。①典型的な労働者居住地区からトレンディ・エリアへと変貌したカロリーネン・フィアテル（Karolinenviertel, 事業年度：1988 〜 2012 年、31ha）、②公的資金による穏やかな都市更新が進む住宅地区シラー・オーパー（Schilleroper, 事業年度：1980 〜 2008 年、14.8ha）、③学校跡地の再活用などが進行中のヴォールヴィル・シュトラーセ（Wohlwillstraße, 事業年度：1997 〜 2014 年、26ha）。なお、ヴォールヴィル・シュトラーセにおける事業の詳細は、第 8 章を参照のこと。

13 たとえば、カロリーネン・フィアテルでは、steg がその管理下にある地区内の社会住宅を今後とも維持していくことを言明している（QN Karolinenviertel, Nr.62, 2011）。
14 レスナー氏へのインタビュー（2010 年 8 月 23 日）による。

第 10 章

再都市化の進行にともなう地区居住施策

1. はじめに

　近年のドイツでは、家族構造の変化、フレキシブルな就業形態の出現、移動コストの増大とともに、居住の場としての都市地域、あるいはその中心部の魅力が、改めて注目されている。再都市化とは、そうした都市部への人口回帰現象を指す概念である。縮退と成長、核都市（Kernstadt）と郊外地域（suburbaner Raum）における人口増減動向にもとづき、再都市化現象のみられる都市圏は、①成長都市地域における相対的中心化、②停滞／弱縮退都市地域における絶対的中心化、③縮退都市地域における相対的中心化の3つの類型に区分される（Brake u. Herfert, 2012）。
　このうち、熾烈な都市間競争の中で経済的に成功を収めたハンブルク、フランクフルト、ミュンヘンなど、旧西ドイツ地域の大都市は、郊外での増加率が低下傾向にあるのに対して、核都市では人口が回復傾向にあることから、①の類型に当てはまる。ただし、人口回帰現象は市内全域で一律に生じるものではなく、人口増加の著しい成長エリアと更新の遅れた衰退エリアとがモザイク状に分布している。それは、具体的には特定エリアへの需要圧力の集中、地価・家賃の急上昇として現われ、居住者の追い立てなど、深刻な社会問題を招く場合もみられる。
　このように都市居住の様相も大きく変わりつつある今日、市域を一括して扱うのではなく、需要サイドの社会的属性ならびに投資の選択的集中によって増幅された部分市場を念頭に置いて展開される居住施策を比較検討し、評価する

ことが強く求められている。再都市化の要因として、知識経済への移行、民間世帯の消費選好の変化、国際的人口流入などとの関わりが、既に多くの研究者によって指摘されている。これらに加えて、国家・自治体の政策による影響も要因の一つとして取り上げられているものの、主として論じられているのは成長政策、都市間競争戦略にもとづく都市更新事業がもたらした効果である（van den Berg et. al., 2007）。確かに、各種の税制優遇措置や行政による未利用地の提供が再都市化を促進する側面もあろうが、他方で選択的な人口流入が特定地区における不動産の価値上昇による家賃・居住費の上昇を引き起こし、地区間格差の拡大と中間層を巻き込んだ住宅問題の激化を招く可能性も看過できない。しかしながら、再都市化の弊害とみなされるこうした問題に対する行政側の取り組みとその効果については、これまで必ずしも十分に言及されてこなかった（Haase et. al. 2010 ほか）

そこで本章では、ハンブルク大都市圏を対象に、住民の生活環境に直接多大な影響を及ぼす居住施策に焦点をあて、再都市化にともなって格差が拡大傾向にある個々の部分市場に対する行政の取り組みを、地区別に比較する。あわせて、そうした施策が特定エリアへの需要圧力を緩和し、均衡の取れた都市形成を誘導することができるかどうか、その可能性の有無を明らかにする。研究を進めるにあたっては、ハンブルク州政府ならびに行政区（Bezirk）発行の各種行政文書を収集し、近年における居住施策の策定背景や目的について分析した。あわせて、施策の実施状況と問題点について施策担当者に対するインタビュー（2015 年 9 月、2016 年 9 月）と、主要事業地域での現地調査（2016 年 9 月）を行った。

以下、第 2 節でハンブルクにおける近年の人口増加と、それにともなう住宅市場の推移を概観する。次に第 3 節では、2000 年代後半以降の住宅需給バランスの変化を背景に、相次いで策定されたハンブルク州の住宅建設プログラムと一連の居住施策を取り上げる。ここでは、各プログラムや施策の特色について、それらをドイツ住宅政策の流れの中に位置づけつつ検討を行う。第 4 節では、市街地形成過程の異なる複数の行政区を対象に、地区レベルで実施されて

いる居住施策を、各エリアの特性をふまえて比較することとする。

2．人口増加と住宅市場の推移

ドイツ統合を機に人口増加に転じたハンブルクでは、市内移動における郊外、あるいは市内縁辺部への転出＝遠心的な動き（**図10-1**）と、域外から都心周辺部への転入＝求心的な動き（**図10-2**）とが同時に発生している点に特徴がある。ハンブルクにおける人口の社会増加（2008～2012年）の中心は、利便性の高いエルベ川の北岸、旧市街とその周辺である。

これを年齢別にみると、主として30～40歳台の持家形成層による中心部

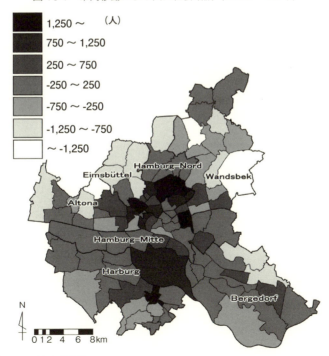

図10-1　市内移動による人口社会増減（2008～12年）

出典：ハンブルク州資料

図 10-2 市外転出入による人口社会増減（2008 ～ 12 年）

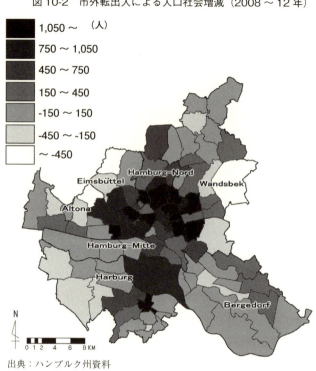

出典：ハンブルク州資料

から周辺への転出超過傾向は依然として継続しているものの、18 ～ 29 歳の学生・新規就業者や高所得世帯を中心とする国内外からの流入人口がそれを相殺して余りあるほど顕著であることがわかる。こうした転入者は、都心及びその周辺部を指向している（BSU, 2014）。

図 10-3 は、ハンブルク市内の部分住宅市場の動向を類型化したものである。ここでは、家賃水準（2012 年）と家賃上昇率（2007 ～ 2012 年）を指標に、市区（Stadtteil）を 5 つのカテゴリーに分類した[3]。特に変動が大きい（「高地価 − 動態的」）のは、オッテンゼン、シュテルンシャンツェ（いずれもアルトナ Altona 行政区）などの都心周辺部で、ここでは 30 ～ 40 歳台を中心とする高所得世帯の人気が高く、外国企業を含む住宅の新築・改修投資を背景に、一部ではジェン

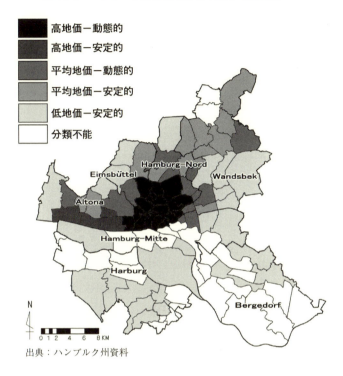

図 10-3　ハンブルク部分住宅市場の動向（市区別）

凡例：
- 高地価－動態的
- 高地価－安定的
- 平均地価－動態的
- 平均地価－安定的
- 低地価－安定的
- 分類不能

出典：ハンブルク州資料

トリフィケーション現象も進行しいることがわかる。一方、東部やエルベ川南岸（ハールブルク Harburg など）、周辺部の家賃水準は平均以下で、あまり変動がみられない。人口の市内移動を示した前掲図 10-1 からも、「高地価－動態的」な市区から追い立てられた人々が、こうした縁辺部の「安定的」なエリアに移動していく傾向が推察できる。それは、移動先のエリアにおいて新たな不均衡を引き起こす誘因ともなりかねない。

　こうした人口動態と慢性化した住宅不足を背景として、現在のハンブルクの住宅市場は、需給バランスの変化にとどまらず、アフォーダブル住宅へのアクセスが中間所得層においてももはや保証しがたいという緊張状態に達しているといえる。中間所得層をも巻き込んだ住宅問題が発生した理由は、以下の3点

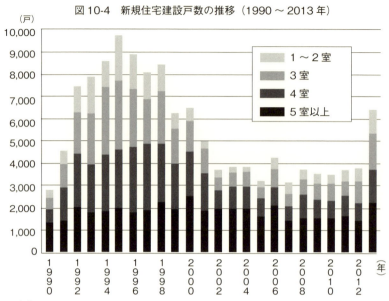

図10-4 新規住宅建設戸数の推移（1990〜2013年）

出典：Statistikamt Nord (2015)

に集約される。

第一に、再都市化による住宅需要圧力の増大があげられる。新たな流入者には単身者が多いことから、世帯数と一人あたり居住面積は増大した。好調なハンブルク経済にともなう雇用増もあいまって、需要は近年大幅に高まっている。このことを反映して、1990年代後半以降は比較的安定していた家賃水準も、2007年以降では一年あたり平均6.5%と急騰している。特に、都心周辺部の転入超過地区の不動産価格は近年高騰しており、なかでも若者に人気の高いトレンディ・エリアでもあるオッテンゼン、シュテルンシャンツェなどでは、家賃も12〜13€／㎡（2013年）にまで上昇している。

第二に、新規住宅建築戸数の推移（1990〜2013年）を示した**図10-4**からも明らかなように、比較的市場が緩和した2000年代はじめに建設活動が急減したことがあげられる。あわせて、この時期には州政府による住宅建設用地の備蓄は全く行われず、むしろ、財政赤字を緩和するために公有地は売却された

(Brinkmann u. Seeringe, 2014, S.324-326)。

　第三にあげられるのは、公的助成住宅（社会住宅）を中心とするアフォーダブル住宅の減少である。ハンブルクでは、住宅総数・約93万戸のうち、四分の三にあたる約69万戸を賃貸住宅が占めている。ドイツ全国の持家率も43%と、先進工業国の中では非常に低い水準であるが、賃貸住宅市場の動向がハンブルクでは特に重要であることは、この数値からも明白である。第7章でもふれたように、ノルトライン＝ヴェストファーレン州（旧西ドイツ）と並んで、ハンブルクは従来より伝統的な社会住宅供給政策を堅持する地域として知られる。このことは、州が主たる株主である公益住宅企業（SAGA/GWG）と住宅協同組合が全住宅ストックのうち、各々13%を所有している点にも表われている。しかしながら、2000年代初めの市場緩和期に新規建設が停止される一方、その間に多くの社会住宅が拘束期間（20～30年間）を終えたため、その戸数は265,600戸（1990年）から95,133戸（2013年）へと急減した。2000年には入居有資格者の35%が居住できた社会住宅も、2013年上半期においてはわずか17%しかカバーできていない。

3．ハンブルクにおける住宅政策の動向

　第二次大戦中の空爆により壊滅的な被害を被ったハンブルクの復興は、面的再開発と機能純化によって推進され、1970年代半ばまで継続して行われた。その後、施策の重点は、持家形成支援やストック更新へと次第に移っていった。
　まず、持家形成支援については、従来の施策が「社会住宅制度を通じた弱者に対する居住機会の提供」に重点をおいたため、持家形成層を市内から駆逐する傾向があったのに対して、地上権供与などを通じた税負担力の大きな世帯への助成が新たに強化された。その一方で、社会住宅建設戸数は次第に削減され、その後の住宅不足の遠因となった。次に、ストック更新については、歴史的建造物の保護や、アルトバウの改修を中心とする「穏やかな都市更新（behutsame Stadterneuerung）」が中心となった。事業の主たる舞台となったの

は、それまで大規模な開発から見放され、住民流出と地区の衰退が進んでいたインナーシティであった。開発の過程で、事業を実施する当局や民間企業と地元住民との間に生じたコンフリクトは、若者やアーティストによる家屋占拠運動などを経て、住民が地区更新計画に主体的に参加する道へとつながっていった。

一方、第9章でもふれたように、1990〜2000年代は成長都市政策に則って新たな都市開発が始動された時期でもあった。なかでも、都心部の南側に隣接する面積約2.2㎢の新都心であるハーフェンシティ建設（1997年〜）は、ロジスティクス産業の高度化により衰退した旧港湾地区を、新都心として整備する事業である。ここでは、州政府がまず用地を取得し、その後州によって設立されたHafenCity GmbHがデベロッパーとして開発を担っている。

2000年代後半以降の深刻な住宅不足は、「ハンブルクのような成長型大都市の住宅市場は、借家人保護と大量の新規住宅建設の双方が実施されて、はじめて緩和されうる」との認識を、州政府ならびに住宅関係団体にもたらした。

まず、2009年に州政府により策定された「住宅建設開発計画（Wohnungsbauentwicklungsplan）」では、2000年代に進行していたストックの除却や世帯の小規模化傾向を念頭に、今後2020年までに人口8万人、6万世帯が増加するとの予測にもとづき、毎年5,000〜6,000戸の新たな住宅建設需要の発生を想定するものであった。そこには、特に中・高所得層の住宅選好をめぐる郊外（ハンブルク大都市圏内の隣接郡部）との競争を念頭に置き、稠密な既成市街地こそが魅力的な「生活の質」を提供しうるとの考え方が表れている（Menzl, 2012）。

この需要に対して、州政府は都心周辺部から市域縁辺部への移行エリアに、「都市化開発優先地帯」を設定して対処しようとした。しかしながら、都心から離れたこの地帯では、都心周辺部の稠密な既成市街地を選好する担税力の大きい世帯の需要を満たすことはできなかった。同様に、インナーシティでのアルトバウ建築のストックや保留地にも限りがあり、新規需要を吸収するには不十分であった。そこで、改めてこうした実態に即した、エリア別開発の実施が

検討されることとなった。

　こうしたエリア別居住施策の重要性に鑑み、ハンブルク州政府と7つの行政区は2011年に「ハンブルクのための協定－住宅建設プログラム（Vertrag für Hamburg - Wohnungsbau）」を締結した。そこでは、人口構成と住宅市場動向の分析をもとに、建設計画の権限を持つ行政区が「住宅建設プログラム」を個別に策定することを定め、改めてそれまでの年間約3,500戸の新規供給目標値を6,000戸に引き上げることを発表した。この独自のプログラムに対して、州政府による建築認可手続きの迅速化が図られるとともに、ハンブルク投資・助成銀行（Hamburgische Investitions- und Förderbank, IFB Hamburg; 旧ハンブルク住宅建設信用銀行 Hamburgische Wohnungsbaukreditanstalt）を通じて公的資金が供与される。

　一方、州政府、民間住宅企業、SAGA/GWG、借家人連盟の間で、「ハンブルク居住協定（Bündnis für das Wohnen in Hamburg）」が2011年に締結された[7]。ここでは、政府はもはや高権的計画や供給の主体としてではなく、SAGA/GWGやHafenCity GmbHといった州出資企業に事業を委ねている。こうした、より自由かつ密接に市場に関与し、都市開発プロセスに直接影響を及ぼしうる企業を通じて、州政府は実質的に供給を支援している[8]。これは、目的に応じた住宅建設助成や供給主体を組み合わせることによって幅広いカテゴリーの住宅を提供することが、郊外との価格差を縮小しうるとの認識にもとづくものである。

　ここで注目されるのは、住宅供給に際してハンブルク・モデルとも称される「三種混合（Drittelmix）ルール」が導入されたことである。これは、「ハンブルク居住協定」での協議のもとで生まれた制度であり、概ね30～40戸以上の住宅新規建設プロジェクトに対して、「持家」、「自由市場賃貸住宅」、「社会賃貸住宅」を各々三分の一の比率で供給するよう義務づける、一種のリンケージ施策である。この「三種混合ルール」は、大規模再開発のみならず、既成市街地での建替えの場合にも適用される。たとえば、シュテルンシャンツェやオッテンゼンのような「トレンディ・エリア」であっても、周辺地域から孤立した

中・高所得層向けの閉鎖的な住宅地（Familienenklave[9]）の開発を回避すると同時に、一定のアフォーダブル住宅を供給することによって、ソーシャル・ミックスを維持する意味でも重要である。

地元住民の居住を保障するとともに、新たな住民の流入を促進するハンブルクの住宅施策は、以下の2領域で展開されている。

まず、州政府が資金助成する直接政策としては、年間2,000戸にのぼる社会住宅の新規建設による住宅市場の緩和があげられる。これは、新規供給計画戸数の三分の一に相当するものである。あわせて、住宅に対する公的助成施策が残余化され、伝統的な「第一助成制度」では全世帯の約36％しかカバーできない中、従来は施策の対象外であった中間所得層や職業教育（Ausbildung）層への配慮がなされた。こうした中間所得層向けの施策として新たに設けられた「第二助成制度」では、所得上限の緩和による社会住宅入居資格者の拡大が行われた。これは、社会住宅の入居資格を社会住宅助成の根拠法である「社会的居住空間助成法」で規程された所得上限の60％増しまでの所得層、すなわち全世帯の約50％へと拡大するものであった。2017年を例にとると、年間新規建設目標1万戸のうち、社会賃貸住宅はその3割（3,000戸）を占めているが、この制度を通じて800戸の供給が行われた。

2011～15年に、ハンブルクでは合計2万9,424戸が新規建設されており、当初の目標数値であった6,000戸／年をほぼ達成している。また、ハンブルク投資・助成銀行を通じて提供される各種助成メニュー（バリアフリー対応、高齢者向け、エネルギー節約型住宅など）には、ハンブルクの伝統的建築様式である煉瓦ファサードの保全と継承も含まれている。

建設主体についても、州政府100％出資の公益住宅企業であるSAGAグループが引き続き大きな役割を担うこととなる。しかしながら、過去10年間にわたって1戸も新規建設を行ってこなかったSAGAグループにとっては、その建設計画戸数（1,000～2,000戸）を達成するために、現状において望むような土地を自力で確保するのは容易ではない。そこで、上述の「三種混合ルール」にもとづいて、用地を取得した民間企業との協働が追求されている。

また、住宅市場が緊張状態にある地域において新たな供給組織の形態として近年注目されている Baugemeinschaft（建設共同体）[10] に対して、州政府が売却する集合住宅建設用地の 20% を優先的に提供することも行われている。これは、未利用地の活用と組み合わせることによって住宅市場を緩和する持続可能な都市開発の新たな選択肢として、今後は有効な施策となっていくものと思われる。

　次に、規制を通じて住宅市場に影響力を行使する間接政策については、まず住宅の事業用スペースへのコンヴァージョンなどの特定の行為を審査・規制することを目的として 2010 年に制定された「社会維持条例（soziale Erhaltungsverordnung）」があげられる。この条例はエリアを限定して適用されるもので、家賃高騰とジェントリフィケーションの進行を抑制し、地域の構造[11]と住民の構成を保全するための計画法上の手段となっている。現在は都心を取り巻く環状エリア（「アルトバウ」ベルト）の 10 地区に適用されているが、これらはいずれも「高家賃 − 動態的」地区（前掲図 10-3）に相当する。また、この条例は、市内全域を対象に賃貸住宅の持家への転換を規制する「コンヴァージョン条例（Umwandlungsverordnung）」（2002 年）により補完されている。

　たとえば、2012 年に社会維持条例が適用されたザンクト・パウリ（ハンブルク・ミッテ行政区）では、施行前のコンヴァージョンが 160 件／年みられたのに対して、施行後は申請が 80 件に半減し、うち 33 件は却下もしくは計画変更が求められているように、かなりの効果が認められる（Dobbrodt, 2015）。これに対して、現場で事業に携わってきたアルトナ行政区職員ハンス・エヴァース（Hans Evers）氏は、社会維持条例の効力を限定的なものと評価している。なぜならば、同条例により介入できるのは実際にコンヴァージョンや改修が申請された場合に限られ、所有する賃貸住宅で十分な収益が期待できるのであれば、そうした事業を実施する必要がないからである。[12] なお、社会維持条例は、借家人の個人的保護を目的とする施策ではなく、一般的な建築行為に関連した家賃上昇には何の影響も及ぼさない点には注意が必要である。

　これに対して、2015 年 7 月に連邦政府により制定された「家賃ブレーキ

（Mietpreisbremse）制度」は、借家人保護（Mieterschutz）施策である。これは、新規契約（更新を含む）の場合に限り、家賃額を地元標準家賃の10％増しまでに制限するものである。その実施は個々の州の判断に委ねられており、ベルリン、ハンブルクといった都市州で、最初に導入された。ハンブルクでは、5年間の時限立法として全市域に適用されたが、最初の一ヶ月で市場家賃水準がそれまでの10.47〜10.57€／㎡から、10.12€／㎡へと3.34〜4.26％低下するという、一定の成果が現われている。家賃ブレーキ制度に対しては、多くの例外規定があったり、罰則が設けられていないなど、その実効性に疑問を持ちつつも、借家人連盟、SPD（社会民主党）、die Grünen（緑の党）、die Linke（左翼党）が賛意を示している。一方、住宅設備近代化への投資停滞を危惧する家主・土地所有者連盟、CDU（キリスト教民主同盟）、FDP（自由民主党）は、適用地区を限定すべきと反対している。特に、設備改善やジェントリフィケーションにより家賃が高騰した地区では、この標準家賃水準自体が上昇し、ストックを活用した住み替え連鎖が機能不全に陥るおそれがある点は看過できない。

　一方、既に居住している借家人の家賃については、「家賃増額限度引下げ条例（Verordnung zur Absenkung der Kappungsgrenze）」（2013年）により別途規定されている。同条例では、一定期間（3年）以内の家賃値上げ上限が、従来の20％から15％」へと引き下げられた。「家賃ブレーキ制度」により新規契約時にも家賃上限が適用されることで、契約更新時の借家人追い立てを防止するとともに、ニーズに対応した住宅の流通を促進するという、借家人保護と住宅市場の流動化という二重の効果が期待できる。

4．地区居住施策の展開

　「ハンブルクのための協定－住宅建設プログラム」の締結以降、各行政区は独自に「住宅建設プログラム」を制定して施策の実施にあたっている。このプログラムは、区内の人口構成と地域住宅市場動向の分析、住宅建設候補地の

表 10-1　ハンブルクにおける地域別居住施策の特徴

行政区	Hamburg-Mitte	Harburg	Altona
地域の特性	都心部 業務地区 新都心の建設	市内周辺部 エルベ川以南 低い住宅需要	インナーシティ アルトバウの集積 トレンディ・エリア
主たる施策の特徴	「築造」 ・小規模事業による内部充填 ・公益企業の主導による大型開発	「誘導」 ・公有地の譲渡 ・地域イメージの改善	「規制」 ・アルトバウ向け修繕・改修プログラム ・社会維持条例
該当地区	Altstadt, Neustadt HafenCity	Sinstorf Neugraben-Fischbek	Sternschanze Ottensen

出典：ハンブルク州資料をもとに筆者作成

個別情報により構成されている。以下では、都市形成過程の異なる3行政区（ハンブルク・ミッテ、ハールブルク、アルトナ）を取り上げ、検討を加えていく。各地区でみられる主たる施策の特徴については、住宅政策における3つの主要な役割（規制・築造・誘導）に即して、**表10-1**に整理した（大場，2003, pp.25-58）。

(1) ハンブルク・ミッテ行政区

ハンブルク・ミッテは、アルスター（Alster）湖を中心に、中世以来のハンザ都市としての伝統を有する旧市壁内の都心部（アルトシュタット Altstadt、ノイシュタット Neustadt）とその周辺から構成される行政区である。ハンブルク州は、「都心構想ハンブルク 2014（Innenstadtkonzept Hamburg 2014）」において、インフラの整った都心部の居住の場としての役割を強化することを目標にあげている。そのためには、次の二つの施策で利用混合を図ることが、このエリアで「生活の質」を確保し、新たな住民を誘導する方法として推進されている。

まず、旧市街は手狭な上、第二次大戦後には City（中心業務地区）形成による積極的な機能純化が図られた。その結果、提案されている新規建設プロジェ

クトは、たとえばEmporio-Projekt（38戸；ノイシュタット区）のような、小規模で内部充填的なものに限られる。同行政区の住宅建設計画によれば、130ヵ所で総計1万1,900戸の供給が可能とされ、うち約35%は社会住宅である（Bezirksamt Hamburg-Mitte, 2013）。

これに対して、ハーフェンシティでは州により新たに設立されたデベロッパー（HafenCity GmbH）主導で、業務・居住空間が造成されている。この開発事業は都心部の面積を40%拡大するという「築造」型の大型プロジェクトであるが、当局は計画高権を行使せず、事業計画とその実施を公設民営企業に委ねている点が特徴的である。

(2) ハールブルク行政区

次に、エルベ川南岸に位置するハールブルクは、河川港の周辺に発展した港湾・工業都市としての特徴を持つが、行政区内には人口構成、住宅形態とも多様な市区が分布する。総じて需要圧力は低く、**図10-3**（前掲）でも「平均地価－安定的」に分類されている。

同行政区は、エルベ川北岸エリアに対する負担軽減機能を担いうると従来より評価されているものの、現状では市民が持つネガティヴな地域イメージや、投資家の無関心により住宅用地の開発は進まず、2008～2012年の新規住宅建設戸数もわずか785戸と、他の行政区（1,400～4,200戸）の事業に比べて著しく低調である（Bezirksamt Harburg, 2015）。そのため、エルベ川北岸エリアからの転入傾向は緩慢であり、流入者はネガティヴな地域イメージにとらわれない市外からの若年層（18～30歳；特に、職業訓練者、学生、新規就業者）が中心となっている。

ハールブルク行政区の住宅建設計画によれば、700戸／年の建設が予定され、うち三分の一は社会住宅となっている。このエリアの魅力は、市街地の利便性と自然（森林・水）の豊かさ双方に恵まれた居住地としてのポテンシャルをあわせ持っていることである。都心周辺部の高い価格圧力のために、需要の一部は周辺部へと移行せざるを得ないとの見方もあるが（Brinkmann u. Seeringe,

2014, S.330)、それを更に推進するためには、公有地の譲渡とともに、かつてエルベ川中洲のヴイルヘルムスブルク地区整備の際に実施されたイメージ・キャンペーン[13]や、地区居住施策と結びついた個々の住宅地のプロフィールの形成による「誘導」型施策が引き続き必要となっている。

(3) アルトナ行政区

エルベ川北岸に位置するアルトナは、ハンブルク都心部の西方に位置する行政区で、市内有数の高級住宅地ブランケネーゼ（Blankenese）など（前掲図10-3の「高地価－安定的」）が含まれる一方で、ハンブルク都心に隣接する東部エリアは、アルトバウが集積したインナーシティとなっている。このエリアは、1970年代まではほとんど顧みられることもなく、住宅ストックへの投資も必要最低限にとどまった。加えて、港湾と密接に結びついていたことから、造船業や港湾業務の衰退により、人口の激減、空家の増加など、地区は深刻な危機に陥った（Brinkmann u. Seeringe, 2014, pp.319-320）。

しかしながら、1990年代の統合直後より、相対的な地価の安さが若者・学生を引きつけ、カフェや娯楽施設が相次いで開業するトレンディ・エリアとして注目されることとなり、生活の質と多様性とを兼ね備えた再都市化のターゲットへと、地区は変貌を遂げた。近年では、域外転入（前掲図10-2参照）の主たる目的地として需要が集中し、2008～2012年にはシュテルンシャンツェ（37％）、オッテンゼン（25％）をはじめとして、家賃も著しく上昇したことにより、目下のところ市内における住宅問題の焦点となっている[14]。このアルトバウ地区では、世帯の五分の四以上が1～2人世帯であるのに対して、小・中規模住宅はストックの約半分に過ぎない。こうした住宅需給のミスマッチに加えて、稠密市街地での新規住宅建設は、もはや限界に達している。

したがって、既成市街地においては、まずアルトバウに対する修理・改修プログラム[15]や社会住宅の供給によって地域住民の居住を保証する必要がある。あわせて、「社会維持条例や「家賃ブレーキ制度」など、各種の「規制」を通じて過度のジェントリフィケーションを抑制することが施策の中心となっている。

写真 10-1　Othmarschen-Park 住宅団地の煉瓦ファサード

（2016 年 9 月筆者撮影）

写真 10-2　建設の進む "Mitte-Altona"

（2018 年 9 月筆者撮影）

　また、「アルトナ住宅建設プログラム 2014」では、上記の需給のミスマッチと、従来は急激な家賃変動に対するブレーキとして作用していた社会住宅ストックが今後急減すると予測されることを背景に、工場、鉄道施設跡地などの

開発ポテンシャルを動員した「築造」型再開発事業も計画されている。

たとえば、Othmarschen-Parkプロジェクト（2012年～）では、マーガリン工場の跡地3.6haに約650戸の住宅が建設された。ここでは、「三種混合」ルールにもとづく住宅供給が行われているが、一つの住棟内に社会住宅と自由市場賃貸住宅が併存している。この"Wohnungsmix（住宅混合）"と呼ばれる取り組みは、特定住民層にターゲットを絞った閉鎖的な住宅地の形成を防止し、ソーシャル・ミックスの実現を図るハンブルク居住施策の理念を示すものである。また、街路沿いでは、助成プログラムによって、ハンブルク特有の建築様式である煉瓦ファサードの継承が図られている（**写真10-1**）。住宅市場の直接的な緩和を図るこうした事業の結果、2008～2012年にかけて合計約2,700戸が新規供給された（Bezirksamt Altona, 2014）。更に、同様の施策はアルトナ地区中央部に位置する旧貨物駅の跡地（28ha）に、約3,500戸の住宅を建設する大型再開発プロジェクト"Mitte-Altona"でも実施されている（**写真10-2**）。ここでも、州政府がドイツ鉄道から用地を取得し、それを「三種混合」ルールに則って開発を行う企業体に譲渡している[16]。

5. おわりに

以上のように、本章では市内の分極化を強める再都市化が進むハンブルクにおいて、部分住宅市場に対する行政を中心とする取り組みを検討し、それが特定エリアへの選択的な転出入プロセスを是正し、均衡の取れた都市形成を誘導することができるかどうか、その可能性の有無を明らかにした。ハンブルクのような大都市における居住施策の評価に際しては、以下の二つの政策目標を同時に満たすことが求められている点に留意する必要がある。

第一に、郊外との競争に打ち勝ち、市内居住人口を増やすことで、経済成長と税収増を目指すことであり、そのためには「築造」・「誘導」施策が積極的に推進される。特にハンブルクのような都市州では、郊外地域は隣接する他州（ニーダーザクセン、シュレスヴィッヒ＝ホルシュタイン）の一部となって

おり、持家形成層は歓迎されるが、社会福祉受給層は敬遠される傾向にある。第二には、都市内部のモザイク状態を調整して、特定地区（部分市場）への需要の過度な偏りを緩和する選択的「規制」施策が求められる。そのためには、「どのエリア（部分市場）を誰が選好しているのか」を的確に把握する必要があり、各行政区の「住宅建設プログラム」においても、市場分析（Wohnungsmarktanalyse）がセットとなっている。

　前者は、人口回復と順調な経済活動を背景にした2002年以来の都市戦略である「成長都市ハンブルク」構想に添うものである。そこでは、特に中・高所得層の住宅選好をめぐる郊外（大都市圏内の隣接郡部）との競争を念頭に、市域内の稠密な既成市街地こそが魅力的な「生活の質」を保証しうるとの認識に立った都心周辺部での保留地や跡地の再開発に重点がおかれているといえる。ただし、都心周辺部での中・高所得層による閉鎖型住宅地に対する需要に応える施策を推進する（Frank, 2013）のではなく、市内での住宅地の分散にも配慮したものとなっている点が注目される。しかしながら、こうした再開発エリアが、オッテンゼンやシュテルンシャンツェといったトレンディ・エリアのような都市居住の魅力を同様に生み出せるのかどうかについては疑問が残る。

　一方、後者は「持続可能で、社会的に均衡の取れた都市」を目標とするハンブルク都市政策の伝統を、引き続き継承していくことでもある。この側面については、アフォーダブル住宅へのアクセス問題が中間所得層に及ぶ状況下で、「三種混合ルール」に代表されるように、社会住宅を含む積極的な新規住宅供給の推進が重要な柱とみなされている。そこでは、「ハンブルク居住協定」にみられるように、財政難の状況下においても州政府と民間との新たな協働によって住宅供給が可能であることが明らかとなった。ただし、これが特定エリアに需要が集中する住宅市場の緩和にどの程度資することができるかについては、本章で扱うことのできなかった他の行政区での動向を含めて今後の検証によらねばならない。

　今回取り上げたハンブルクの事例は、再都市化を促進する成長政策や都市間競争戦略に対して、それにともなう弊害にいかに対処するかという実践例であ

る。第9章でも指摘したように、これはハンブルクにおける2000年代初頭以降の①経済の論理による「成長指向」と、②住民統合の理念にもとづく「地区改善」という二つのベクトルの拮抗の中で生み出された、分極化の進行を抑制する試みとして評価することができる。再都市化の規模や進行速度は一律ではないものの、今後同様の問題が生じると予測される他のドイツ大都市圏や先進工業諸国においても、ハンブルクで行われている「三種混合ルール」、「社会維持条例」、「家賃ブレーキ制度」等の取り組みは、その居住施策のあり方に対して、貴重な示唆を与えるものであろう。

注

1 再都市化要因を分析した代表的な研究として、たとえば米国大都市における知識産業雇用の空間的集中過程を検討した Desmet & Faschamps（2005）、職業能力と所得の高い就業者の消費様式の変化とこれにともなう立地選好が再都市化を促進したと評価する Storper & Manville（2006）などがあげられる。

2 ハンブルクは一都市でありながら、ドイツ連邦共和国の州（都市州 Stadtstaat）としての地位を有しており、各行政区には直接公選される議員からなる区議会ならびに区長が設けられている。

3 2012年における家賃水準の平均値（9.50〜11.50€／㎡）をもとに「高地価（11.50€／㎡〜）」、「平均地価（9.50〜11.50€／㎡）」、「低地価（〜9.50€／㎡）」とし、2007〜2012年における家賃上昇率の中央値（25.6%）をもとにそれ以上を「動態的」、それ未満を「安定的」と分類した。

4 ドイツにおける持家取得の制約要因としては、①住宅価格が平均年収の8〜9倍（英仏では3〜4倍）と高額であり、②民間の住宅ローン制度が十分でなく、自己資金への依存率が高かったこと、③税制優遇措置が新規住宅建設を主たる対象としていたため、中古住宅市場の発達が阻害されたことがあげられる（大場, 1999, p.122）。

5 拘束期間とは、助成された公的資金が未返済状態にある期間を指し、その間は借家人や家賃額を家主が自由に設定することはできない。社会住宅の分布にも地域差があるが、都心周辺部でも州政府は積極的に供給に努めてきた。しかし、オッテンゼンでは社会住宅1,414戸（2015年）のうち、2020年までに36.6%に相当する517戸の拘束解除が予定されており、深刻な問題となっている

(Städtisches Amt für Hamburg und Schleswig-Holstein, 2015)。

6　1949年以前に建設された建造物であり、稠密な市街地に立地しながら、①気積の大きいフレキシブルな輪郭、②飲食店や小売業に適した地上部分、③多様な利用が可能な中庭の存在により、近年では非常に人気が高い。

7　この協定は2016年に改訂され、新規建設目標数値が1万戸／年（うち3,000戸は社会住宅）に引き上げられた（BSU, 2016）。

8　SAGA/GWGには年間1,000戸の住宅を供給する義務があるが、近年では用地を取得した民間企業との協働も進んでいる（2015年9月に行ったsteg［ハンブルク都市更新・都市開発会社］不動産部門責任者クルト・ラインケン（Kurt Reinken）氏へのインタビューによる）。

9　近年の都市回帰動向に対応した、このような飛び地型の住宅地開発は、ベルリン Plenzlauer Berg 等で出現している（Frank, 2013, S.70）。

10　3〜20世帯程度で結成された小グループが自ら施主となって、計画段階から住宅建設プロジェクトに関与する参加型イニシアティヴ。ハンブルク州都市開発・環境庁は、こうした活動を積極的に支援している。

11　エリア指定に際しては、事前調査（地区モニタリング）により、①改修を通じて増価ポテンシャルのある住戸が多数存在する地域、②保護されるべき住民層が存在する地域、③現実に増価圧力が存在し、既にコンヴァージョンがかなり進行している地域であることが確認される必要がある（2015年9月に行ったアルトナ行政区職員H. エヴァース氏へのインタビューによる）。

12　2015年9月に行ったH. エヴァース氏へのインタビューによる。

13　エルベ川中州の広大な未利用地であったヴィルヘルムスブルクは、2006〜2013年のハンブルク国際建築博覧会（IBA Hamburg）開催を機に、業務・住宅地区として開発された。その際に、「エルベ川を越えよう！（Sprung über die Elbe!）」が開発スローガンとなった。

14　市の平均家賃上昇率（25%）と比較すれば、家賃上昇率は一見さしたる問題ではないように思われる。しかし、この地区では需要の集中を見越して、州政府も戦略的に社会住宅を供給しており、その全住宅に占める比率はオッテンゼンで7.4%、シュテルンシャンツェで11.1%（2015年）と市の平均9.5%と比べても、さほど遜色はない。こうした社会住宅の存在が地区の家賃水準をある程度押し下げていることが、地区の数値に反映されている。

15　ハンブルク特有の施策であり、公的資金の投入によって住宅改修を支援する代わりに、借家人割当拘束と家賃拘束を義務づけることによって、不動産価値の

上昇による追い立てから住民を保護するものである（第8章第2節参照）。
16　用地を州政府が先行取得した後、コストよりもコンセプト（公的助成住宅建設、託児所等の施設配置など）を重視したコンペで選ばれた開発業者に、市場より割安な価格で譲渡される。こうした戦略的な土地政策はハンブルク独自のもので、他の自治体や州にはみられないものである（2018年9月20日、ハンブルク州都市開発・住宅庁ハイケ・オピッツ Dr. Heike, Opitz 氏へのインタビューによる）。

おわりに
今後の展望

　ここでは序章で提示した分析視角をもとに、現代ドイツの住宅政策の歩みを総括することとする。

　これまでドイツでは、経済成長に支えられて、イギリスと比べると約二倍の国家資金が住宅部門につぎこまれてきた。こうした投資は、住宅生産量のみならず、より高い規格・設備水準をもった住宅への質の改善にも大きく貢献した（Power, 1993, p.161）。ドイツの住宅政策の主たる成功は、大規模で、しかも変化に富んだ賃貸住宅の供給によってもたらされた。なかでも社会住宅制度は、市場との対抗ではなく共同という形で発展してきた「共」の概念にもとづく諸施策を包摂して制度化されたがゆえに、現代のニーズをもある程度くみ取ることができたものと積極的に評価することができよう。社会住宅ストックが急減しつつある今日、新たな需給関係の変化に対応する必要性が高まっており、成長都市圏を中心に対物・対人両面において各種の助成施策が整備されつつある。

　また、現代においても住宅政策に民間資金が積極的に活用されている。かつて、非営利組織の活動は、住宅改革運動に共鳴する有志の資金援助に支えられて発展し、戦間期及び第二次大戦後の住宅窮乏期において、公的資金の導入とともに住宅供給に大きな役割を果たした。公益住宅セクターが1990年に解体された今日でも、その事業理念は自治体住宅企業や住宅協同組合に継承され、成長地域での新規建設や旧東ドイツ地域での自治体支援に活かされている。

　次に、ドイツでは各級政府による分業と協調が、住宅政策の推進において引き続き重要な要素であることが確認できた。これは、単に助成資金の分担や連邦からの委任業務の遂行にとどまらず、州・自治体が独自の政策を追求してき

たことを意味している。今日では、連邦制度改革による分権化のさらなる進行が、財政難の状況下とはいえ、地域毎に特徴のある施策の策定を可能としている。これは、連邦政府によって追求された対人助成・特定集団に絞った支援措置（残余化）への重点のシフトが、必ずしも全ての州・自治体における施策にそのまま反映されているわけではないことの現われといえよう。2010年代に一部の地域において中間層を巻き込んだ住宅不足が顕在化した中で、依然として「広範な住民層向け」に供給を行おうとする地方政府の存在が、そのことを示している。

　第三に、住宅政策の空間的展開に関しては、住宅政策を通しての市場介入が都市内部のセグリゲーションの緩和に資するものであったかどうかが問われるべきであろう。かつて社会住宅制度はソーシャル・ミックスの実現をその目標の一つとして発足したが、1950〜60年代の住宅窮乏の中で量による解決を優先せざるを得ず、それは都市縁辺部での高層集合住宅団地の出現とそこへの「問題」集団の集中を生んだ。また、1990年代における助成資金の削減とストック政策へのシフトが、設備近代化によるインナーシティでのジェントリフィケーションを加速した側面は否定できず、それは住宅市場の分極化と社会的セグリゲーションの進行を招いたといえる。こうした事態は特に成長都市圏において選択的に現われ、かつ増幅される傾向にある。それに対処するために、2010年代より、ストック（社会維持条例、家賃ブレーキ制度）、フロー（社会住宅助成の推進）両面での施策が画一的ではなく、特定のエリアを対象として個別・選択的に実施されている。

　ただし、ハンブルクの事例でも明らかなように（第10章参照）、社会維持条例の制定は一部の地区では遅きに失した感があり、家賃ブレーキ制度に対する評価も分かれている。また、社会住宅建設戸数の増加に関しても、中間層支援策として高く評価する意見がある（steg, 州政府）一方で、この間の拘束解除にともなうストック減少に鑑みれば、その評価は慎重であるべきとの見解もある（ドイツ借家人連盟DMB）。もっとも、市域全体での公的助成住宅の需給バランスをいかに評価するかということと、個別の市区での状況とは別問題であ

る。そこでは、「良い市区は健全な混合（ソーシャル・ミックス）に依拠している」との理念のもと、ハンブルク州政府やstegがジェントリフィケーションの進む都心周辺部でも社会住宅を新たに建設し、セグリゲーションに対抗している点は、非常に重要である。

最後に、住宅需給の質と量の問題に関しては、過去約100年間にわたるドイツにおける住宅問題の推移を概括した**表序-1**（前掲）をもとに言及しておきたい。序章第2節でも指摘したように、生成期における住宅施策は特定階層をターゲットとして発展した。しかし、その後の住宅窮乏期においては一貫して「広範な住民層」を対象とした住宅供給が行われた。その原則は住宅政策の残余化と対立するものであり、マスハウジング型の供給を通じてフィルタリング効果を期待するものであったといえよう。

2000年代においては、住宅市場の分極化と財政難にともなう助成資金の削減により、社会（賃貸）住宅については低所得層を念頭に置いた「残余化」・「効率化」の傾向がみられたものの、2010年代には供給量の増加に向けた助成プログラムが、成長都市圏を中心に再度提供された。また、新たな助成プログラムが中間所得層を含む、より広範な住民層を対象とした施策とはいえ、住宅需要が多様化した今日においては、全国一律の助成制度はもはや意味をなさないであろう。第II部の各章でも言及したように、連邦制度改革（2006年）による権限委譲を通じて分権化は更に進み、州・自治体は既に地域の特性を重視した新たな取り組みに着手している。

連邦統計局によれば、ドイツ全国では2017年に新たに総計約284,800戸の住宅が完成した。これは、対前年比2.6%の増加にあたる。建築許可数は、地域差が大きいものの、緊張した市場においては、近年では相当増加している。とはいえ、この数字は賃貸住宅市場が緊張緩和状態に到達したことを意味するものではない。2018年に連邦建設都市・空間研究所（Bundesinstitut für Bau-, Stadt- und Raumforschung; BBSR）が実施した不動産部門専門家（184名）へのアンケートによれば、過半数の専門家が新規・ストックとも引き続き高い需要水準を維持する、もしくは需要の再上昇を予想している。そのため、特に成長

地域では家賃上昇と、空家のさらなる減少が発生するという（BBSR, 2018）。
　このように住宅市場の緊張が続く中で、引き続き上記の分権システムを生かし、地域住宅市場の特性に立脚したドイツ住宅政策の推進とその効果については今後も注目されるところである。

参考文献

アンブロジウス，G. 著、小坂直人・関野満夫訳（1988）『ドイツ公企業史《企業家としての国家》』梓出版社.
伊藤徹哉（2003）「ドイツにおける都市更新事業に伴う住宅地域変容——1970年代以降のニュルンベルクを事例として」『経済地理学年報』49-3、pp.197-217.
飯田 実（1995）『ドイツの景観都市——水と緑のまちづくり』工作舎.
大場茂明（1985）「中部ルール地域における集落発展に対する公共近距離旅客交通（ÖPNV）の影響」『人文地理』37巻2号、pp.1-25.
大場茂明（1992）「近代ドイツにおける都市計画概念の発展とその都市形成への影響」『人文研究』44巻第9分冊、pp.1-25.
大場茂明（1993）「「転換」後のドイツ——旧東ドイツ地域の変容を中心として」杉本尚次・中村泰三編『変動する現代世界のなりたち——地域・民族・文化』晃洋書房、pp.119-135.
大場茂明（1998a）「統合ドイツにおける住宅政策——旧東ドイツ地域を中心として」『人文研究』50-4、pp.47-68.
大場茂明（1998b）「ドイツにおける公益住宅セクター——"第三のAlternativ"の軌跡」『月刊 住宅着工統計』No.159、pp.10-21.
大場茂明（1999）「ドイツの住宅政策」小玉徹ほか『欧米の住宅政策』ミネルヴァ書房、pp.81-154.
大場茂明（2000）「ドイツ住宅政策の現況と課題」『月刊 住宅着工統計』No.185、pp.6-14.
大場茂明（2003）『近代ドイツの市街地形成公的介入の生成と展開』ミネルヴァ書房.
大場茂明（2004a）「ドイツにおける都市再生の新たな戦略——"Stadtumbau Ost"プログラムを中心として」『人文研究』第55巻第3分冊、pp.141-164、大阪市立大学大学院文学研究科.
大場茂明（2004b）「ヨーロッパにおけるサスティナビリティ都市戦略の展開——ドイツの"Stadtumbau West"プログラムを中心として」『都市研究』4、pp.1-6.
大場茂明（2005）「ドイツにおける社会住宅制度と家賃規制——アフォーダブル住宅の行方」『海外社会保障研究』152、pp.72-80.
大場茂明（2007）「衰退工業地域における総合地区開発——デュースブルク市マルクスロー地区を事例として」『地理科学』62-3、pp.177-187.

大場茂明（2008）「ドイツにおける都市縮退」『地域開発』522、pp.41-45.
大場茂明（2011）「ドイツにおける都市再生の新たな取組み──衰退地区からトレンディ・エリアへ」『日本都市学会年報』44、pp.129-137.
大場茂明（2013）「グローカル時代におけるEU成長都市圏の地区更新戦略──ハンブルクを事例として」『日本都市学会年報』46、pp.110-118.
大場茂明（2017）「再都市化の進行にともなう地区居住施策の展開──ハンブルク大都市圏を事例として」『日本都市学会年報』50、pp.203-212.
大場茂明（2019）「転換期のドイツ住宅政策──ユニタリズムから多様化へ」『都市住宅学』105、pp.49-54.
大村謙二郎・有田智一（2005）「需要縮小時代のドイツにおける都市住宅再生──都市改造プログラムを中心に」『都市住宅学』49、pp.40-53.
大村謙二郎（2018）「ドイツ現代都市計画をどう理解するか」楜澤能生ほか『現代都市法の課題と展望　原田純孝先生古稀記念論集』日本評論社、pp.457-501.
岡部明子（2003）『サスティナブルシティ──EUの地域・環境戦略』学芸出版社.
岡部明子（2007）「ドイツ縮小都市対策としての「perforation穿穴」──コンパクトシティを批判的に考察する」『松山大学地域研究ジャーナル』17、pp. 30-57.
海道清信（2001）『コンパクトシティ──持続可能な社会の都市像を求めて』学芸出版社.
香川貴志（1989）「高層住宅居住者の属性に関する一考察──大阪市西区におけるケーススタディ」『立命館地理学』1、pp.111-120.
香川貴志（2005）「岡山市の都心立地型超高層分譲マンションにみる居住者の所属性と居住環境評価」『日本都市学会年報』38、pp.130-137.
春日井道彦（1999）『人と街を大切にするドイツのまちづくり』学芸出版社.
角野幸博（2000）『郊外の20世紀』学芸出版社.
亀井孝文（1995）「ドイツ公企業の概念と分類」『流通科学大学論集──経済・経営情報編』3-2、pp.51-67.
小玉徹ほか（1999）『欧米の住宅政策』ミネルヴァ書房.
小玉徹（2010）『福祉レジームの変容と都市再生──雇用と住宅の再構築を目指して』ミネルヴァ書房.
小林浩二（1992）『激動の統合ドイツ──都市と農村の変化と課題』古今書院.
国土交通政策研究所（2002）『EUにおける都市政策の方向とイタリア・ドイツにおける都市政策の展開』（国土交通政策研究16）.
佐藤岩夫（2018）「住居賃借人保護と民法典──ドイツ住居賃貸借法の近時の展開」楜澤能生ほか『現代都市法の課題と展望　原田純孝先生古稀記念論集』日本評論社、pp.261-

287.

住田昌二（2003）『マルチハウジング論――住宅政策の転回』ミネルヴァ書房.
住田昌二（2015）『現代日本ハウジング史――1914～2006』ミネルヴァ書房.
祖田　修（1984）『西ドイツの地域計画』大明堂.
東京市政調査会（1983）『世界の大都市制度』
都市住宅学会編（2005）『データで読みとく都市居住の未来』学芸出版社.
富田和暁（2005）「大阪市都心地区における新規マンション居住者の居住満足度と定住意識」『人文研究』56，pp.65-89.
永松栄編（2006）『IBAエムシャーパークの地域再生――「成長しない時代」のサスティナブルなデザイン』水曜社.
中澤高志（2006）「住宅政策改革と大都市圏居住の変容に関する予察――東京大都市圏を中心に」『経済地理学年報』52-1，pp.1-18.
服部圭郎（2016）『ドイツ・縮小時代の都市デザイン』学芸出版社.
檜谷美恵子・小玉徹・大場茂明（2001）「EU都市政策における住宅政策の位置づけと展開に関する研究」『住宅総合研究財団研究年報』27，pp.183-194，住宅総合研究財団.
平山洋介（1993）『コミュニティ・ベースト・ハウジング』ドメス出版.
ポール・ノックス／スティーヴン・ピンチ著，川口太郎ほか訳（2005）『新版　都市社会地理学』古今書院.
堀田祐三子（2005）『イギリス住宅政策と非営利組織』日本経済評論社.
松村秀一（2001）『団地再生――甦る欧米の集合住宅』彰国社.
宮町良広（2008）「「グローカル化」時代におけるグローバル都市のネットワーク」『経済地理学年報』54，pp.269-284.
室田昌子（2010）『ドイツの地域再生戦略――コミュニティ・マネージメント』学芸出版社.
山本健兒（2007）「ドイツの都市政策における「社会的都市プログラム」の意義」『人文地理』59-3，pp.1-22.
由井義通（1999）『地理学におけるハウジング研究』大明堂.
若林芳樹ほか（2002）『シングル女性の都市空間』大明堂.

Abstiens, L., Bormann, R., von Bodelschwingh, A. (2017): *ZUKUNFT DER WOHNRAUMFÖRDERUNG: Gemeinwohlorientierung und Bezahlbarkeit am Wohnungsmarkt, WISO DISKURS* 13/2017, Die Friedrich-Ebert-Stiftung, Bonn.
Adam, B. u. Sturm, G. (2014): "Was bedeutet Gentrifizierung und welche Rolle spielt die Aufwertung städtischer Wohnbedingungen?", *IzR* 4. 2014, S.267-275.

Altrock, U. u. Schubert, D. (hrgs.) (2004): *Wachsende Stadt: Leitbild - Utopie - Vision?*, VS Verlag für Sozialwissenschaften.

Anderson, H. S. & Munk, A. (1994): "The welfare state versus the social market economy", *Scandinavian Housing & Planning Research* 11, pp.1-25.

ARGEBAU (2005): *Leitfaden zur Ausgestaltung der Gemeinschaftsinitiative "Soziale Stadt", Stand: 29. August 2005.*

Austermann, K. u. Zimmer-Hegemann, R. (2001): *Analyse der Umsetzung des integrierten Hadlungsprogramms für Stadtteile mit besonderem Erneuerngsbedarf*, ILS, Dortmund.

Bachmann, A. U. u. Jellema, H. (1993): *Privatisierung von Wohnungen in den neuen Ländern*, GAGFAH.

Bajohr, F. (1988): *Zwischen Krupp und Kommune: Sozialdemokratie, Arbeiterschaft und Stadtverwaltung in Essen vor dem 1. Weltkrieg*, Klartext.

Baltin, P. (ed.) (1996): *Housing Policy in Europe*, Routledge.

Behörde für Stadtentwicklung und Umwelt (BSU) (2014): *Gutachten: Nachfrage nach innenstädtischen Wohnstandorten in Hamburg*, Freie und Hansestadt Hamburg.

Behörde für Stadtentwicklung und Umwelt (BSU) (2016): *Vereinbarung Bündnis für das Wohnen in Hamburg* (für die 21. Legislaturperiode), Freie und Hansestadt Hamburg.

Bezirksamt Altona (2014): *Wohnungsbauprogramm Altona 2014 – Perspetiven 2015.*

Bezirksamt Hamburg-Mitte (2010): *Voruntersuchung für eine soziale Erhaltungsverordnung für Teilbereiche des Stadtteil Hamburg- St. Pauli.*

Bezirksamt Hamburg-Mitte. Dezernat Wirtschaft, Bauen und Umwelt. Fachamt Stadt- und Landschaftsplanung (2011): *BEGRÜNDUNG zum Erlass einer Sozialen Erhaltungsverordnung Voruntersuchung für eine soziale Erhaltungsverordnug gemäß § 172 Abs. 1 Satz 1 Nr.2 Baugesetzbuch für St. Pauli.*

Bezirksamt Hamburg-Mitte (2013): *Wohnungsbauprogramm Hamburg-Mitte 2013.*

Bezirksamt Harburg (2015): *Wohnungsbauprogramm Harburg 2015.*

Bischoff, J. u. a. (2009): *Wem gehören die Quartiere? : Chancen & Grenzen von Sozialen Erhaltens- und Umwandlungsverordnungen.*

Blasius, J. u. Dangschat, J. S. (hrgs.) (1990): *Gentrification : die Aufwertung innenstadtnaher Wohnviertel*, Campus.

Bourne, L. S. (1981): *The geography of housing*, Arnold.

Brake, K. u. Herfert, G. (2012): "Reurbanisierung – Diskurs, Materialität und offene

Fragen", in Brake, K. u. Herfert, G. (hrgs.) *Reurbanisierung: Materiarität und Diskurs in Deutschland*, Springer, S.408-419.

Brinkmann, M. u. Seeringe, J. (2014): "Leere Kassen, volle Quartiere: Rückschau und Ausblick auf die Hamburger Stadtentwicklung", *Informationen zur Raumentwicklung* 4, S.319-331.

Bundesamt für Bauwesen und Raumordnung (1998): "Die Strukturpolitik der Europäischen Union nach 2000", *Arbeitspapiere*, 2/1998.

Bundesamt für Bauwesen und Raumordung [BBR] (2001): "Raumordungsbericht 2000", Band 7, Bonn.

Bundesamt für Bauwesen und Raumordung [BBR] (2003):"Informationen aus der Forschung des BBR", 2/2003.

Bundesamt für Bauwesen und Raumordnung (2004): *"Stadtumbau West: 16 Pilotstätde bauen um".*

Bundesinstitut für Bau-, Stadt- und Raumforschung Migration/Integration und Stadtteilpolitik (BBSR) (2010): *Städtebauliche Strategien und Handlungsansätze zur Förderung der Integration.*

Bundesinstitut für Bau-, Stadt- und Raumforschung (BBSR) (2018): *Wohn- und Wirtschaftimmobilien in Deuscthland 2018* (BBSR-Analysen KOMPAKT 12/2018).

Bundesministerium für Raumordnung, Bauwesen und Städtebau (1990): *Wohnungspolitik nach dem 2. Weltkrieg* (Schriftreihe Forschung 482), Bonn-Bad Godesberg.

Bundesministerium für Raumordnug, Bauwesen und Städtebau (1994): *Wohnungspolitischer Umbruch in Ostdeutschland*: eine Bestandaufnahme, Lottman.

Bundesminister für Raumordnung, Bauwesen und Städtebau (1994): *Großsiedlungsbericht 1994* (Drucksache 12/8406), Bonn-Bad Godesberg.

Bundesministerium für Raumordnung, Bauwesen und Städtebau (1996): *Siedlungsentwicklung und Siedlungspolitik: Nationalbericht Deutschland zur Konferenz HABITAT II*, Bonn-Bad Godesberg.

Bundesminister für Raumordnung, Bauwesen und Städtebau (1997): *So hilft der Staat beim Bauen: Die Fördermöglichkeit für Wohnungsbau, Modernisierung und Instandsetzung*, Bonn-Bad Godesberg.

Bundesministerium für Verkehr, Bau- und Wohnungswesen [BMVBW] (2000): *Wohngeld- und Mietenbericht.*

Bundesministerium für Verkehr, Bau- und Wohnungswesen [BMVBW] (2002): *Programm*

Stadtumbau Ost: Merkblatt über die Finanzhilfe des Bundes.

Bundesministerium für Verkehr, Bau- und Wohnungswesen [BMVBW] (2003): *Dokumentation zum Bundeswettweberb "Stadtumbau Ost".*

Bürgerschaft der freien und Hansestadt Hamburg (19. Wahlperiode) (2009): *Rahmenprogramm Integrierte Stadtteilentwicklung (RISE)*, Drucksache 19/3652.

Bürgerschaft der freien und Hansestadt Hamburg (19. Wahlperiode) (2010): *Leitbild Hamburg: Wachsen mit Weitsicht*, Drucksache 19/5474.

Busse, C.-H. (1990): "Gentrification: Stadtteile im Konflikt — Beispiele aus Hamburg", in Blasius, J. u. Dangschat, J. S. (hrgs.) *Gentrification: die Aufwertung innenstadtnaher Wohnviertel*, Campus, S.198-212.

Daldrup, E. L. (2003): "Die "perforierte Stadt" — neue Räume im Leipziger Osten", *Informationen zur Raumentwicklung* Heft 1/2. 2003, S.319-331.

Desmet K. & Faschamps, M. (2005): "Changes in the spatial concentration of employment across US countries: a sectorial analysis 1972-2000", *Journal of Economic Geography* 5, pp.261-284.

Deutscher Bundestag (1997): *Entwurf des Wohnungsbaureformgesetz* (Bundestag Drucksache 13/8802, 22. 10. 97).

Deutscher Bundestag (2017): *Dritter Bericht der Bundesregierung über die Wohnungs- und Immobilienwirtschaft in Deutschland und Wohngeld- und Mietenbericht 2016*, (Bundestag Druchsache 18/13120 07. 07.).

Deutsches Institut für Urbanistik (2002): *Die Soziale Stadt: eine erste Bilanz des Bund-Länder-Programms Stadtteile mit besonderem Entwicklungsbedarf - die Soziale Stadt.*

Deutsches Institut für Urbanistik (2003): *Good Practice in Neubauquartieren: eine Analyse im Rahmen des Bund-Länder-Programms "Stadtteile mit besonderem Entwicklungsbedarf - die soziale Stadt".*

Dieckmann, J. (2004): "Stadtentwicklung zwischen Schrumpfung und Wachstum - Stadtumbau Ost/West", *vhw Forum Wohneigentum*, 3/2004.

Dobbrodt, K. (2015): "Umwandlungsverordnung und Soziale Erhaltungsverordnungen in Hamburg ", (Material für das 8. Wohnungspolitisches Kolloquium am 17. 06. 2015 in Dortmund).

Droste, C. & Knorr-Siedow, T. (2014): "Social Housing in Germany". in Scanlon, K. et. al. (eds.) *Social Housing in Europe*, pp.183-202. Wiley Balckwell.

Eekhoff, J. (2002): *Wohnungspolitik* (2. Auflage), Mohr Siebeck.

Eichener, V. (2012): *Wohnungsbau in Deutschland – Zuständigkeiten von Bund, Ländern, Kommunen und Europäischer Union?*, EBZ Business School.

European Commission Expert Group on the Urban Environment (1996): *European Sustainable Cities Report*.

European Commission (1988): *Sustainable Urban Development in the European Union: A Framework for Action*.

European Commission (1999): *Reform of the Structural Funds*.

European Commission (2000): *Laying down Guideline for a Community Initiative conserning Economic and Social Regeneration of Cities and Neighbourhoods in Crisis in order to Promote Sustainable Urban Development: URBAN II*.

European Commission Inter-Service Group on Urban Development (2010): *The urban dimension in European Urban Policies*.

Expertenkommission Wohnungspolitik (1995a): *Wohnungspolitik auf Prüfstand*, Mohr.

Expertenkommission Wohnungspolitik (1995b): *Wohnungspolitik für die neuen Länder*, Mohr.

ExWoSt (2005): *Konzepte im Stadtumbau*.

Forschungsagentur Stadtumbau West Forum GmbH (2004): *Handlungsstrategien früherer Schrumpfungsphasen*.

Frank, S. (2013): "Innere Suburbanisierung?: Mittelschichten in den neuen innerstäditschen Familienenklaven", in Kronauer, M. u. Siebel, W. (eds.) *Polarisierte Städte – Soziale Ungleichheit als Herausforderung für die Stadtpolitik*, Campus, S.69-89.

Freie und Hansestadt Hamburg, Behörde für Stadtentwicklung und Umwelt (2012): *Weiterentwicklung des Rahmenprogramms Integrierte Stadtteilentwicklung und Globalrichtlinie*.

GAGFAH (1993): *75 Jahre GAGFAH: 1918-1993*, GAGFAH.

Ganser, K. (2001): "IBA Emscher Park in der Rückschau: Beiträge zur nachhaltigen Entwicklung?", *Petermanns Geographische Mitteilungen* 145, S.18-25.

Gatzweiler, H.- P., Meyer, K., Milbert, A. (2003): "Schrumpfende Städte in Deutschland? – Fakten und Trends", *Information zur Raumentwicklung* 10/11, S.557-574.

GHK (2003): *Ex-Post Evaluation URBAN Community Initiative (1994-1999): Final Report*, Brussels/London.

Glock, B. & Häußermann, H. (2004): "New Trend in Urban Development and Public Policy in eastern Germany: Dealing with the Vacant Housing Problem at the Local Level", *International Journal of Urban and Regional Research* 28, pp.919-929.

Gorres, A. (1997): "Wirtschaftsentwicklung in Duisburg-Marxloh: Lokales Standortprofil und Ziele der Arbeit des Büros für Wirtschafstentwicklung", in ILS (hrsg.) *Lokale Ökonomie und Wirtschaftsförderung in Stadtteilen mit besonderem Erneuerungsbedarf,* Dortmund, S.24-26.

Gorres, A. (2004): "Lokale Ökonomie als Integrationsfaktor für junge Menschen in sozialen Brennpunkten: Ansätze der Existenzförderung in Duisburg", in Regiestelle E&C der Stiftung SPI (hrsg.) *Lokale Ökonomie als Integrationsfaktor für junge Menschen in sozialen Brennpunkten,* Berlin, S.41-46.

Grandt, B. (2000): "Duisburg-Marxloh auf dem Weg zu bürgerschaftlicher Initiative und Selbstorganisation", *Soziale Stadt info* 2, S.4-6.

Günter, S. (2013): "Kalkulierbare Segregation?: Drei Perspektiven auf die sozialräumliche Polarisierung in Hamburg", in Pohl, G. u. Wicher, K. (hrgs.) *Hamburg: gespaltene Stadt?: soziale Entwicklungen in der Metropole*, VSA Hamburg, S.34-53.

Haase, A. et. al. (2010): "Emergent Spaces of Reurbanisation: Exploring the Demographic Dimension of Inner-city Residential Change in a European Setting", *Population, Space and Place* 16, pp.443-463.

Hanhörster, H. (2001): *Integration von Migrantinnen und Migranten im Wohnbereich*. ILS, Dortmund.

Harlander, T. (2013): "Soziale Mischung oder Spaltung: Herausforderung für Städte und Wohnungswirtschaft," *Zeitschrift der Wohnungswirtschaft Bayern, "Wohnen,"* Heft 6, S.250-256.（ティルマン・ハーランダー［前田充洋訳・北村昌史解題］（2015）「社会的混合か分断か――都市と住宅経済のための挑戦」『都市文化研究』17号、pp.136-145）

Harloe, M. (1995): *The People's Home?: Social housing in Europe & America,* Blackwell.

Harms, B. u. Jacobs, T. (2002): "Stadtumbaustrategien für Neubauquartiere", in BMVBW/BBR (hrgs.) *Fachdokumentation zum Bundeswettbewerb "Stadtumbau Ost",* S.25-36.

Häußermann, H. u. Siebei, W. (1996): *Soziologie des Wohnens*, Juventa.

Holtmann, E u. Killisch, W. (1993): "Wohnungspolitik im geeinten Deutschland. Problemlagen und Entwicklungsperspektiven" in Bundeszentrale für politische Bildung (hrgs.) *Aus Politik und Zeitgeschichte* (Beilage zur Wochenzeitung *Das Parlament*, B8-9/93), S.3-15.

Hunger, B. (2013): "Wohnen Am Schiedeweg – Anforderungen an die Wohnungs- und

Stadtentwicklungspolitik", in Kronauer, M. u. Siebel, W. (hrgs.) *Polarisierte Städte – Soziale Ungleichheit als Herausforderung für die Stadtpolitik*, Campus, S.272-286.

IBA Emscher Park GmbH (1995): *Einfach und selber bauen*, Gelsenkirchen.

IBA Emscher Park GmbH (1996a): *Internationale Bauausstellung Emscher Park: Eine Einrichtung des Landes Nordrhein-Westfalen,*Gelsenkirchen.

IBA Emscher Park GmbH (1996b): *Einfach und selber bauen*, Gelsenkirchen.

IBA Emscher Park GmbH (1999): *Katalog der Projekte 1999*, Gelsenkirchen.

Idik, E. (1997): "Wirtschaftsentwicklung in Duisburg-Marxloh: Strategie und praktische Umsetzung", in ILS (hrsg.) *Lokale Ökonomie und Wirtschaftsförderung in Stadtteilen mit besonderem Erneuerungsbedarf.* Dortmund, S.27-29.

Ifo u. IWU (1997): *Förderpraxis des sozialen Wohnungsbaus* (Endbericht), Darmstadt/ München.

Institut für Regionalentwicklung und Strukturplanung e. V. [IRS] u. a. (2001): *Stadtumbau in den neuen Ländern: Integrierte wohnungswirtschaftliche und städtebauliche Konzepte zur Gestaltung des Strukturwandels auf dem Wohnungsmarkt der neuen Länder.*

Institut für Stadtforschung und Strukturpolitik [IfS] (2004): *Die Soziale Stadt - Ergebnisse der Zwischenevaluierung - Bewertung des Bund-Länder-Programms, Stadtteile mit besonderem Entwicklungsbedarf - die soziale Stadt" nach vier Jahren Programmlaufzeit.* Berlin.

Ito, T. (2004): "Areal differentiation of renewal in the urban residential area in Germany: A case study of Nuremberg". *Geographical Review of Japan*, 77-5, pp.223-240.

Ito, T. (2005): "The regional results and problems of urban renewal in Germany". in Murayama Y. & Du G. (eds.) *Cities in global perspective: Diversity and transition.* College of Tourism, Rikkyo Univ.

Jenkis, H. (1996): "Überführung der ostdeutschen Wohnungswirtschaft in die soziale Markwirtschaft", in Jenkis, H. (hrgs.) *Kompendium der Wohnungswirtschaft* (3. Auflage), R. Oldenbourg, S.673-733.

Kemeny, J. (1995): *From public housing to the social market: rental policy strategies in comparative perspective*, Routledge.

Kofner, S. (2007): "Housing allowances in Germany", in Kemp P. A. (ed.) *Housing allowances in comparative perspective*, Policy Press, pp.159-192.

Köhli, J. (1993): "Wohnungspolitik und Wohnungswirtschaft in den neuen Ländern",

Geographische Rundschau 45, S.140-145.

Kreutz, S. (2004): "Lokale Wirtschafsentwicklung- Praxis- Erfahrungen aus Hamburg-St. Pauli", in Regiestelle E&C der Stiftung SPI (hrsg.) *Lokale Ökonomie als Integrationsfaktor für junge Menschen in sozialen Brennpunkten*, Stiftung SPI Berlin, S.34-40.

Krings-Heckmeier, M.-T. u. Porsch, L. (2002): "Stadtumbaustrategien für Altbauquartiere", in BMVBW/BBR (hrgs.) *Fachdokumentation zum Bundeswettbewerb "Stadtumbau Ost"*, S.37-49, Tübingen.

Krummacher, M. (1988): "Sozialer Wohnungsbau in der Bundesrepublik Deutschland in den fünfziger und sechziger Jahre." in von Schildt, A. u. Sywottek, A. (hrgs.) *Massenwohnung und Eigenheim*, Campus, S.440-460.

Kühne-Büning, L. u. Heuer, J. (1994): *Grundlagen der Wohnungs- und Immobilienwirtschaft*, FritzKnapp.

Kunzmann, K. R. (2004): "Die schlanke Stadt als Antwort auf regionale Schrumpfungsprozesse: Stadtumbau in internatiuonaler Perspektive", in *"Stadtumbau West: Intelligentes Schurumpfen* (Tagungsbericht am 27. November 2003)", Ministerium für Städtebau und Wohnen, Kultur und Sport des Landes Nordrhein-Westfalen, S.38-45.

Landesregierung Nordrhein-Westfalen (2000): *Landesentwicklungsbericht Nordrhein-Westfalen 1999*.

Landtag Nordrhein-Westfalen (2003): *Zukunft des Wohnens und der Wohnquartiere in NRW-Prognosen, Investionsbedarf, Folgen für Wohnungspolitik und Stadtumbau*. Drucksache 13/4670.

Malpass P. (1999): *Reshaping housing policy: Subsidies, rents and residualisation*. Routledge.

Mändle, E. u. Galonska, J. (hrgs.) (1997): *Wohnungs- und Immobilien-Lexikon*, Hammonia.

Mangen, S. P. (2004): *Social Exclusion and Inner City Europe: Regulating Urban Regeneration*, Palgrave Macmillan.

Manzel, K.-H. (1995): "Zur Entwicklung des Wohnungsbaus in Deutschland in der ersten Hälfte der neunziger Jahre", *Wirtschaft und Statistik* 5/1995, S.350-360.

Menzl, M. (2012): "Hamburg − Reurbanisierungsprozesse in einer wachsenden Stadt", in Brake, K. u. Herfert, G. (hrgs.) *Reurbanisierung: Materialität und Diskurs in Deutschland*, Springer, S.304-322.

Ministerium für Bauen und Wohnen des Landes Nordrhein-Westfalen (1996): *Ökologische Beratung in NRW.*

Ministerium für Bauen und Wohnen des Landes Nordrhein-Westfalen (1997a): *Bauen für die Zukunft.*

Ministerium für Bauen und Wohnen des Landes Nordrhein-Westfalen (1997b): *Frauen bauen.*

Ministerium für Bauen und Wohnen des Landes Nordrhein-Westfalen (1997c): *Wohnen bauen am Öffentlichen Nahverkehr.*

Ministerium für Bauen und Wohnen des Landes Nordrhein-Westfalen (1997d): *Hohe Wohnqualität auf kleinen Grundstücken: Verringerung des Flächenverbrauchs von Familienheimen.*

Ministerium für Bauen und Wohnen des Landes Nordrhein-Westfalen (1997e): *Wohnungsbauprogramm 1997* (Ministerblatt für das Land Nordrhein-Westfalen, Nr.11).

Ministerium für Städtebau und Wohnen, Kultur und Sport des Landes Nordrhein-Westfalen (MSWKS) (2003): *Wohnraumförderungsbestimmungen.*

Ministerium für Städtebau und Wohnen, Kultur und Sport des Landes Nordrhein-Westfalen (MSWKS) (2005a): *Fakten und Argumente zur Wohnraumförderung 2005.*

Ministerium für Städtebau und Wohnen, Kultur und Sport des Landes Nordrhein-Westfalen (MSWKS) (2005b): *Wohnraumförderungsprogramm 2005.*

Müther, A. M. u. Waltersbacher, M. (2014): "Wie Wohnungsmärkte und Wohnungspolitik den Wandel von Quartieren beeinflussen?", *IzR* 4. 2014, S.333-348.

Oettgen, N. u. Degener, E. (2018): "Die Wohngeldreform 2016 in den Städten und Regionen", *BBSR-Analysen KOMPAKT* 07/2018, Bonn.

Oppolzer, G. (2000): *Marketing und Öffentlichkeitsarbeit in der Stadtteilentwicklung: Fallstudien aus Österreich und Deutschland* (Diplomarbeit der Technischen Universität Wien), Wien.

Oßenbrügge, J. u. a. (2002): *Metropole Hamburg - Wachsende Stadt, Begleitgutachten im Auftrag der Senatskanzlei der Freien und Hansestadt Hamburg,* Universität Hamburg.

Oßenbrügge, J., Pohl, T., Vogelpohl, A. (2009): "Entgrenzte Zeitregime und wirtschaftsräumliche Konzentrationen. Der Kreativsektor des Hamburger Schanzenviertels in zeitgeographischer Perspektive", *Zeitschrift für Wirtschaftsgeographie* 53-4, S.249-263.

Pestel Institut (2012): *Bedarf an Sozialwohnungen in Deutschland,* Hannover.

Pfeiffer, U. u. a. (2000): *Wohnungswirtschftlicher Strukturwandel in den neuen Ländern: Bericht der Kommision.*

Pohl, T. (2008): "Distribution patterns of the creative class in Hamburg: "Openness to diversity" as a driving force for socio-spatial differentiation?", *Erdkunde* 62-4, pp.317-328.

Pohl, T. (2010): "Folgen des demographischen Wandels in einer "Gewinnerregion" Kleinräumig differenzierte Betrachtung der Bevölkerungsentwicklung in der "Wachsenden Stadt" Hamburg", *Raumforschung und Raumordnung* 68-3, S.195-206.

Power, A. (1993): *Hovels to High Rise: State Housing in Europe since 1850,* Routledge.

Pristl, T. (2014): *Lokale Wohnungsmärkte im Wandel: Demografische Perspektiven und wohnungspolitische Optionen jenseits der Großstadt* (Schriftenreihe des Fachbereichs Architektur Stadtplanung Landschaftsplanung, Band 35), Kassel University Press.

Projekt Marxloh (ed.) (1996): *Das Projekt Marxloh: Neue Wege der Stadterneuerung, Aktivitäten 1994 bis 1996,* Duisburg.

Rommelspacher, T. (1997): Die Bedeutung der lokalen Ökonomien für die städtische Wirtschaftsstruktur und -entwicklung. in ILS (hrsg.) *Lokale Ökonomie und Wirtschaftsförderung in Stadtteilen mit besonderem Erneuerungsbedarf.,* Dortmund, S.11-14.

Sanierungsbeirat Karolinenviertel, *Protokoll der Sitzung des Sanierungsbeirates Karolinenviertel,* 各号.

Sauter, M. (2002): "Qualitätsmerkmale integrierter Handlungskonzepte für benachteiligte Stadtgebiete", in Deutsches Institut für Urbanistik (hrsg.) *Bund-Länder-Programm Soziale Stadt. Dokumentation des Impulskongresses Integratives Handeln für die soziale Stadtteilentwicklung. Arbeitspapiere zum Programm Soziale Stadt* 7. DIFU, Berlin, S.167-172.

Schröteler-von Brandt, H. u. Schmitt, G. (2016): *Stadterneuerung,* Springer.

Schubert, D (2005): *Hamburger Wohnquartiere: Ein Stadtführer durch 65 Siedlungen,* Dietrich Reimer.

Schubert, D. (2010): "Stadterneuerung und Gemütlichkeit: Quartiersentwicklung im Spagat zwischen Erhaltung und Aufwertung". (大阪市立大学都市問題研究採択プロジェクト「『住みごたえのある町』をつくる――大阪・ハンブルクにおける市民文化に基づくエリアマネジメント」(研究代表者：大場茂明)・第1回国際シンポジウム「イベント・

下町・エリアマネジメント～大阪・ハンブルクの取組みから～」(2010 年 8 月 22 日開催) 報告資料).

Schulz, M. (1993): "Wohnbedingungen und innerstädtische Differenzierung in Ost-Berlin", *Geographische Rundschau* 45, S.588-593.

Seewald, H. (1998): "Wohngeld in den neuen Ländern und Berlin-Ost 1996", *Wirtschaft und Statistik* 1/1998, S.40-45.

Seger, M. u. Wastl-Walter, D. (1991): "Die Stadt im Mitteleuropa: Der Modelfall Halle a. d. Saale. Zustand und Struktur am Ende einer Epoche", *Geographische Rundschau* 43, S.570-579.

Sieverts, T. (1997): *Zwischenstadt: zwischen Ort und Welt, Raum und Zeit, Stadt und Land*, Vieweg.

Soyka, A. u. Soyka, N. (2004): "Neue Medien in Hamburg – ein Bespiel für die Erneuerungsfähigkeit städtischer Ökonomien", in Altrock, U., Schubert, D. (hrgs.) *Wachsende Stadt: Leitbild - Utopie - Vision?*, VS Verlag für Sozialwissenschaften, S.321-338.

Stadt Bottrop (1995): *Projekte im Rahmen der Internationale Bauausstellung Emscher Park*.

Stadt Gelsenkirchen (1997): *Projekte im Rahmen der Internationale Bauausstellung Emscher Park*.

Stadt Recklinghausen (1996): *Projekte im Rahmen der Internationale Bauausstellung Emscher Park*.

Statistisches Bundesamt (1997): *Bautätigkeit und Wohnungen: Gebäude und Wohnungszählung vom 30. September 1995 in den neuen Ländern und Berlin-Ost* (Fachserie 5), Heft 1-4, Metzler-Poeschel.

Statistisches Amt für Hamburg und Schleswig-Holstein (2012): *Die Wanderungen im 2. Vierteljahr 2012*, Statistische Berichte A III 1 - vj 2/12.

Städtisches Amt für Hamburg und Schleswig- Holstein (2015): *Hamburger Stadtteil-Profile 2015*, (NORD. regional Band 17).

Statistikamt Nord (2015): *Statistisches Jahrbuch Hamburg 2014/2015*.

steg Hamburg mbH, *Quartiersnachrichten Karolinenviertel (Informationen der steg Hamburg mbH für das Sanierungsgebiet St. Pauli-Nord S3 Karolinenviertel)*, 各号.

steg Hamburg mbH, *Quartiersnachrichten St. Pauli (Informationen der steg Hamburg mbH für das Sanierungsgebiet St. Pauli Wohlwillstraße)*, 各号.

Storper, M. & Manville, M. (2006): "Behavior, preference and cities: urban theory and urban resurgence", *Urban Studies* 8, pp.12-48.

Strohmeier, K. P. & Bader, S. (2004): "Demographic Decline, Segregation and Social Urban Renewal in Old Industrial Metropolitan Areas", *German Journal of Urban Studies* 1.

Thaler, A. u. Winkler, M. (2005): "Die fragmentierte Region: Eine kritische Kommentierung des planerischen Wachstumsparadigmas am Besipiel Hamburgs", *RaumPlanung*, 120/121, S. 117-121.

Thiel, J. (2007): "Räumlicher Strukturwandel der (west-) deutschen Werbewirtschaft: Arbeitsmärkte als lokale Anker der Kreativökonomie?", *Zeitschrift für Wirtschaftsgeographie* 51-1, S. 31-45.

Ude, C. (hrsg.) (1990): *Wege aus der Wohunungsnot*. Pieper.

Vogelpohl, A. (2016): "Modernisierung und Mietpreisbremse im Widerstreit – Potenziale und Grenzen der Sozialen Erhaltungsverordnung", in Altrock, U. u. Kunze, R. (hrsg.) *Stadterneuerung und Armut* (Jahrbuch Stadterneuerung 2016), Springer VS, S.271-290.

van den Berg, L. et. al. (2007): *National policy response to urban challenges in Europe*, Routledge.

von der Mühlen, M.(2004): "Eine Zukunftsstrategie zum Umbau der Gelsenkirchener City", in "Stadtumbau West: Intelligentes Schurumpfen (Tagungsbericht am 27. November 2003)", Ministerium für Städtebau und Wohnen, Kultur und Sport des Landes Nordrhein-Westfalen, S.88-95.

Vorkoeper, J. (2013): "Rahmenprogramm integrierte Stadtteilentwicklung in Hamburg", in Altrock, U. u. a. (hrsg.) *Das Ende der Behutsamkeit?* (Jahrbuch Stadterneuerung 2013), Springer VS, S.283-296.

Weck, S. u. Zimmer-Hegemann, R. (1999): *Case Study Report on Duisburg-Marxloh: Evaluation of Local Socio-Economic Strategies in Disadvantaged Urban Areas*. ILS, Dortmund.

Wiest, K. (1998): "Der Leipziger Wohnungsmarkt: Teilmärkte und sozialräumliche Differenzierungen", *Europa Regional* 6-3, S.34-45.

Wilmes, K. (2004): "Einwohnerrückgang und Leerstand in innerstädtischen Altbauvierteln: Perspektiven für Stadtquartiere mit heterogener Wohneigentümerstruktur" (Diplomarbeit am Fachbereich Kultur- und Geowissenschaften, Fachgebiet Geographie der Universität Osnabrück).

Wissen, M. (2001): "Strukturpolitische Intervention und ungleiche Entwicklung: Zur Rolle des Staates im Strukturwandel", *Geographische Revue* (Zeitschrift für Literatur und Diskussion) 3-1, S.3-22.

あとがき
ハンザからルール、そして再びハンザへ

　私が初めてドイツの地に立ったのは、大阪市立大学大学院後期博士課程の学生であった1983年夏のことである。当時はロシア（旧ソ連）上空を飛行する直行便がなかったため、アンカレッジでのトランジットを含む約20時間の長旅であった。中世ハンザ都市の面影を色濃く残す北ドイツの古都・ブレーメンでのドイツ語研修の後、ルール地域に新たに開学したボーフム大学に移り、故ペーター・シェラー教授の下で研究生活を送った。

　ボーフムでの留学期間中は、公共交通機関の整備にともなう近代以降の市街地形成に関する歴史的な研究が中心であったため、大学の研究室にて知己を得た人々とはともかく、インタビュー等を通じて地元の人々に接する機会はほとんどなかった。そもそも当時は、ルール地域での巡検中に「あの建物が社会住宅だ」と言われても、何がどう一般住宅と異なるのか、さっぱりわからなかった。だが、今にして思えば、他の住宅に混じって、それと同様の設備・形態で供給される住宅こそが、社会住宅の本来の理念であったのであろう。

　これまで各地で関係者にインタビューを行ってきたが、改めて驚かされるのは、住宅政策のあり方をめぐって「対物助成か、対人助成か」、「社会住宅は誤って割当てられているのではないか」といった問題が、依然として議論の焦点となっていることであった。とはいえ、1990年代末から2000年代初頭、「住宅政策はテーマではない」、「社会住宅は死んだ」と言われていた頃（当時もしばしば現地調査を行ってはいたが）を思えば、それは2010年代に住宅問題がまたもや政策対応を迫られるような深刻な局面に入ったことの現われでもある。

　さて本書では、住宅政策の変遷プロセスを通奏低音とし、第Ⅰ部が1990～2000年代までのルール地域を舞台として展開された様々な都市更新プログラ

ムを対象とし、第Ⅱ部では2010年代以降の成長都市ハンブルクにおける地区レベルでの居住施策を扱っている。この構成は、ルール地域を含むノルトライン＝ヴェストファーレン州とハンブルク州が社会住宅の供給を重視しているのみならず、都市更新事業に先駆的に取り組んできたことによるものである。しかしながら、同時にそれは、私自身の研究上のフィールドが、この間に近代化・工業化の壮大な「実験室」であり、炭鉱の巻上げ櫓と社宅街（Kolonie）とが織りなす「企業による無機質な造形物」でもあったルール地域から、緑豊かなエルベ河畔の港町・ハンブルクへとシフトしてきたこととも決して無縁ではない。

　1997〜98年、在外研究で再びボーフム大学に滞在していた頃は、IBAエムシャーパーク事業が最終段階を迎えつつある時期であり、オーバーハウゼン市に開業した複合商業施設"CentrO"が国内外から多数の買い物客を集めている頃だった。また、同大学地理学教室で当時開講されていたブロック・ゼミナールでは、URBANや「社会都市」プログラムの対象となっていたデュースブルク・マルクスロー地区やゲルゼンキルヒェン・ビスマルク地区を何度か訪問する機会を得た。この訪問が直接のきっかけとなり、マルクスローで活動するEGDUやTIADのスタッフとはその後も何度か町を案内してもらったり、インタビュー相手にもなってもらい、いつしかレストランでテーブルを囲むような間柄となった。

　意外に思われるかもしれないが、ルール地域は実際には非常に緑が豊かな地域である。それが1920年に発足したSVR（ルール鉱業地域広域市町村連合）の地域計画にもとづき、緑地帯が計画的に保全されてきた結果によるものであることは後に知ることになるのだが、留学当時は初めて車窓から眺めた緑あふれる風景の第一印象が、非常に鮮烈であった。このことは、教科書等を通じて刷り込まれた「工場の煤煙にまみれた工業地帯」というイメージが、いかに人の先入観を左右するかを思い知った経験でもあった。もっとも、ルール地域以外のドイツ人も同様にネガティヴな印象を抱いているとのことで、それは新規産業の誘致にも悪影響を及ぼしているという。

一方、大阪市とハンブルク州（市）とが1989年より姉妹都市協定を締結していることもあって、2009〜2011年度に大阪市立大学都市問題研究プログラムの助成を得て、ハンブルク大学、ハーフェンシティ大学ならびに関係団体と共同での国際比較研究「『住みごたえのある町』をつくる——大阪・ハンブルクにおける市民文化に基づくエリアマネジメント」（代表者：大場茂明）を行う機会を得た。その縁もあって、steg（ハンブルク都市更新・都市開発会社）の社主であるレスナー（Hans-Joachim Rösner）さんをはじめとするスタッフとの交流もはじまった。あわせて、stegの紹介により、アルトナ行政区の職員であったエヴァース（Hans Evers）さん達とも知り合うことができた。19世紀後半までデンマーク領であったアルトナには、家屋形態にまだ当時の名残がある。工場地区からトレンディ・エリアへと姿を変えたオッテンゼンをはじめ、こうした町並みを彼らとともに歩くのも毎年の恒例行事となった。こうして、私の研究フィールドは徐々にハンブルクへと移っていった。

　周知のように、ドイツではボランタリーな市民団体（Verein）の活動が非常に盛んである。ハンブルクでも、オッテンゼン地区にて活動する市民団体Japanisch-Deutscher Stadtteildialogが、長年にわたって東京・大阪の市民による日独文化交流団体との間で地区交流を続けている。この団体のメンバーであるゲラルド・レーマー（Gerald Roemer）さんや映画監督でもあるブリギッテ・クラウゼ（Brigitte Krause）さんからは、現在でも何かと現地の情報を知らせてもらっている。
　ハンブルクでは、市内各地での更新プロジェクトにおいて、当初は事業主体であったstegが現地事務所（Stadtteilbüro）を開設して、住民の様々な相談窓口としての役割を果たしていた。今後は、そうした業務を自立（selbstorganisiert）した地元住民団体へと徐々に移行させていくのが、望ましい都市更新のプロセスであるとstegは考えている。
　幸い引き続き研究助成を得ることができたので、社会都市やStadtumbauの対象地区として更新事業が進むAltona-Altstadt地区にて、地区更新に関わる

住民団体やまちづくり支援団体へのインタビューを少しずつはじめている。今後の住宅政策では、そうした市区を主たる舞台として、おそらくは以下のような挑戦が続けられていくのであろう。

「市区において、開発が如何なる効果をもたらすかを私たちは常にみている。もしそれが良くないと認められれば、それに立ち向かうための手段が必要となる。それが我々の課題である。」（steg 社主レスナー氏の言葉から）

実は 1983 年の夏は濃霧のため、本来の目的地であったハンブルクには着陸することができず、フランクフルト空港に降り立つこととなった。それから三十数年の時を経て、ここのところ毎年のようにハンブルクと大阪を行き来している。私のドイツへの旅は、ハンザからルール、そして再びハンザへと戻ってきたのである。

本書の出版を快諾していただいた明石書店編集部部長の神野斉さん、編集作業を担当していただいた岩井峰人さん、また出版助成をいただいた一般財団法人住総研の方々に、この場を借りて厚く御礼申し上げます。

2019 年初夏

緑まばゆい杉本町の研究室にて
大場茂明

索引

事項索引

アルファベット

ABM（Arbeitsbeschaffungsmaßnahme） 147-8
Altlasten 164, 183
Asylbewerber 40
Außenbereich 160
Aussiedler 40, 43, 198
Baugemeinschaft（建設共同体） 243
BfW →経済開発事務所を見よ
Bourne 12, 33, 261
B プラン（Bebauungsplan） 17
CDU（キリスト教民主同盟所属） 22, 215, 244
DDR 51-4, 56, 58-61, 63, 68-9, 72, 74, 76-80, 86-90, 109-10, 114-6, 120, 123
Die Linke（左翼党） 229
DMB →ドイツ借家人連盟を見よ
Drittelmix 194, 241
Duisburg-Marxloh 143, 146
EGDU 148-9, 151, 153, 155, 157
EU 共通都市政策 44, 135, 138
EU 共同体イニシアティヴ 44, 136, 146
EU 構造基金 44, 131, 137, 157, 167, 185
FDP（自由民主党） 22, 244
GAGFAH 64-5, 67, 89-90
GdW 74
GWG 74, 88, 225, 229, 231, 239, 241, 252
IBA 32, 160-1, 164-9, 171-5, 178, 180, 182-5, 217, 224, 252
IBA エムシャーパーク 32, 160-1, 164-7, 169, 172, 182-4
IHZ 145, 151-2, 156, 158
Innenbereich 160
Kalt-Miete 90
Kemeny 14, 30
KfW →復興基金を見よ
Kolonie 162-3, 173, 183
KVR（Kommunalverband Ruhrgebiet） 184-5
RISE 223-5, 227-9, 231
SAGA 207, 225, 229, 231, 239, 241-2, 252
SPD 105, 221, 244
Stadtumbau Ost 87, 114-5, 125-6, 131, 190, 197
Stadtumbau West 123-6, 129
steg 207-12, 225, 229, 231-2, 252, 255, 256
SVR（Siedlungsverband Ruhrkohlenbezirk） 168, 185
TIAD 151, 154, 157-8
Übersiedler 40
URBAN 44, 112, 130-1, 135-8, 143, 145-6, 154, 156-7, 185
Vorstadt 60-1
WoFG 100-3
WoFP →居住空間助成プログラムを見よ
Wohngemeinschaft 38, 48, 176-8
ZGB →東ドイツ民法典を見よ

ア行

新しい貧困層 106
アフォーダブル住宅 11, 13, 23, 25, 27, 29, 32, 45, 94, 97, 99-100, 104, 188, 193-5, 228, 237, 239, 242, 250
アルトバウ 59-62, 75, 77, 79-82, 88-9, 113-8, 121-3, 126, 132, 200, 202, 204, 206, 217-20, 227, 239-40, 243, 245, 247

一時的居住（Nebenwohnsitz）91
インナー・サバーブ 60
インナーシティ 13, 15, 18, 24, 26, 32, 39, 42, 45, 74, 79, 98, 107, 110, 113, 126, 130-1, 133-4, 136, 139, 141, 143, 155-6, 186, 196, 199-200, 213, 218, 240, 245, 247, 255
インナーシティ問題 18, 133, 134
エスニシティ 198, 213
エスニック・ビジネス 213
エスニック・マイノリティ 11, 134, 136, 138, 156, 198
穏やかな都市更新（behutsame Stadterneuerung）16, 42, 139, 160, 184, 220, 222, 231, 239

カ行

過剰な設備改善（Luxussanierung）79, 217, 229
活動基金（Verfügungsfonds）201, 207-8, 231
環境共生型建築（ökologisches Bauen）170
環境共生型都市居住 4, 32, 44, 159
間接介入 11
起業者（Existenzgründer）150, 158, 209
既成市街地内開発（Innenentwicklung）160-1, 166
旧市街地 44, 60-1, 80-1, 87, 108, 118, 137
求職者基礎保障給付 192
協定助成 →第三助成を見よ
居住共同体 → Wohngemeinschaft を見よ
居住空間助成法（Wohnraumförderungsgesetz）3, 8, 18, 32, 41, 49, 93, 98, 100, 105, 189-190, 192, 210, 222, 242
居住空間助成規定（Wohn-raumförderungsbestimmungen）103-4
居住空間助成プログラム（Wohnraumförderungsprogramm）103-4
居住限定層 16
キリスト教民主同盟所属 → CDU を見よ
空閑地（Baulücke）170
グリュンダーツァイト（Gründerzeit）60, 117, 206
グリーンフィールド 107, 124, 159
クルップ（Krupp）165, 184, 186
グローバル化 43, 107, 133, 213
グローカル化 213-4
経済開発事務所（Büro für Wirtschaftsentwicklung）150-1, 154, 157-8
結束基金（Cohesion Fund）107
減築 15, 83, 113, 128, 130, 197
公営住宅 13, 20, 94
公益住宅企業 18-21, 24, 26, 31, 33, 64, 85, 94, 106, 130, 173, 207, 239, 242
公益住宅セクター 18, 24, 31, 39, 74, 94, 254
郊外住宅地 33, 171
後期持家 14-5
高層集合住宅団地 15, 25, 98, 107, 110, 113, 121, 130, 156, 197, 255
拘束 21, 25, 39, 76, 91, 94-5, 97-100, 102, 106, 132, 188-90, 194-5, 201, 207-8, 210-1, 228, 239, 251-2, 255
公的介入 11, 17, 18, 27-8, 30, 32, 187-9, 196
公的助成住宅 83, 94, 101, 103, 105, 195, 239, 253, 255
広範な国民層 14, 17, 30, 40-1, 48, 63, 85, 93-4, 96, 100
コンヴァージョン条例 224, 243
コンパクトシティ（compact city）159, 169-70

サ行

再開発協議会（Sanierungsbeirat）201, 207-8, 229, 231
再自然化（Renaturierung）113
再都市化 28, 31, 188-90, 233-4, 238, 247, 249-51
サードアーム 13-4
サブマーケット 11-2, 14-5, 17, 33
三種混合（Drittelmix）ルール 241-2, 249-51
「三分の二社会」論 93
残余化 14, 18, 29-30, 32, 36-7, 41, 98, 101, 105, 188, 192, 242, 255-6
ジェントリフィケーション（gentrification）18, 29, 32, 39, 48, 98, 134, 188, 193, 195, 199-200, 208-10, 214, 217, 221-2, 227-9, 236, 243-4, 247, 255-6
資格審査 23
敷地節約型住宅（flächensparende Bauweise）180
市区委員会（Stadtteilausschuss）149
市区事務所（Stadtteilbüro）148, 157
市場セグメント 58, 77, 115, 192
市場メカニズム 14, 94
市場家賃 67, 95, 96, 101, 244
持続可能な都市更新（nachhaltige Stadterneuerung）220
自治体住宅企業 31, 74, 81, 84-5, 89-90, 99, 114, 121, 125, 194, 225, 228, 231, 254
失業手当Ⅱ 192
質的住宅難 11, 93
社会維持条例 18, 32, 193, 196, 224-30, 243, 245, 247, 251, 255
社会公正的土地利用（SoBoN）195
社会住宅 12, 14-5, 18-26, 28, 30, 32-3, 39-42, 46, 64, 76, 83-5, 91, 93-106, 113, 132, 138, 170, 172-3, 188-93, 195-6, 200-1, 207-8, 210-1, 213, 220, 222, 225, 228-9, 231-2, 239, 242, 246-52, 254-6
社会住宅入居資格証明書 94
社会賃貸住宅 20-1, 38-9, 49, 85, 87, 96-7, 106, 128, 172, 174, 178, 180, 194, 241-2
社会的居住空間助成法 18, 32, 41, 49, 93, 98, 100, 105, 189, 192, 210, 222, 242
社会都市（die soziale Stadt）8, 42-3, 102, 105, 112, 124, 130-1, 140, 142-4, 153-5, 157, 197, 200, 220
借家人指名権（Besetzungsrecht）94, 113, 200
借家人保護 18-9, 22, 95, 97, 230, 240, 244
住居費（Unterkunftskosten）192
住宅改良運動 12
住宅窮乏 13, 17, 18, 27, 29-30, 36-40, 48, 84, 89, 91, 94-5, 98, 106, 188, 192, 254, 255-6
住宅強制経済 19
住宅協同組合 18, 20, 31, 63, 88, 94, 106, 114, 125, 186, 229, 239, 254
住宅近代化助成制度 39, 96
住宅建設促進法 106
住宅拘束法（Wohnungsbindungsgesetze）190
住宅困窮者 13, 84
住宅政策 11-5, 17-20, 22, 25-32, 36-9, 41-3, 45, 47-9, 51-3, 59, 63-4, 74, 82, 84-7, 93-4, 97-8, 100-1, 105, 123, 136, 140, 188-9, 195-6, 201, 208, 222, 234, 239, 245, 254-7
住宅仲介 16
住宅貯蓄奨励制度 22
住宅テニュア 14
住宅マスタープラン 17
住宅割当てプロセス 12, 60, 62, 76, 83, 89, 114
住宅割当てメカニズム 12
充填型開発 27, 121, 183
柔軟な住宅政策 28, 101
縮小管理 42, 107, 115

除却　15, 23, 35, 42, 83, 99, 104, 112-6, 118-9, 121, 123, 125-8, 132, 134, 141, 174, 190, 195, 200, 240
事業領域（Handlungsfeld）112, 138, 140-2, 157, 231
自助建設　173, 180-2, 186
所得再配分　99
所得上限　25, 33, 49, 85, 94, 96, 100-2, 105, 192, 210, 222, 242
所得審査　13, 26
シングル　→単独世帯を見よ
人民所有住宅　27, 54-6, 64-6, 74
衰退産業地域　103, 107, 131, 137
スティグマ化　98, 116
ストック更新　27, 39, 42, 99, 110, 168, 172, 185, 190, 239
ストック対策　12, 26, 112
ストック・マネージメント　83, 123
税制優遇措置　8, 24, 31, 64, 106, 111, 207, 234, 251
成長管理　42, 107
成長都市　28, 30-2, 109-10, 188, 191, 193-5, 198, 213-5, 222-3, 229, 233, 240, 250, 254-6
成長都市圏　28, 30-1, 188, 193, 213, 254-6
成長都市構想　195
セグメント化　16, 80, 83, 86, 93, 98-9, 129, 188
セグリゲーション（segregation）12-3, 29, 53, 62, 84, 91, 94, 98, 110, 113-4, 124, 126, 133, 139, 141, 171, 188, 192-4, 198, 200, 255-6
世帯所得に占める家賃の割合（Mietbelastung）99, 194
設備近代化　26-7, 54, 65, 67, 73, 81, 84-6, 88, 96, 110-2, 116, 118, 160, 171, 174,-5, 207, 224, 227-8, 231, 244, 255
前期持家　14, 15

選択的人口移動　29
選択的転出（selektive Abwanderungen）77
先買権　224
増価　16, 29, 39, 105, 115-6, 129, 193, 224, 252
総合市区開発（Integrierte Handlungskonzepte für Stadtteile）139-40, 146, 149, 155
創造産業　217, 223, 230
創造的縮小（smart decline）199
ソーシャル・ミックス（social mix）15, 20, 30, 41, 60, 62, 85, 93-4, 96, 98-9, 102, 105, 115, 132, 172, 176, 192, 194, 201, 210, 222, 242, 249, 255-6

タ行

第一次住宅建設法　63, 106
第一助成　25-6, 33, 39, 45-7, 50, 85, 103, 106, 170-1, 242
大規模集合住宅団地　43, 57-8, 60, 77, 87, 118
第三助成　25-6, 76, 83, 85, 99
対人助成　11-2, 14, 16, 18-9, 21-3, 25, 29-30, 49, 93, 97, 98, 100, 192, 255
大都市の縮退　104
第二次住宅建設法　41, 85, 95, 100
第二助成　24, 26, 33, 46, 47, 95, 97, 170-1, 242
対物助成　11, 18-9, 21-2, 24-5, 29-30, 64, 93, 97-8, 190, 192
第四助成　99
多子世帯　26, 40, 41, 47, 56, 100, 106, 171
脱工業化　213
建替え　35, 81, 118-9, 241
多様化　16, 28-9, 38, 41, 46-8, 110, 125, 129, 141, 162, 192, 195, 198, 213, 256
多様性における統合（United in diversity）213
単独世帯　16, 37, 77, 91, 129, 225

地域実態調査（Raumbeobachtung）120
地区改善ベクトル 32, 196, 217
地区更新 48, 79, 82, 122, 198, 213-4, 222, 225, 228-9, 240
地区フォーラム（Ortsteilforum）149
地区マネージメント（Quartiermanagement）141, 212, 229
地上権 64, 182, 239
秩序ある撤退 108, 125
地元経済 112, 141-2, 148, 150-1, 209, 218
直接介入 11, 18
賃貸借法（Mietrecht）191, 193
賃貸住宅 11, 14, 20-1, 23, 36, 38-9, 45-7, 49, 65, 74, 85, 87, 91, 94-7, 101, 103-4, 106, 116, 128, 132, 171-2, 174, 176, 178, 180, 182, 193-4, 217, 224-5, 229, 231, 239, 241-3, 249, 254
賃貸兵舎（Mietskaserne）18, 88
ティッセン（Thyssen）165
テニュア中立 94
デュアリスト・モデル 14, 30
ドイツ借家人連盟（Deutscher Mieterbund）105, 255
統合近隣地区開発支援事業 43
統制解除法（Abbaugesetz）95, 97
東部ドイツ都市改造プログラム 132, 197
特に更新の必要性を有する市区（Stadtteile mit besonderem Erneuerungsbedarf）43, 124, 140, 145
特別減価償却（Sonderausschreibung）65
特別な開発需要をもつ市区―社会都市 43, 140
独立行政市 28
都市改造 45, 108, 112, 115-6, 124-5, 129-32, 190, 197, 200, 220
都市開発ベクトル 32, 196
都市建設促進法（Städtebauförderungsgesetz）42, 114, 139
都市更新 15-6, 29, 32, 42-3, 45, 59, 114, 117, 124, 129-30, 139, 140, 143, 145-8, 156, 160, 167, 184, 197, 199-200, 207-8, 210, 214, 219-20, 222-5, 230-1, 234, 239, 252, 258
都市州 191, 199, 211, 244, 249, 251
都市縁辺部 15, 59, 81, 96, 98, 113, 200, 213, 217-8, 255
都市縮退 32, 98, 105, 107-9, 112, 188, 190, 197, 198
トレンディ・エリア 32, 196-7, 199, 203, 222, 230-1, 238, 241, 245, 247, 250

ナ行

難民 17, 40, 49, 128
認可家賃（Bewilligungsmiete）101-2
ノイバウ（Neubau）60, 62, 80, 88, 113, 118, 121, 123

ハ行

ハウジング 11-5, 32, 98, 256
ハウジング・チェーン 13-5
ハウジング・トラップ 15
パラレル社会（Parallelgesellschaft）198
ハルツⅣ法改革 192
ハンブルク居住協定（Bündnis für das Wohnen in Hamburg）241, 250
ハンブルク国際建築博覧会（IBA Hamburg）217, 252
比較家賃制度（Vergleichsmiete）22, 64, 68, 80-1, 97, 102, 195
東ドイツ民法典（Zivilgesetzbuch）52-3, 87
庇護法（Asylverfahrensgesetz）40, 49
非婚同居カップル 37, 48, 178
ひとり親世帯 11, 16, 38, 40-1, 43, 81, 99-100,

106, 129, 169, 177-8
標準家賃表（Mietspiegel）22, 97, 101
費用家賃 95-7, 101, 106
フィルタリング・ダウン 13-5, 49
フィルタリング・プロセス 40
付随費用込み 84, 90
復興基金（Kreditanstalt für Wiederaufbau）65, 67, 89, 92
不適正入居 18, 25-6, 42, 46-7, 91, 96, 102, 132, 171, 192, 222
不適正入居世帯 25
不適正入居負担金（Fehlbelegungsabgabe）46-7, 132, 171, 222
ブラウンフィールド 104, 108, 134, 159, 183
フラグメント化 130, 140, 143, 155, 215
プラッテンバウ 36, 75, 89, 121
フロー対策 11, 26
ブロック・グラント 136-7
閉鎖型住宅（Blockbebauung）44, 172, 250
保留地 112, 240, 250

マ行

マスハウジング 98, 256
マッチング 16, 137, 156
マッチング・ファンド 137, 156
密度減（Entkernung）119
緑の党 43, 223, 244
民間市場 11-6, 31, 39, 48, 94, 97, 101, 178
持家共同体（Wohneigentumsgemeinschaft）122
持家形成 29, 45, 49, 60, 77, 80, 102, 122, 180, 185, 192, 215, 235, 239, 250
問題世帯 15, 25, 42, 82, 98, 141, 197, 213

ヤ行

家賃増額限度引下げ条例（Verordnung zur Absenkung der Kappungsgrenze）244
家賃統制 18-9, 21, 95
家賃ブレーキ制度 10, 18, 32, 191, 193, 196, 244, 247, 251, 255
ユニタリー・モデル 14, 30

ラ行

量的住宅難 11
レスナー、ハンス＝ヨアヒム（Hans-Joachim Rösner）212, 229
連棟 176, 180-1
連邦建設法典 224, 231
連邦制度改革 28, 189, 255-6
ローカル・エンパワーメント 135, 138
ローカル化 213

ワ行

割当て拘束（Belegungsrecht）94, 98, 102, 132, 211, 252

地名索引

アイゼンヒュッテンシュタット（Eisenhüttenstadt）62
アーヘン（Aachen）191
アルスター（Alster）湖 230
イエナ（Jena）83
ヴァンネ＝アイケル（Wanne-Eicke）163
ヴィスバーデン（Wiesbaden）196
ヴォルフェン（Wolfen）116
エアフルト（Erfurt）83-4
エムシャー（Emscher）川 160, 162, 184
エムシャー地域 162-3, 165, 168, 172, 178, 183-4
エルベ（Elbe）川 216-7, 223-4, 230, 235, 237, 245-7, 252

索引　283

オーア＝エルケンシュヴィック（Oer-Erkenschwick）126-7
オーバーフランケン（Oberfranken）109
ケムニッツ（Chemnitz）72, 88
ゲルゼンキルヒェン（Gelsenkirchen）126-7, 162, 165, 174, 180
ケルン（Köln）191, 196
ザクセン（Sachsen）州　62, 72-3, 79, 88, 117, 190
ザクセン＝アンハルト（Sachsen-Anhalt）州　6, 60, 73, 120
ザール（Saarland）6, 109
シュツットガルト（Stuttgart）91, 188, 213
シュテンダル（Stendal）116, 120-3
シュベット（Schwedt）116
シュベリン（Schwerin）77
シュレスヴィッヒ＝ホルシュタイン（Schleswig-Holstein）州　230, 249
ダルムシュタット（Darmstadt）184, 188
チューリンゲン（Thüringen）州　52, 70, 73, 83-5, 190
ツヴィカウ（Zwickau）137
デュースブルク（Duisburg）142-6, 148, 151, 154, 156
デュッセルドルフ（Düsseldorf）104, 191, 195-6
ドレスデン（Dresden）56, 72, 88, 91
ニーダーザクセン（Niedersachsen）州　230, 249
ニュルンベルク（Nürnberg）15, 258
ノルトライン＝ヴェストファーレン（Nordrhein-Westfalen）州　43, 45-7, 49, 101-4, 124, 131, 140, 143, 145, 157, 164, 170-1, 178, 180, 182, 185, 190-1, 196, 199, 222, 239
バート・ランゲンザルツァ（Bad Langensalza）84
ハレ（Halle）60-2, 89
ハンブルク　32, 43, 91, 186-91, 193-5, 198-202, 205-17, 221-5, 227-31, 233-45, 247, 249-53, 255-6
　―アルトナ（Altona）186-7, 231, 236, 243, 245, 247-9, 252
　―ヴィルヘルムスブルク（Wilhelmsburg）217, 252
　―オッテンゼン（Ottensen）216, 230, 236, 238, 241, 247, 250-2
　―カロリーネンフィアテル（Karolinenviertel）208
　―ザンクト・ゲオルグ（St. Georg）230
　―ザンクト・パウリ（St. Pauli）199, 201, 204, 207-11, 214, 219, 222, 224-31, 243
　―シュテルンシャンツェ（Sternschanze）230, 236, 238, 241, 247, 250, 252
　―ハーフェンシティ（Hafencity）216, 224, 231, 240, 246
　―ハールブルク（Harburg）237, 245-6
　―ハンブルク・ミッテ（Hamburg-Mitte）207, 225, 227, 229, 231, 243, 245
　―ブランケネーゼ（Blankenese）247
　―レーパーバーン（Reeperbahn）202-5
東ベルリン（Berlin-Ost）70, 72-4, 88, 90
フランクフルト（マイン）（Frankfurt/M）196
ブランデンブルク（Brandenburg）州　72, 77, 230
ブレーメン（Bremen）43
ヘルネ（Herne）162-3, 173
ベルリン（Berlin）37, 56, 58, 63, 87, 109, 116, 168, 184-5, 188, 191, 193, 197, 244, 252
ボトロップ（Bottrop）162, 175

ボン（Bonn）191, 196
マイセン（Meißen）116
マインツ（Mainz）196
マグデブルク（Magdeburg）89, 116
マルガレーテンヘーエ（Margarethenhöhe）186
マルツァーン（Marzahn）72
マルクスロー（Marxloh）142-55, 157
ミュンスター（Münster）188, 191
ミュンスターラント（Münsterland）127
メックレンブルク＝フォアポンメルン（Mecklenburg-Vorpommern）州 62, 70, 73, 230
ライプツィヒ（Leipzig）56, 59, 72, 77, 88-9, 91, 116, 117, 120, 131, 132
ライン軸 188, 191
ライン＝マイン（Rhein-Main）188
ライン＝ルール（Rhein-Ruhr）大都市圏 126
リッペ（Lippe）川 167, 185
ルール河谷 162
ルール地域 103-4, 126-7, 142-3, 151, 160-4, 166, 168, 171-3, 184-5, 198-9, 212-3
レックリングハウゼン（Recklinghausen）162, 177, 178
ロストック（Rostock）62
ワイマール（Weimar）83

【著者略歴】
大場 茂明（おおば・しげあき）
1955年、静岡県浜松市に生まれる。1986年、大阪市立大学大学院文学研究科後期博士課程（地理学専攻）単位取得退学。博士（文学）。大阪市立大学文学部助手、講師、助教授を経て、現在大阪市立大学大学院文学研究科（地理学専修）教授。専門は、都市政策、ドイツ地域研究。2005年度奥井記念賞（日本都市学会賞）受賞。
主著に、『近代ドイツの市街地形成──公的介入の生成と展開』（ミネルヴァ書房、2003年）、『欧米の住宅政策』（共著、ミネルヴァ書房、1999年）など。

現代ドイツの住宅政策
── 都市再生戦略と公的介入の再編

2019年8月5日　初版第1刷発行

著　者	大　場　茂　明
発行者	大　江　道　雅
発行所	株式会社 明石書店

〒101-0021 東京都千代田区外神田 6-9-5
電話　03（5818）1171
FAX　03（5818）1174
振替　00100-7-24505
http://www.akashi.co.jp

装　丁　　明石書店デザイン室
印刷・製本　モリモト印刷株式会社

（定価はカバーに表示してあります）　　ISBN978-4-7503-4863-6

[JCOPY]〈出版者著作権管理機構　委託出版物〉
本書の無断複写は著作権法上での例外を除き禁じられています。複製される場合は、そのつど事前に、出版者著作権管理機構（電話 03-5244-5088、FAX 03-5244-5089、e-mail: info@jcopy.or.jp）の許諾を得てください。

講座 現代の社会政策 《全6巻》

A5判／上製
◎4,200円

いまから約一世紀前の1907年12月、当時の社会政策学会は工場法をテーマとした第一回大会を開催した。その後の十数年間、年一回の大会を開催し社会に対して喫緊の社会問題と社会政策に関する問題提起を行い、一定の影響を与えた。いま社会政策学会に集う学徒を中心に明石書店からこの〈講座 現代の社会政策〉を刊行するのは、形は異なるが、百年前のこのひそみに倣い、危機に追い込まれつつあった日本の社会政策の再構築を、本講座の刊行に尽力された社会政策を専攻する多くの学徒とともに願うからである。

（シリーズ序文〔武川正吾〕より）

第1巻 戦後社会政策論
玉井金五・佐口和郎 編著【第4回配本】

第2巻 生活保障と支援の社会政策
中川清・埋橋孝文 編著【第5回配本】

第3巻 労働市場・労使関係・労働法
石田光男・願興寺胎之 編著【第1回配本】

第4巻 社会政策のなかのジェンダー
木本喜美子・大森真紀・室住眞麻子 編著【第2回配本】

第5巻 新しい公共と市民活動・労働運動
坪郷實・中村圭介 編著【第3回配本】

第6巻 グローバリゼーションと福祉国家
武川正吾・宮本太郎 編著【第6回配本】

〈価格は本体価格です〉

深刻化する「空き家」問題
全国実態調査からみた現状と対策
日本弁護士連合会法律サービス展開本部自治体等連携センター編
日本弁護士連合会公害対策・環境保全委員会編
◎2400円

ホームレス支援における就労と福祉
山田壮志郎著
◎4800円

無料低額宿泊所の研究
貧困ビジネスから社会福祉事業へ
山田壮志郎著
◎4600円

Q&A 生活保護利用ガイド
健康で文化的に生き抜くために
山田壮志郎編著
◎1600円

生活保護「改革」と生存権の保障
基準引下げ、法改正、生活困窮者自立支援法
吉永純著
◎2800円

最低生活保障と社会扶助基準
先進8ヶ国における決定方式と参照目標
山田篤裕、布川日佐史、『貧困研究』編集委員会編
◎3600円

ホームレス状態からの「脱却」に向けた支援
人間関係・自尊感情・「場」の保障
後藤広史著
◎3800円

ホームレスと都市空間
収奪と異化、社会運動・資本・国家
林真人著
◎4800円

生活困窮者への伴走型支援
経済的困窮と社会的孤立に対応するトータルサポート
奥田知志、稲月正、垣田裕介、堤圭史郎著
◎2800円

子ども食堂をつくろう！
人がつながる地域の居場所づくり
NPO法人豊島子どもWAKUWAKUネットワーク編
◎1400円

貧困問題最前線
いま、私たちに何ができるか
大阪弁護士会編
◎2000円

オフショア化する世界
人・モノ・金が逃げ込む「闇の空間」とは何か？
ジョン・アーリ著 須藤廣、濱野健監訳
◎2800円

二極化する若者と自立支援
「若者問題」への接近
宮本みち子、小杉礼子編著
◎1800円

貧困とはなにか
概念・言説・ポリティクス
ルース・リスター著 松本伊智朗監訳 立木勝訳
◎2400円

現代人文地理学の理論と実践
世界を読み解く地理学的思考
フィル・ハバード、ロブ・キチン、ブレンダン・バートレイ、ダンカン・フラー著
山本正三、菅野峰明訳
◎5800円

アルコールと酔っぱらいの地理学
秩序ある／なき空間を読み解く
マーク・ジェイン、ジル・バレンタイン、サラ・L・ホロウェイ著
杉山和明、二村太郎、荒又美陽、成瀬厚訳
◎2700円

〈価格は本体価格です〉

居住の貧困と「賃貸世代」
国際比較でみる住宅政策

小玉 徹 [著]

◎A5判／上製／296頁　◎3,000円

日本では格差・貧困の深刻化により低所得層の住居確保が課題となっている。本書は、国際比較により、欧米における持家重視政策の見直し、賃貸住宅の供給など住宅政策の再構築を考察し、世界的に進む「賃貸世代」に向けた住宅セーフティネットのあり方を探る。

《内容構成》

序章　いまなぜ住宅手当か——新しい社会リスクと日本
住宅手当はなぜ必要か——新しい社会リスクへの対応／閉塞社会の構造的な理解——古い社会リスクへの対応

第1章　閉塞化する若者のライフ・トランジション
欧州における若者の生活移行と住宅手当／日本における若者の生活移行と住宅手当／パラサイト・シングル問題の日英比較／共稼ぎ世帯の構築にむけて

第2章　無視されている子どものアフォーダビリティ
母子家庭の就労、貧困の再生産、住宅費／子どもの貧困は、どのように論じられているか／子どもの居住水準向上と住宅手当（その1）——スウェーデン／子どもの居住水準向上と住宅手当（その2）——フランス

第3章　「終の住み処」をどう再構築するのか
「住まい」と「ケア」の分離と日本の課題／最低居住面積水準を充足できない住宅扶助／住宅手当と最低保障年金の連携にむけて

第4章　住宅政策としての住宅手当の不在——日本型デュアリスト・モデル
住宅政策としての住宅手当——その歴史的な経路／福祉国家的な住宅政策の欠如と企業主義社会——イギリスとの比較で／デュアリスト・モデルにおける日本の位置

第5章　ゆきづまる持家の「大衆化」とその再編——イギリスの動向
イギリスにおける住宅手当をめぐる問題状況／「住宅への新たな戦略」による分析と提言／再構築にむかうイギリス住宅政策——スタージョン、コービンの出現

終章　閉塞社会からの脱却——「重層的な住宅セーフティネット」を超えて
ゆきづまる日本型デュアリスト・モデル／「重層的な住宅セーフティネット」の概要と評価／国土交通省の空き家対策とその批判——イギリスに何を学ぶのか

補章　ジェントリフィケーションと住宅手当——ニューヨークの動向
ブルームバーグ前市長のもとでのアフォーダビリティ危機／デ・ブラシオ市長の挑戦——最低賃金の上昇、家賃規制、ホームレス対策／ソーシャル・ミックスは可能か——セクション8、強制的・包摂的ゾーニング／補節　アメリカ住宅政策のゆくえ——サンダースの登場

〈価格は本体価格です〉